봉준호 되기

KB191900

봉준호 되기

봉준호를 만든 교과서와 스승들

남다은·정한석 지음

머리말

어떤 영화에 감동을 받고 나서, 우리는 그 감동 자체에 만족하기도 하지만 영화를 만든 감독을 직접 만나고 싶다고 느낄 때가 있다. 따뜻한 인간적 교감의 경험 혹은 오랜 친구와 속 깊은 대화를 나눈 듯한 경험을 그 영화가 선사했기 때문일 것이다. 이런 느낌은 매우 주관적이긴 하지만, 예컨대 압바스 키아로스타미나 허우샤오시엔의 초기 영화들에서 그런 감흥을 느낀 이들이 꽤 있으리라 짐작된다. 마음속 깊이 묻어두고 발설하지 못한 외로움, 상실감, 그리움의 흔적들이 그들이 빚어낸 장면 곳곳에 스며 있기 때문일 것이다.

물론 그와는 반대로 영화는 재미있게 봤지만 이런 영화를 만든 사람이라면 절대 마주치고 싶지 않다고 생각하는 경우도 있을 것이며, 영화 애호가라면 누구나 그런 감독을 몇 명은 떠올릴 수 있을 것이다. 우리의 주변엔 라스 폰 트리에를 그런 감독으로 꼽는 사람들이 많다.

다른 한편, 어떤 영화를 본 뒤에 그 영화를 만든 감독의 머릿속을 열고 들여다보고 싶은 충동을 느낄 때도 있다. 아마도 그 영화가 예상치 못한 지적 감정적 충격을 주었거나, 작품의 화술과 기예가 너무도 경묘해 찬탄을 불러일으켰을 때일 것이다. 누군가에겐 그 감독이 루이스 브뉘엘

이거나, 알프레드 히치콕이거나, 크리스토퍼 놀란이거나, 하마구치 류스케일 수도 있을 것이다. 짐작하겠지만 이 책을 쓴 우리에겐 봉준호가 그런 감독이다.

〈괴물〉(2006)에서 송강호 가족이 합동 장례식장에서 바닥을 뒹굴며 난동과도 같은 합동 오열을 할 때, 〈마더〉(2009)에서 취조 형사 송새벽이 뜬금없이 세팍타크로 강의를 늘어놓다 돌연 용의자 원빈의 입에 물린 사과를 돌려 찰 때, 〈기생충〉(2019)에서 피와 땀이 범벅된 지하실 남자가 벽에 머리를 박다가 충혈된 눈을 부라리며 "리스펙"이라고 소리 지를 때, 이 예측 불가능하지만 너무도 현실적인, 동시에 우스꽝스럽고도 위협적인 장면을 어떻게 떠올릴 수 있었을까?

무엇보다, 온갖 이질적인 것들이 모여 있는데도 어떻게 그토록 조밀하고 유연하고 단단한 하나의 덩어리를 빚어낼 수 있었을까. 영국에서 봉준호와 대담을 진행한 감독 라이언 존슨(〈나이브스 아웃〉, 2019)의 표현대로 우리는 그의 "미친 두뇌(insane brain)"가 궁금했다.

이 책의 제목 '봉준호 되기'도 존 말코비치의 두뇌 속으로의 가상 여행을 다룬 〈존 말코비치 되기〉(스파이크 존즈, 1999)에서 힌트를 얻었다.

물론 그의 머릿속을 온전히 이해하는 건 불가능하다. 창작 과정에서 창작자의 두뇌가 작동하는 비밀스런 메커니즘은 분석적 접근이 불가능한 마법에 속한다. 우리 스스로도 자신의 일상적 선택조차 완벽하게 해명할 수 없으니, 아마 봉준호 스스로도 알지 못할 것이다. 자신도 알지 못하는 머릿속을 타인인 우리가 알아차릴 수는 없다. 하지만 적어도 지금까지 알려진 것보다는 조금 더 깊은 곳을 들여다볼 수는 없을까. 이런 호기심이 이 책의 출발점이었다.

봉준호는 자신의 작품을 해설하는 데 전혀 인색하지 않은 사람이다. 그는 이 책의 필자를 포함한 많은 기자들과 평자들과의 인터뷰 혹은 관객과의 대화에서 자신의 작품 세계와 창작 과정을 열정적으로 설명해왔다. 개별 작품들에 대한 궁금증을 봉준호만큼 친절하게, 그리고 유머러스하게 알려주는 감독도 드물다.

하지만 우리는 좀 더 알고 싶었다. 개별 작품의 창작 과정에 작용한 계기와 동기 이전에, 그의 창작의 두뇌를 형성하고 저변에서 그것을 작동케 하는 영감의 원천들을 알고 싶었다. 물론 봉준호는 여러 인터뷰에서 그 원천들을 부분적으로 밝혀왔다. 하지만 우리가 보기에 봉준호는 어떤 감독보다 다양한 텍스트들에서, 혹은 뜻밖의 텍스트들에서 영감을 얻는 창작자이다. 그리고 그 영감의 원천들은 어떤 다른 감독의 경우보다 더 직접적으로 작품에 새겨져 있다. 우리는 그에게 더 많이 물어서 그 영감의 원천들을 더 넓게 더 깊이 알고 싶었다.

이 책은 봉준호의 영화 세계를 형성하는 데 바탕이 되고 영감을 준 텍스트들, 달리 말해 봉준호만의 영화 교과서를 정리해보고 싶다는 의도에서 만들어졌다. 여느 '예술적' 영화감독과는 다르게, 그 교과서들은 영화나 '본격문학'의 범주에 머무르지 않고, 추리소설, 만화, 애니메이션, 사진 등에 널리 걸쳐 있다. 정확히 말하면, 전통적 교양의 범주보다는 키치적인 것의 비중이 훨씬 높다.

물론 창작은 투입과 산출의 기계적 과정이 아니므로 그 원천들이 궁극적인 해답이 될 수는 없을 것이다. 하지만 작품 중심의 인터뷰에서는 충분히 말해지지 않았던 혹은 부분적으로만 말해졌던 그만의 영화 교과서들을 일별함으로써, 그의 '미친' 창작의 두뇌에 조금은 더 다가갈 수 있을 것이라 기대한다.

이 책은 봉준호의 영화 세계에 관심을 가진 독자들과 영화 창작자를 꿈꾸는 사람들을 대상으로 썼다. 하지만 이 책에 실린 봉준호의 영화적 원천을 되새기면서, 사회성과 정치성과 장르성에 관심이 모아져온 그의 작품들에서, 시청각적 표현들이 영화 서사의 중핵을 이루는 소위 '순수영화'적 자질 그리고 이질적 혼종성과 역동적 응집성이라는 성격이 더 깊이 재조명될 수 있을 것이라는 기대도 있다.

봉준호는 이 책의 구성을 위한 여러 차례의 인터뷰 요청에 기꺼이 응해주었고, 유용한 시각 자료들도 제공해주었다. 영화 동료들과 주변 사람들에 대한 그의 친절함은 널리 알려져 있지만, 그가 보여준 기대 이상의 적극적 호의는 존경의 마음을 갖게 했다. 이 책이 봉준호 자신에겐 별다른 도움이 안 되겠지만, 그의 영화를 좋아하는 사람들, 혹은 그로부터 배우려는 사람들에게는 약간의 도움이라도 되기를 진심으로 바란다.

이 책은 두 필자의 공동 작업이다. 각 장을 분담하긴 했지만, 초고를 쓴 뒤에는 서로 돌려보며 보완 작업을 했다. 또한 각자의 주관적 견해는 자제하고 객관적 사실 위주로 서술하려 했다. 이 때문에 각 장의 필자를 따로 표기하지 않았다.

이 책을 마무리하는 시점인 2025년 2월 현재, 봉준호는 두 가지 중대한 도전적 프로젝트를 진행 중이다. 2025년 2월 말에 개봉하는 〈미키 17〉과 후반 작업 중인 〈The Valley〉(가제)가 그것이다. 〈미키 17〉은 원작이 소설인 그의 첫 영화이며 〈The Valley〉(가제)는 그의 첫 애니메이션이다.

봉준호는 이제까지 일곱 편의 장편을 선보였다. 대부분은 비평적 찬사를 받았고, 네 편은 광범한 대중적인 성공을 거두었다. 그의 영화를 눈여겨봐온 사람이라면 알겠지만, 그는 한 번도 전작의 성공 공식에 기대 다음 작품을 만든 적이 없다.

실제 미제 사건을 미결의 범죄스릴러로 재현한 두번째 장편 〈살인의 추억〉(2003), 불과 110억 원의 제작비로 괴수가 단 125숏에만 등장하는 희귀한 크리처 영화 〈괴물〉, 아들의 살인죄를 숨기기 위해 목격자를 살해한 엄마가 관광버스에서 춤추는 장면으로 끝나는, 떠올리기조차 힘든 괴이한 범죄스릴러 〈마더〉, 유명 할리우드 배우들을 대거 기용한 대형 국제적 프로젝트 〈설국열차〉(2013)와 〈옥자〉(2017), 그리고 다시 한국적 상황으로 돌아와 초대형 세트에서 홍수의 재난을 만들어낸 〈기생충〉에 이르기까지, 봉준호는 자신을 탈진시킬 정도로 모험적인 프로젝트가 아니라면 도무지 흥미가 없다는 듯, 도전적인 작업을 계속해왔다.

그가 존경하는 알프레드 히치콕은 "결코 '전에 써먹었던 것을 이번에 다시 이용해 먹자'고 생각할 정도로 타락했던 적은 없다"고 말한 적이 있는데, 봉준호도 본능적으로 이 말을 실천하고 있는 것처럼 보인다. 이것은 온전한 대중영화를 만드는 사람으로 자처해온 감독, 손익분기점을 넘기는 걸 윤리적 의무라고 말해온 감독으로선 앞뒤가 안 맞는 태도다.

앞뒤의 어긋남, 표리의 불화가 봉준호 영화의 본성이요 무기일 것이다. 창작자 자신에겐 몹시 고달픈 일이겠지만 관객인 우리로선 그의 영화에서 그 불화가 오래 계속되기를 소망한다.

2025년 2월
남다은 · 정한석

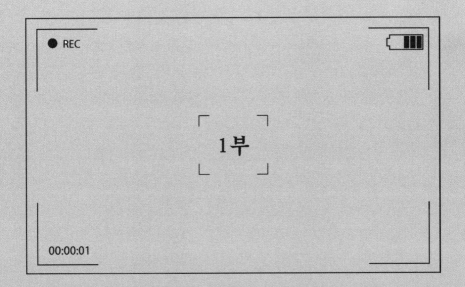

1장
TV소년 준호

장면 #0

1969년 대구에서 2남 2녀 중 막내로 태어나 자란 봉준호는 초등학교 4학년 때 서울로 이사 와 성내역(현 잠실나루역) 부근의 잠실 장미아파트에 정착했다. 대구의 단독주택에선 형과 함께 방을 썼지만, 서울의 아파트에서 처음으로 자신의 방이 생겼다. 부엌과 다용도실 사이에 끼어 있는 작은 방, 당시 표현으로는 '식모방'이었다. 침대가 들어갈 수 없는 크기여서 요를 깔고 잤지만, 이 새로운 아지트는 그만의 세계가 되었다. 문제는 그가 사랑하는 TV를 보기 위해선 거실로 나와야 한다는 것. 소심하고 예민한 사춘기 소년이 거실에서 심야에 AFKN의 미성년자 관람불가 영화를 보는 일은 발각의 위험을 짊어져야 했기 때문이다.

고등학교 1학년 때 거실에 새 TV가 마련되면서 봉준호는 옛 TV를 드디어 자신의 밀실에 들여놓을 수 있었다. 고장투성이 작은 수상기였지만 그는 행복했다. 그는 자기만의 극장을 꾸미고 싶었다. 해문출판사에서 나온 『빈 깡통 공작』이라는 책을 탐독하다가, 깡통과 촛불과 돋보기 렌즈를 이용한 사진 상자 만들기 방법이 눈에 번쩍 띄었다. 카메라의 원시적 형태인 카메라 옵스큐라의 원리를 이용한 것이었다.

봉준호는 바로 응용에 들어갔다. 상하를 뒤집은 TV를 벽을 향해 두고, 브라운관 앞에 두꺼운 볼록렌즈를 고정시킨 다음 그 위에 이불을 덮어 빛을 차단했다. 그리고 TV를 켜면 볼록렌즈를 통과한 화면이 벽면에 거꾸로 투사되었다. 화질은 조악하기 짝이 없었고, 어머니가 들어와서 "이게 뭐 하는 짓이냐"며 야단쳤지만, 그만의 시네마천국이 탄생한 것이었다. 낡고 병든 수상기 때문에 그의 시네마천국은 일 년을 넘기지 못했다.

TV는 나의 시네마테크

봉준호는 TV소년이었다. 그를 영화 세상으로 이끈 원초적 영화 알프레드 히치콕의 〈싸이코〉(1960)와 앙리 조르주 클루조의 〈공포의 보수〉(1953)를 각각 여덟 살 때와 아홉 살 때 TV로 봤으며, 중학생 때 〈영광의 탈출〉(1960)의 주제음악이 시그널 뮤직인 MBC '주말의 명화' 시간에 봤던 샘 페킨파의 〈어둠의 표적〉(1971)과 〈겟어웨이〉(1972)도 생생히 기억한다. '주말의 명화'와 함께 〈바람과 함께 사라지다〉(1939)의 주제음악으로 시작되는 KBS1의 '명화극장', 아랑후에스 협주곡으로 막을 여는 KBS2의 '토요명화'는 봉준호의 극장이었다.

물론 AFKN을 빼놓을 수 없다. 주한미군을 위해 미군 당국이 1957년 시작한 이 채널에서 금요일 자정에 영화를 방영하던 '프라이데이 미드나잇'은 극히 한정된 영화만 수입되던 1960년대에서 1980년대까지 대중문화에 대한 한국인들의 허기를 달래주던 중요한 통로였다. 한국어 더빙도 자막도 없었지만 다행히 군사정권의 검열도 없어, 소년 봉준호는 노출과 폭력 장면이 잘려 나가지 않은 브라이언 드 팔마와 샘 페킨파와 존 카펜터의 영화를 온전히 관람하며 은밀한 일탈의 흥분을 느꼈다(영화사의 공인된 걸작들을 많이 상영한 EBS의 '일요시네마'는 봉준호가 연출부로 일하고 있던 1997년 말에야 시작되었다).

『소년중앙』 창간호.
소년 잡지는 봉준호가 좋
아하는 만화와 세상의 신
기하고 무서운 이야기가
빠짐없이 실린, 그의 애독
서였다. 특히 네스호의 괴
물 '네시'는 소년 잡지의 단
골 메뉴로, 이후 <괴물>의
한 모티브가 되었다.

일간지 배달을 목 빼고 기다렸다가 신문에 실린 각 방송국들의 상영
시간표(AFKN까지 포함돼 있었다)를 체크해서 영화 관람 일정을 짜는 일
은 그의 가장 중요한 일과 중 하나였다. 『소년중앙』과 같은 소년지의 부
록으로 가끔 나온 '명화' 목록, 형의 책상에 놓여 있던 잡지 『스크린』에
실린 걸작 목록도 중요한 참고 자료였다.

봉준호의 TV 생활은 고등학교 때까지 이어졌다. 그리고 자신의 작
은 방을 조악하나마 마침내 극장처럼 꾸미기에 이르렀다. 이제 그의 작
은 방은 비유적으로가 아니라 문자 그대로 그의 영화관이 되었다. 봉준
호는 "나의 시네마테크는 TV였다"라고 말했다.

극장의 기억

서울 출신이며 청결에 강박적으로 신경을 썼던 어머니는 극장을 좋아하지 않았다. 일 년 내내 햇볕이 들지 않고 세균이 우글거리는 곳. "사람이 태어나서 가지 말아야 할 두 군데가 있는데, 그것이 극장과 다방"이라는 게 어머니의 신조였다.

물론 그럼에도 어린 봉준호는 극장에도 곧잘 갔다. 첫 극장 체험은 초등학교 1학년 때 부모님과 함께 본 동물 다큐멘터리였다. 아마도 교육적인 내용이어서 어머니도 괜찮다고 판단한 것 같았다. 하지만 자연 알코올 성분이 있는 열매를 먹은 원숭이들이 취한 채 나무에서 떨어져서 관객들이 폭소를 터뜨렸던 장면을 빼고는 제목도 내용도 기억나지 않는다(이 영화는 1974년 워너브라더스가 제작한 〈뷰티플 피플(Animals Are Beautiful People)〉이다. 1975년에 골든글로브 최우수 다큐멘터리상을 수상하고, 국내에는 1976년 8월 5일 스카라극장에서 개봉했다. 개봉 당시 '여름방학을 맞은 어린이들을 위한 교육용 문화영화'로 소개되어 인기를 끌었다. 모처럼 어머니 손에 이끌려 극장에 가게 된 소년 봉준호도 그들 중 한 명이었을 것이다. 〈뷰티플 피플〉의 감독 제이미 유이스는 이 영화의 촬영지에서 알게 된 원주민을 주인공으로 삼아 1980년 코미디 극영화 〈부시맨〉을 만드는데, 이 작품 또한 국내에서, 특히 아이들에게 인기가 높았다).

인상적이었던 첫 극장 영화는 대구 시절이던 초등학교 1, 2학년 무렵, 큰누나와 함께 본 재개봉 영화 〈사운드 오브 뮤직〉(1965)이었다. 영화를 본 뒤 큰누나는 동생에게 「도레미송」이 좋았는지 「에델바이스」가 좋았는지 물었다. 훗날 히치콕주의자가 된 동생은 저 유명한 노래 장면들이 아니라 "대령 가족이 무덤 뒤에 숨어 있다가 나치의 불빛을 피해 탈출하는 장면"이라고 답해, 이 영화의 음악과 로맨스를 사랑하던 누나를 어이없게 만들었다.

영화 내용보다 더 깊이 새겨진 기억이 있다. "이 영화의 러닝타임이 세 시간에 가깝다. 겨울 오후 4시쯤 극장에 들어가 영화를 보고 나왔더니 세상이 깜깜해져 있었다. 분명히 환할 때 들어갔는데…… 다른 세상에 다녀온 것 같았다. 너무 신기하다고 누나한테 얘기했지만 흘려듣는 것 같았다."

서울에 온 뒤로는 일신여상 근처에 있던 엄마손극장, 석촌호수 옆의 호수극장에 종종 갔다. 그곳에서 버트 레이놀즈가 출연하는 야한 액션물 〈샤키 머신〉(1981) 같은 영화를 교련복을 입고 봤다. 70mm 대형 스크린이 있던 대한극장은 집에서 버스를 두 번 갈아타야 갈 수 있는 먼 곳이었지만 이른바 대작을 보기 위해 가끔 갔다. 초등학교 6학년 때 친구 세 명과 함께 〈슈퍼맨〉(1978)을 대한극장에서 본 기억은 남아 있다. 여주인공이 죽자 슈퍼맨이 지구를 거꾸로 돌게 만들어 시간을 되돌린 다음 여자를 살려내는 어이없는 장면에서 관객들이 환호하며 박수를 쳤다.

하지만 어린 봉준호의 뇌리에 깊이 새겨져 나중에 자신의 영화를 만들 때마다 떠올리게 되는 영화들은 대부분 TV에서 본 것들이었다. 심지어 "나는 모든 영화를 공중파 TV에서 봤다"고 말하기도 했다. 사실에 부합하지 않는 진술이지만, 그만큼 TV 체험은 그에게 절대적이었다.

바보상자, 이야기 상자

그렇다고 그에게 TV가 영화관의 대체물에 그쳤던 건 아니다. 1960년대 한국에서 상류층의 전유물이었던 TV는 1970년대부터 광범하게 보급되었다. 어둠이 내리면 온 가족이 TV 앞에 모여 앉아 드라마를 보는 건 당시 한국 중산층의 표준적인 풍경이었다. 책 읽는 시간, 가족 간 대화 시간을 빼앗아갔다고 해서 TV가 '바보상자'라고 불린 것도 이 시절이다(21세기 들어, 한 지붕 아래에서도 모두 각자의 모니터 혹은 스마트폰을 들여다보는 시대가 되자 어이없게 '온 가족이 모여 함께 TV를 보던 단란한 시절'에 대한 향수가 등장한다).

봉준호의 자리에서 말하자면, 나아가 그와 비슷한 시기를 살았던 동시대인의 자리에서 말하자면, TV는 바보상자가 아니라 이야기 상자였다. 시대와 지역에 상관없이 사람들은 언제나 이야기를 듣고 싶어 했고, 고대와 중세의 음유시인처럼 모든 시대는 자신의 이야기꾼들을 가진다. 극장이 20세기 전반의 이야기꾼이었다면 TV는 20세기 후반의 이야기꾼이었다. 케이블TV가 등장한 1990년대 중반까지 채널은 여섯 개밖에 없었지만, 이 신기한 기계는(초창기 TV는 그 원리가 직관적으로는 이해 불가능한 최신 테크놀로지의 총아였다) 온갖 이야기들의 화수분이었고 만능 이야기꾼이었다(우리는 발터 벤야민의 허술하지만 유용한, 소설과 이야기의 구분을 염두에 두고 있다. 벤야민은 "입에서 입으로 전해지는 경험"이 원천인 이야기와 "고독한 개인"이 산실인 소설을 구분한다. 우리는 봉준호가 소설가보다 이야기꾼에 훨씬 가깝다고 생각한다. 이 점은 다른 장에서 다시 말하려 한다).

TV는 영화관의 대체재였을 뿐만 아니라, 드라마 시리즈와 애니메이션이라는 또 다른 형식으로 온갖 이야기를 들려주는 고유한 매체였다. AFKN에서 매주 목요일 저녁 8시에 방영한 〈미션 임파서블〉(1966) 시리즈, 그리고 주말 아침의 '코믹 서커스'에서 방영하던 〈벅스 버니〉와 〈로드 러너〉, 한국 TV에서 일요일 아침 9시에 시작하는 〈은하철도 999〉(1978)와 〈미래소년 코난〉(1978)을 놓치지 않으려고 기를 썼다. "일요일 아침, 가족들은 모두 잠들어 있고, 밖에는 비가 내리는데, 혼자 어둡고 염세적인 〈은하철도 999〉를 봤던 걸 또렷이 기억한다."

한국 드라마도 많이 봤다. 드라마광이던 아버지 덕이기도 했다. 특히 당시 드라마 왕국이라 불리던 MBC의 장수봉 피디, 김승수 피디, 황인뢰 피디의 작품은 빼놓지 않았다. 특히 유려한 영상미로 이름 높았던 황인뢰의 〈천사의 선택〉(1989)은 걸작으로 기억하고 있고, 그의 아름다운 단막극들도 뇌리 한쪽에 남아 있다.

소년의 주물(呪物)

TV는 이야기 상자 이상이었을 수도 있다. 그것은 뉴스를 포함해 온갖 인간 군상들의 모습을 방구석에 틀어박혀서도 구경할 수 있었던 만능의 창이기도 했다. 봉준호가 첫 장편 〈플란다스의 개〉(2000)에서부터 TV 뉴스에서 중요한 힌트를 얻어왔음은 널리 알려져 있다.

10대의 봉준호는 소설과 시를 읽고 사색과 고뇌에 빠진 사춘기 소년 혹은 이전 세대가 낭만화했던 문학청년과는 거리가 멀었다. 이 내성적이고 호기심 많은 아이는 갖가지 대중문화의 탐식가였고, TV가 들려주는 세상의 온갖 사연들에 넋을 잃고 빠져들었다.

"열넷에서 열일곱 살 사이에 접했던 책과 앨범, 영화가 미친 충격을 커서 온전히 느끼는 것이 가능할까요?"(『k-펑크』, 박진철·임경수 옮김, 리시올)라고 마크 피셔는 물었다. TV는 봉준호에게 그런 충격의 진원지였다. 그의 첫 단편인 〈백색인〉(1993)과 한국영화아카데미에서 만든 단편 〈지리멸렬〉(1994), 첫 세 장편인 〈플란다스의 개〉와 〈살인의 추억〉(2003)과 〈괴물〉(2006)에서 TV는 모두 이야기 전개에 중요한 그리고 인상적인 소품으로 등장한다. 그에게만 해당되지는 않겠지만, TV라는 기계장치는 소년 봉준호의 수많은 영감과 기억과 감성이 얽혀 있는 일종의 주물(呪物)이다.

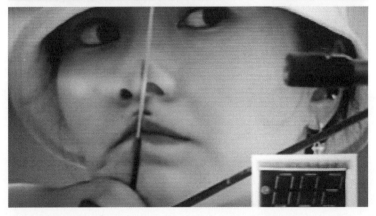

❶ <플란다스의 개>에서 강도를 제압한 용감한 은행 직원을 알리는 뉴스 장면.
❷ <살인의 추억>에서 '성고문 형사' 사건을 보도하는 뉴스 장면.
❸ <괴물>에서 주인공 가족의 큰딸이 출전한 양궁대회 중계 장면. TV는 봉준호의
　　두 단편과 첫 세 장편에서 이야기의 전개의 중요한 모티브가 된다.

영화의 소재를 주로 어디에서 얻느냐는 한 관객의 질문에 봉준호는 "생활에서 접하는 모든 것"이라고 답했다. 뉴스 한 토막, 불행한 노인의 병상 기록, 동물 다큐멘터리의 한 장면, 스포츠 중계에서 튀어나온 인상적인 말이 모두 그에겐 영감의 원천이며 소재들이다. TV는 이런 온갖 소재들의 보고이며 영상으로 이뤄진 잡지다. 10대의 봉준호가 애독한 소년지는 만화와 갖가지 공작, 좋은 영화의 목록, 세상의 진기한 이야기들이 모두 담긴 종이 TV에 해당될 것이다.

봉준호는 도스토옙스키를 읽으면서 영혼과 구원이라는 진지한 난제들에 빠져드는 대신, TV라는 현대의 주물을 부둥켜안고 소년 시절을 보내면서, 듣는 이의 정신을 쏙 빼놓는 걸출한 이야기꾼의 재능을 키워갔다. 오늘의 관객인 우리로서는 소년 봉준호가 문학이 아니라 TV에 심취한 건 참 다행스런 일이라고 해야 할지도 모르겠다.

스콜세지와 스필버그, 너무 다른 두 스승

2020년 2월, 〈기생충〉(2019)의 아카데미 감독상 수상 소감에서 봉준호는 영화를 배우던 시절 "가장 개인적인 것이 가장 창의적인 것"이라는 마틴 스콜세지의 말이 창작의 밑거름이 되었다며 식장에 앉아 있던 스콜세지에게 경의를 표했다(그 말의 출처는 "영화는 개인적인 표현이어야 한다"는, 스콜세지 강연록의 한 문장으로 짐작된다. 『비열한 거리―마틴 스콜세지: 영화로서의 삶』, 데이비드 톰슨·이안 크리스티 엮음, 임재철 옮김, 한나래).

스콜세지에 대한 그의 존경은 의심할 필요가 없다. 하지만 봉준호의 원초적 영화 체험에는 히치콕에 비할 순 없지만, 스콜세지보다 스티븐 스필버그의 비중이 훨씬 더 높다. 고등학생 때 친구 집에서 비디오테이프로 스필버그의 〈죠스〉(1975)를 처음 만났고 이 영화는 그의 인생 영화 중 한 편이 되었으며, 〈괴물〉의 이야기에도 영향을 미쳤다. 스필버그의 1970년대 영화들, 특히 〈듀얼〉(1971)과 〈슈가랜드 특급〉(1974)은 그가 곧잘 언급하는 애호작이다. 스콜세지의 〈성난 황소〉(1980)를 발견하고 열광한 건 대학 진학 이후다.

스콜세지와 스필버그는 1970년대 미국 영화의 부흥을 이끈 이른바 '무비 브랫(영화 악동)' 세대(프랜시스 포드 코폴라, 브라이언 드 팔마, 조지 루카스 등도 포함된다) 가운데 각각 작가주의 영화와 대중영화라는 상반된 경향을 대표하는 두 사람이다. 두 사람은 기질적으로 가까운 사이는 아니었다.

1996년 3월, 『카이에 뒤 시네마』 500호 특집 인터뷰에서 스콜세지는 이렇게 말했다. "스필버그는 TV 출신이다. TV에 대해선 내가 아

마틴 스콜세지와 스티븐 스필버그. 1960년 후반에 등장해 위기의 할리우드에 부흥을 안겨준 이른바 '영화 악동' 세대의 대표자들이다. 두 사람은 친분이 깊었지만 매우 상반된 성향의 창작자였다. 봉준호는 자신처럼 TV광이자 만화광 출신인 스필버그에게는 이야기꾼의 기예를, 세속도시에서 구원을 꿈꾼 스콜세지에게는 개인적 표현의 정당성을 배웠다.

는 게 전혀 없었다. 별세계였던 것이다. 지금도 가끔 만날 때 그가 무엇을 생각하고 있는지 도무지 모르겠다." 스필버그 자신도 이렇게 말했다. "나는 책보다 TV를 더 좋아했다. 나는 TV와 함께 자랐고, 내 머릿속에는 지울 수 없는 TV의 영향이 각인되어 있다. 어쩔 수 없는 일이다. 일단 새겨지면 지울 수 없기에 그렇다. 그건 마치 문신과 같다."(『C학점의 천재 스티븐 스필버그』, 조셉 맥브라이드, 임혜련 옮김, 자연사랑)

봉준호의 창작 DNA는 스필버그와 훨씬 더 가까워 보인다. 또한, 슈퍼맨과 배트맨과 미키마우스와 도널드 덕을 사랑한 스필버그는 봉준호처럼 만화광이기도 했다. 반면 스콜세지는 성직자를 꿈꿨으며(고등학교 때 성적이 하위 4분의 1에 속하는 바람에 신학교 진학에 실패했다) 잉마르 베리만과 에이젠시테인과 마이클 파웰을 경배한 진지한 영화광이었다.

벤야민의 구분을 다시 사용한다면 스콜세지는 소설가, 스필버그는 이야기꾼에 가깝다. '세속 도시에서 영적 구원'을 갈망한 스콜세지, 그리고 대중의 눈과 귀를 붙들기 위한 이야기와 시청각 효과에 편집증적으로 몰두하는 스필버그. 흔히 말해지는 대비다. "내 영화가 속삭임이라면 마티(스콜세지)의 영화는 절규다." 이건 스필버그가 직접 한 말이다. 이 도식들은 명쾌하지만 그러나 정확하지 않다. 두 사람의 거리는 유동적이며 생각만큼 멀지는 않다.

폴린 카엘은 스콜세지의 〈비열한 거리〉(1973)가 "우리 시대의 진정하게 독창적인 영화이자 개인적인 영화의 승리"라고 극찬했지만, 이 영화에 마음을 빼앗긴 영국 감독 마이클 파웰은 이 젊은 감독의 "관객들을 위해 하나의 상황을 만들어내고, 이를 그들과 공유하는 놀라운 재능"에 경탄했다. 스필버그가 ABC 방송의 주문으로 만든 TV 영화 〈듀얼〉은 일반 시청자들의 찬사를 얻은 첫 대중적 성공작이었다. 하지만 이 과묵하고 미니멀하지만 격정을 감춘 스릴러에서 만든 이의 내밀한 공포와 강박을 느끼지 못한다면 바보일 것이다.

스콜세지는 영화를 통한 개인적인 관심사의 추구를 멈추진 않았지만 대중영화의 화법을 누구 못지않게 능란하게 구사했다. 스필버그는 70대 중반이 되어서야 자신의 이야기를 직접 담은 〈파벨만스〉(2022)를 만들긴 했지만, 평생 개인적 두려움과 호기심을 창작의 모티브로 삼았으며, 우아한 리듬과 과묵한 숙고의 후기작들에서 보다 사적인 세계로 진입한다.

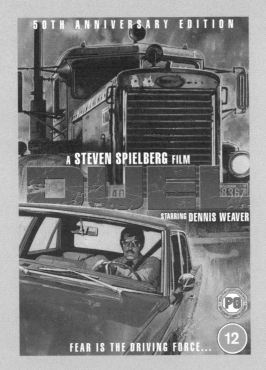

<듀얼>. 스티븐 스필버그의 첫 장편은 저예산의 TV 영화였지만, 최소한의 시각적 수사학만으로 빼어난 스릴러의 긴박감을 빚어내면서 감독으로서의 능력을 인정받게 했다. 스필버그는 이 영화의 전형적인 오락물의 외피 안에 자신만의 두려움을 깊이 새겨놓았다.

이상해 보이지만 두 감독은 "광범한 혐오증, 엘리베이터와 롤러코스터와 비행기 등에 대한 공포증"(『헐리웃 문화혁명』, 피터 비스킨드 지음, 박성학 옮김, 시각과언어)을 공유한다. 이 책의 2부에 실린 인터뷰에도 나오지만, 봉준호 역시 갖가지 강박과 두려움에 시달리는 사람이다. 그가 숭배하는 알프레드 히치콕 역시 "나는 언제나 공포로 가득 차 있다"고 말한다. 아무래도 좋은 감독이 되려면 자기만의 공포증 목록을 먼저 구비해야 할 것 같다.

봉준호는 "시나리오를 쓸 때 나는 관객 입장이 되지, 한 번도 내 이야기를 영화로 만들어본 적이 없다"고 말한다. 동시에 스콜세지의 '개인적 표현'을 찬미하고 스스로도 "나는 나라를 대표해서 만드는 게 아니라 개인적인 영화를 만드는 사람"이라고 말한다.

이렇게 말하는 게 좋겠다. 봉준호는 스콜세지와 스필버그라는 상반된 스승에게 모두 배웠다. 그 배움을 통해 관객을 위한 영화를 만들면서도 그 안에 자신의 공포와 강박과 호기심을 내밀하게 새겨넣는 방법을 찾아나갔다.

다만, 〈그리스도 최후의 유혹〉(1988)을 만들려 하는 이유를 묻는 제작자의 질문에 "이 영화를 만들면, 나는 예수를 더 잘 알 수 있게 됩니다"라고 천연덕스럽게 대답하는 스콜세지의 모습은 봉준호와 도저히 겹쳐지지 않는다. 또한 스필버그의 〈인디아나 존스〉 시리즈와 같은 전형적인 유쾌한 오락영화에 몰두하는 봉준호의 모습도 상상하기 힘들다.

온전한 대중영화의 외피 안에 자신만의 불안과 강박을 숨긴 알프레드 히치콕이 그의 가장 원초적 스승이 되었던 건 어쩌면 당연한 일인지도 모르겠다. 이 점은 1부 7장에서 다시 말하게 될 것이다.

2장
미래소년 코난 I

1983년 1월 20일 『한국일보』에는 당대 '만화영화'를 향한 이른바 어른들의 불편한 시선을 대표하는 기사 하나가 실려 있다. '始終(시종), 허황된 내용'이라는 제목하에 작성된 이 기사는, 얼마 전 종영한 MBC 의 〈은하철도 999〉(일본 방영 1978년 9월 4일~1981년 3월 26일; 한국 방영 1981년 10월 4일~1983년 1월 16일)에 관한 뾰족한 질타와 훈시로 시작된다. "교육적, 정서적 면에서 어린이들에게 큰 도움을 주지 못한 내용"이며 "꿈을 심어주기보다는 망상을 갖게" 하고, "허황된 재미만을 제공하는 데 그쳤고 해독(害毒)의 요소도 없지 않았다"는 것이다. 한마디로 "허무맹랑한 스토리"라는 것이다. 한편, 후속 프로그램으로 예고된 〈천년여왕〉(일본 방영 1981년 4월 16일~1982년 3월 25일; 한국 방영 1984년 4월 5일~1984년 10월 9일)에 대해서도 유사한 근심을 감추지 못하면서, 기사는 다음과 같이 이어진다. "이 같은 허무맹랑성은 KBS의 만화영화 〈미래소년 코난〉(일본 방영 1978년 4월 4일~10월 31일; 한국 방영 1982년 10월 8일~1983년 6월 7일)에서도 발견된다. 10세가량의 코난이 벌이는 행동은 너무 엄청난 것이어서 이 만화를 본 어린이들이 어떤 꿈을 가질 것인지가 걱정된다."

〈미래소년 코난〉의 감독 미야자키 하야오가 당시에 저 기사를 접했다면 그의 뜨거운 성격상 분노하거나 최소한 실의에 빠졌을 것 같다. 미야자키의 인터뷰와 글을 모아 구성된, 탁월한 자서전 격의 저서 『출발점 1979~1996』(황의웅 옮김, 대원씨아이)에서 미야자키는 이렇게 말한다. "만화영화는 거짓 세계입니다. 거짓이기 때문에 '뭐야, 만화잖아'라고 말할 수 있으니 보는 사람은 무장 해제할 수 있는 겁니다. (……) 만화영화는 복잡한 주제나 이론을 말하는 것도 아니고 예술이라고 있는 힘을 다해 버틸 필요도 없다고 생각합니다. 황당무계하기 때문에 더 말도 안 되는 상황 설정이나 뻔뻔스러운 거짓말도 할 수 있고, 보는 쪽도 그걸 용서한다고 생각해요. 하지만 만드는 사람은 거짓 세계를 진짜처럼 만드는 노력이 필요합니다. (……) 거짓말에 거짓말을 보태 철저한 거짓 세계를 만들어가야만 해요." 〈미래소년 코난〉이 한국에서 방영되던 즈음에 있었던 인터뷰 내용이다. 미야자키는 '만화영화'를 좀 더 간명하게 "거짓을 하나의 세계로 만들어가는 기예"라고 요약했다. 현실에선 "있을 수 없다고 알면서도 뭔가 진실이 있다고 마음속으로는 느낄 수 있는" 그런 만화영화를 언젠가는 만들고 싶다고도 피력한다. 미야자키에게 허무맹랑함이란 질타 받을 결함이 아니라 뿌리 깊은 철학이고 실현되어야 할 비전이자 철저한 기예인 것이다.

허무맹랑의 매혹

봉준호가 소년기를 지나고 있던 1970년대 말과 80년대 초 TV와 극장에서는 '공상과학 만화영화'라고 불렸던 SF 애니메이션이 성행했다. 사회 전반적으로는 기껏해야 애들이나 보는 것이라는 하대와 무시가 팽배해 있었고, 아이들에게 유해할 수 있으니 유의가 필요하다는 염려도 얼마간 상식처럼 번져 있었다. 하지만 꽤 많은 어른들이 예측하지 못한 사실 한 가지가 있다. 그들의 무시 또는 염려와는 다르게, 바로 그 허무맹랑함에 매혹되어 TV 앞에 붙어 앉아 있던 소년 소녀들이 미야자키의 말처럼 거짓 속에서 각자 자기만의 진실을 찾아가고 있었다는 점이다. 황당무계함의 창작력 면에서 누구보다도 뛰어난 미래의 거장 감독 봉준호도 그들 중 한 명이었다. 자기 또래의 소년이 폐허가 된 인류를 배경으로 벌이는 〈미래소년 코난〉의 허무맹랑한 모험 활극에 소년 봉준호는 깊이 매혹되었다.

"미국 애니메이션 〈로드 러너〉나 〈벅스 버니〉, 디즈니 만화를 볼 때는 2차원적이고 약간 평면적인 동선과 움직임이 많았는데 〈은하철도 999〉나 〈우주전함 야마토〉(국내 TV 방영 제목은 〈날으는 전함 V호〉) 같은 일본 애니메이션들에서는 엄청난 앵글의 깊이나 방향으로 우주선과 인물들이 움직이는 영화적인 연출이 많았다. 그 절정으로 느껴진 것이 중학교 1학년 때 처음 KBS에서 금요일마다 방영된 〈미래소년 코난〉이다."

물론 〈미래소년 코난〉은 기본적으로 이 세대의 최상위 인기물이었다. 〈미래소년 코난〉은 당시의 아이들 모두의 것이었다. 하지만 국내뿐 아니라 지구상의 모든 영화감독을 통틀어도 봉준호만큼 오래도록 이 작품에 애정을 품고 또 자주 언급하는 이는 없다. 봉준호가 사랑하는 영화들 중 한 편으로 〈미래소년 코난〉이 처음 등장한 것은 그가 한국영화아카데미 재학 시절 응했던 영화지 『키노』(11호, 1996년 3월)와의 인터뷰 지면이다. 청년 봉준호는 허우샤오시엔의 〈비정성시〉(1989), 〈동년왕사〉(1985), 마틴 스콜세지의 〈성난 황소〉(1980), 〈비열한 거리〉(1973), 에드워드 양의 〈고령가 소년 살인 사건〉(1991), 테오 앙겔로풀로스의 〈안개 속의 풍경〉(1988. 훗날의 봉준호는 '걸작이라 여겼으나 지금은 과대평가 받았다고 생각하는 영화'로 이 작품을 꼽았다), 마티유 카소비츠의 〈증

1982년 첫 방영된 <미래소년 코난>. 봉준호는 "마음이 울적할 때마다 다시 보게 되는 영원한 교과서 같은 느낌"이라고 말한다.

오〉(1995), 프랑수아 트뤼포의 〈400번의 구타〉(1959), 장선우의 〈우묵배미의 사랑〉(1990) 등 그야말로 20세기의 쟁쟁한 작품들과 함께 〈미래소년 코난〉을 자신이 가장 사랑하는 영화 10편의 목록 안에 넣었다. 1996년이면 미야자키가 이미 대가의 반열에 올라 있을 때였고, 아직 국내에 정식으로 개봉된 작품은 없었지만, 시네필들 사이에서는 〈이웃집 토토로〉(1988)를 비롯하여 그의 대표적인 극장용 장편 애니메이션을 '불법 테이프'로 어렵지 않게 볼 수 있었던 때였다. 시네필이자 애니메이션 애호가인 봉준호도 그것들을 보았을 가능성이 높다. 하지만 그는 그 작품들 대신 〈미래소년 코난〉을 꼽았다.

소년기 봉준호는 〈미래소년 코난〉의 장면들을 직접 그려가면서 머릿속에 저장해두기를 원했고, 재방송이 될 때는 놓치지 않고 TV 수상기 앞에 앉았으며, 비디오라는 매체가 나온 뒤로는 소장하여 관람했고, 이후로도 각국에서 각종 버전의 DVD와 블루레이가 나올 때마다 빠짐없이 수집하며 현재까지도 거듭 관람 중이다. 〈미래소년 코난〉에 대한 봉준호의 애정은 식지 않는다. "〈기생충〉(2019)의 오스카 레이스를 끝내고 한석 달인가 쉴 수 있었다. 팬데믹이 시작될 무렵이었는데, 그때도 블루레이로 다시 한번 처음부터 끝까지 봤다." 돌연히 들이닥친 바이러스의 기습으로 전 인류가 절멸에 대한 공포와 집단 우울증에 빠져 있던 그 시기에는 누구라도 평안하고 안전한 마음의 상태에 놓여 있기를 원하지 않던가. 그때도 봉준호는 〈미래소년 코난〉을 꺼내 든 것이다.

미야자키의 다른 작품들과 비교해서 〈미래소년 코난〉은 당신에게 어떤 의미인가 물었을 때 봉준호는 이렇게 말한다. "비교 대상이 아닌 것 같다. 어렸을 때 되게 원초적으로 체험했다. 그게 미야자키 하야오 작품이라는 것도 몰랐고. 하지만 숏의 느낌이나 배열, 카메라 움직임이라든가 편집하는 방식, 액션의 연출 같은 것들이 지금 봐도 정말 훌륭한 게 많다. 인상적이고 아름다운 장면들이 너무 많았다. 어린 나이에 보기에 도 저거는 정말 영화적이었던 거다. 천재적인 장면들이 되게 많다. 〈미래 소년 코난〉은 내게 뭔가 특별한 작품이다. 이래저래 그냥 마음이 울적할 때마다 다시 보게 되는 영원한 교과서 같은 느낌이랄까."

봉준호는 소년기에 맛본 감각적 원체험을 소중히 보존하고 있을 뿐 만 아니라, 그것이 안겼던 아득한 흥분 또는 안식처와 같은 평온함을 틈 나는 대로 어루만지면서 지금도 생생하게 창의적 동력으로 체화하려는 것처럼 보인다. 〈미래소년 코난〉은 봉준호와 그의 영화에 영감을 준 중 요한 작품들 중 가장 예외적이거나 덜 말해진 경우에 속하는 것 같다. 이 작품의 무엇이 이토록 오래도록 봉준호를 매혹시키고 있는 것일까. 혹은 어떻게 봉준호 영화와 교감하고 있는 것일까.

간결함, 부드러움, 동글동글함, 품격……

각 회당 30분 총 26화 구성의 〈미래소년 코난〉은 1978년 4월 4일 부터 10월 31일까지 NHK에서 방영되었다. 닛폰 애니메이션이 제작, NHK가 개국 25주년 기념으로 방영한 프로그램으로 NHK 최초의 시리 즈 애니메이션이었다. 국내에선 1982년 10월 8일부터 1983년 6월 7일 까지 KBS 1TV에서 처음 방영되었다〔최종 방영일이 5월 31일이라는 기록도 있는데, 여기서는 『1982, 코난과 만나다』(황의웅 지음, 스튜디오본프리)의 기 록을 따랐다〕. 영화의 배경은 2008년 이후. 인류는 거의 멸망했고 대륙은 대부분 바다 아래 잠겼다. 코난은 작은 섬에서 할아버지와 함께 산다. 어 느 날 파도에 떠밀려 또래 소녀 라나가 섬에 들어오는데, 그녀는 태양 에 너지 사용의 비밀을 알고 있는 라오 박사의 손녀다. 영화에는 삭막한 기

계문명 체제인 인더스트리아와 그와 상반된 목가적 농촌 공동체 하이하버가 대립 구도로 등장하는데, 인더스트리아의 사람들이 태양 에너지를 차지하기 위해 코난의 섬에 들어와 라나를 납치해 간다. 코난은 라나를 구하기 위해 모험의 길에 나선다. 그 여정 속에서 코난은 단짝 친구 포비를 만나 동행하게 되고, 바라쿠다호의 선장 다이스와는 적이었다가 동료로 발전하게 된다.

　더 자세한 정보 및 줄거리 등은 생략하기로 하고 〈미래소년 코난〉과 봉준호 사이에 형성된 열광적인 애호와 미묘한 영감의 관계 속으로 곧장 들어가보도록 하자. 봉준호가 〈미래소년 코난〉에서 한눈에 매혹된 것, 그건 일단 미야자키의 그림체와 인물형이었다. "캐릭터들의 표현이 간결한데, 특히 부드러우면서도 예쁜 그 동글동글함에 빠져들었던 것 같다. 초단순 명랑만화체도 전혀 아닌 것이, 어쨌든 사람이건 배경이건 그림들이 가진 품격이 있었다. 잘 통제된 보기 좋은 컬러와 톤의 묘사력이 독보적이어서 눈이 즐거웠던 것 같다. 그전에 〈우주전함 야마토〉나 〈은하철도 999〉와 같은 질척이면서도 번쩍거리는 그림체만 많이 봐서 그런가, 완전히 달라 보였다."

〈미래소년 코난〉의 그림체에 얽힌 미야자키의 일화는 여러 가지다. 라나의 감청색 머리 색감에 유독 신경을 쏟았다거나, 배경으로 자주 등장하는 하늘의 색감을 보통의 색감보다 훨씬 더 짙은 푸른색으로 구현하고자 했다거나 하는. 그중에서도 원화 작가인 오츠카 야스오가 그린 1화의 라나 모습을 본 미야자키가 "엄청나게 못생긴 라나가 나왔다"고 화를 내며 2화부터는 손수 모든 원화를 챙겼다는 일화가 유명하다(지브리 위키 영문 사이트는 미야자키의 콘티, 그것을 옮겨 오츠카가 그린 1화의 원화, 미야자키가 수정한 2화부터의 원화를 비교하고 있는데, 차이가 한눈에 들어온다). 한편, 미야자키에 관한 성실하고 열정적인 국내 연구자 황의웅은 〈미래소년 코난〉에 관한 재미있고 상세한 정보로 빼곡한 책 『1982, 코난과 만나다』에서 오츠카가 그린 코난의 동작 스케치와 미야자키가 그린 코난의 동작 스케치를 나란히 놓은 뒤, 미야자키의 그림체가 오츠카의 그림체보다 훨씬 더 활동감이 넘쳐 보인다는 점을 지적하는데, 똑같은 동작인데도 불구하고 그 차이가 확연하다.

봉준호가 매혹되었다고 언급한 간결함, 부드러움, 동글동글함, 품격 등의 이미지는 〈미래소년 코난〉 속 인물들의 존재와 성격에도 결부된다. 간결하고 부드러우면서 동글동글하고 품격을 지닌 그림체로 그려진 이 아이들은 소박하고 천진하고 건강한 성품으로 존재하는 아이들이기도 하다.

미야자키는 코난을 두고 "활력이나 움츠러들지 않는 정신, 타인에 대한 이해 같은 것을 말로 하지는 않지만, 이를 구현해가는 소년", "분

노는 있지만 살의는 없는 소년", "선천적으로 건강한 인물"(『출발점』) 등
으로 강조한다. 코난은 순진무구하면서도 활기차다. 봉준호 영화에도 그
런 소녀가 등장한다(하지만 그런 소년은 등장하지 않는다). 봉준호는 〈옥
자〉(2017)의 주인공 미자를 가리켜 "여자아이 코난"이라고 칭했다.

　라나는 신중하면서도 강인하다. "라나는 미야자키가 이후 탄생시킨
강인한 여성 캐릭터들의 시조"(『미야자키 월드』, 수잔 네이피어 지음, 하인
해 옮김, 비잉)이다. 봉준호는 과거 인터뷰에서 〈괴물〉(2006)의 현서를 두
고 "라나에게서 이어지는 이미지"라고 언급한 적이 있다. 코난이 사지가
묶인 채 바다에 던져져 죽음의 위기에 처했을 때 라나는 수면과 심해를
필사적으로 오르내리며 코난을 살리기 위해 사력을 다한다. "라나는 여
성스러운 면모가 있지만 코난을 구하는 이 장면에서는 파워풀하고 파괴
력이 있다. 그래서인지, 나는 강한 소녀에 대한 애정이 있다"고 그는 덧
붙인다. 〈괴물〉의 현서가 자기보다 더 작고 연약한 아이를 보호하기 위
해 탈출을 계획하고 실행하는 과정에서 보여준 강인함은, 최종적 실패에
도 불구하고 경탄할 만한 것이었다.

　미야자키는 라나와 같은 강인하면서도 헌신적인 인물형의 유래를
그가 평생 사랑해 마지않았던 두 편의 고전 애니메이션, 야부시타 다이
지의 〈백사전〉(1958)과 레브 아타마노브의 〈눈의 여왕〉(1957)에서 찾는
다. 미야자키는 〈백사전〉을 "동네 변두리에 있는 삼류 영화관"에서 봤
다. "영혼 깊은 곳까지 전율하면서 눈이 내리기 시작한 길 위를 비틀거
리며 집으로 돌아왔다. 헌신적이고 열정적인 여자 주인공에 비하면 나는
한심하고 형편없었다. 뜨뜻한 고타츠 위에 얼굴을 묻고 밤새도록 흐느꼈
다."(『미야자키 월드』) 〈눈의 여왕〉에 대해서는 "사랑하는 카이를 되돌려
받기 위한 겔다의 연정—그걸 힘으로 관철하는 영화"라고 설명하면서,

미야자키에게 지대한 영향을 미친 두 애니메이션. 애니메이터로 만들어준 것은 <백사전>(위), 애니메이터가 되고 싶다는 마음을 품게 한 것은 <눈의 여왕>(아래)이라고.

"애니메이터 지망의 계기를 준 건 〈백사전〉인데, 애니메이터가 되길 잘했다고 생각한 건 〈눈의 여왕〉"(『반환점 1997~2008』, 황의웅 옮김, 대원씨아이)이라고 말한다. 그렇게 본다면 각각의 내용은 얼마간 다르다 해도, 〈백사전〉의 파이냥, 〈눈의 여왕〉의 겔다에서부터 〈미래소년 코난〉의 라나를 포함한 미야자키의 여러 인물형들을 지나 〈괴물〉의 현서까지 이어지는 강인한 소녀들에 관한 가상의 계보를 우린 상상해볼 수도 있겠다.

실은 〈미래소년 코난〉의 인기 캐릭터 중 한 명이자 코난의 든든한 친구이며 조력자인 엉뚱하면서도 귀여운 포비(일본에서 방영될 때의 이름은 '지무시'였는데 국내 방영에서는 어떤 이유에서였는지 포비라는 이름으로 바뀌었다), 초기에는 코난과 라나의 적이었으나 뒤늦게 이들과 합심하게 되는 능청스러운 악당이면서도 정겨운 선장 다이스와 그 수하들을 떠올리게 하는 인물들도 봉준호 영화에서 볼 수 있다.

〈플란다스의 개〉(2000)에서 엉뚱하고도 부조리한 일상의 모험을 겪게 되며 유달리 동년배들보다 정신 연령이 좀 낮아 보이거나 세상의 때가 훨씬 덜 묻어 보이는 미성년의 이미지를 갖춘 주인공 현남(배두나), 그녀의 단짝 친구인 힘세고 장난기 많은 장미(고수희)가 마치 서울의 어느 아파트촌을 배경으로 살아가고 있는 또 다른 코난과 포비의 짝패처럼 여겨지는 것은 자연스러운 일인 것 같다.

혹은 〈미래소년 코난〉의 선장 다이스와 그 수하들, 더하여 〈미래소년 코난〉의 아이디어를 극장판으로 이어낸 결과라 평가받는 〈천공의 성 라퓨타〉(1986)의 해적 도라와 그 일가들처럼, 미야자키 애니메이션의 어설프면서도 순정 넘치는 조력자 무리들은 〈옥자〉에 등장하는 동물해방전선이라는 순도 높은 마음과 어설픈 실행력을 겸비한 그 전사들을 떠올리게 한다.

원작의 비관과 애니메이션의 희망 사이

미야자키의 전문가들이 상당수 지적하는 것이지만 〈미래소년 코난〉이 원작을 두고 있다는 사실은 생각보다 대중적으로 많이 알려지지 않았고, 원작과 영화가 거의 관계가 없다고 할 만큼 별개라는 사실은 더 많이 알려지지 않았다. 원작과 영화는 오히려 지금껏 불화하고 있다. 미야자키는 너무 비관적인 원작의 내용이 처음부터 마음에 들지 않았고 그와 무관하게 만들어도 좋다는 전제하에 〈미래소년 코난〉을 시작했다고 공공연히 말했다.

"그 원작, 좋아하지 않아요. 비관적이라. (……) 그저 비관적인 것을 질질 끌고 있어요. 그걸 아이들 것으로 만들어도 괜찮은지 하는 생각이 있습니다. 제가 아무리 희망이 없다고 해도 그걸 아이들한테 역설하는 건 굉장히 쓸모없는 행위라고 생각합니다. (……) 부정적인 측면을 쓰는 건 편합니다. 어떤 의미에서는, 현실에는 약함과 비열함 같은 게 가득 차 있으니까요. 하지만 나는 그런 것은 그리고 싶지 않습니다."(『출발점』)

원작은 미국 작가 알렉산더 케이(1904~1979)가 쓴 SF 소설 『대해일(*The Incredible Tide*)』이다. 일본에서 『살아남은 사람들』이라는 제목으로 1974년에 출간되었고, 국내에서는 2022년에야 『네가 세계의 마지막 소년이라면』(박중서 옮김, 허블)이라는 제목으로 출간되었다. 원작자가 본 애니메이션에 대한 평가도 궁금해지지만, 추정컨대 〈미래소년 코난〉이 방영된 다음 해인 1979년에 노년의 케이가 타계한 것으로 보아 그는 이 작품을 볼 기회가 없었거나 보았더라도 별도의 공식 논평을 할 기회가 없지 않았을까 싶다.

다만 국내의 번역자는 옮긴이의 말에서 미야자키 애니메이션이 원작의 깊이를 담아내는 데 미진했다는 의견을 제시하며 원작과 애니메이션의 차이를 이렇게 요약한다. "미야자키의 애니메이션은 재난을 딛고 일어서는 희망에 초점을 맞춘 반면, 케이의 원작은 재난을 초래한 인간의 어리석음에 대한 비판에 여전히 초점을 맞추고 있다. 미야자키의 애니메이션은 차마 케이가 이야기하지 않은 곳까지 줄거리를 끌고 갔지만, 특히 뒷부분의 전원생활과 농경 공동체에 대한 목가적인 이야기는 어디까지나 미야자키만의 취향이라고 해야 한다. 이에 비해 케이가 묘사한 하이하버의 현실은 애니메이션보다 훨씬 더 엄혹해 보인다."

오늘에 이르러 원작과 영화 중 어느 쪽이 더 뛰어난 작품인지 따지는 것이 우리에게 중요하진 않은 것 같다. 다만 기본적으로 소설 장르의 애호가가 아닌데다가 원작자의 이름을 정확히 기억할 만한 관심이나 의지를 갖고 있지 않으며("원작자 이름이 뭐더라, 무슨 케이였는데……") 완독하는 것 또한 포기해버렸음에도("읽다가 말아서……"), "원작 소설보다는 영화가 스케일이 훨씬 더 크다"는 주관적 감상을 갖고 있는 봉준호에게 애니메이션 쪽이 더 친밀하게 느껴졌던 것만은 틀림없는 사실인 것 같다. 애니메이션에 대한 봉준호의 지대한 매혹이 원작 소설로는 이어지지 않았다. 봉준호의 입장에서 보자면 애니메이션에서는 느껴졌지만 원작 소설에서는 느껴지지 않은 무언가가 있었으리라.

우선 원작과 애니메이션의 가장 큰 차이 중 하나는 세계관적 분위기다. 원작이 비관을 품고 세계의 비극을 재차 엄중히 경고하는 것에 반하여 애니메이션은 낙관을 품고 자연과 생명의 회복 조짐으로 나아가려 한다. 〈미래소년 코난〉에서 미야자키는 아이들이 살아야 할 세상에는 그런 생태적 회복력과 가능성이 있어야 한다고 굳건히 믿고 있다.

원작에서 17세 소년이었던 코난을 미야자키는 훨씬 더 어린 나이인 12세 소년으로 바꾸었다. 세상을 가늠하는 최소한의 사회적 눈높이를 아예 폐기했다. 그렇게 수정된 12세의 소년에게는 막무가내의 순수한 감정과 활기가 있을 뿐이다. 세상의 회복력에 대한 이 아이의 믿음도 미야자키의 믿음만큼이나 강력하게 막무가내다. 〈미래소년 코난〉은 디스토피아를 배경으로 하지만 유토피아를 지향하고, 그 유토피아는 생태적 유토피아 즉 에코토피아를 의식하고 있다. 봉준호는 이 점에서 일찌감치 뛰어난 성찰과 성취를 보여준 미야자키를 존중한다.

영화 <옥자>의 컨셉 그림. 봉준호 감독이 영화 제작 전 이 그림을 배우 틸다 스윈튼에게 보여
주었을 때 그녀는 이 영화가 <이웃집 토토로>에 대해 아름다운 경의를 지니고 있다고 느꼈다.

"미야자키에게는 이미 〈미래소년 코난〉에서 방대한 두께의 주제 의식이 있었던 것 같다. 환경에 대한 주제, 자연과 과학의 충돌 같은. 그런 주제 의식이 〈모노노케 히메〉(1997) 때까지 쭉 일관되게 갔던 게 아닐까 싶다. 거기에서 뭔가 딱 집대성을 하고 그다음부터는 또 새로운 영역으로 가지 않나. 〈센과 치히로의 행방불명〉(2001)이나 〈하울의 움직이는 성〉(2004) 같은 완전히 다른 세계로. 적어도 〈모노노케 히메〉에 이르기까지의 세계관은 이미 〈미래소년 코난〉에서 시작된 것이구나 하는 느낌이 있다."

〈옥자〉가 처음으로 상영된 2017년 칸 영화제 기자회견에서도 봉준호는 "동시대를 살아가는 창작자들 중에 자연과 생명에 대한 이야기를 하면서 미야자키의 그늘을 벗어나기란 쉽지 않다. 그분이 그 영역에서 이뤄놓은 큰 업적들이 있기 때문에. 〈옥자〉는 거기서 한 걸음 더 나아가서 생명, 동물과 자본주의의 관계를 좀 더 깊게 다뤄보고 싶었다. 그 부분은 미야자키가 아직 가보지 않은 영역이라고 생각한다. 그분께 이 영화를 한번 보여드리고 싶다"고 말했다.

액션 연출의 교본

봉준호가 〈미래소년 코난〉을 오래도록 아끼는 데에는 그림체와 캐릭터에 대한 매혹, 세계관적 존중 외에도, 결정적인 이유가 더 있다.

"〈루팡 3세: 칼리오스트로의 성〉(1979)도 그렇고 〈천공의 성 라퓨타〉도 그렇고 이 사람은 정말 액션 연출의 마스터라는 걸 알 수 있다. 동적인 움직임을 엮어내는 능력이 최고다. 앵글이건 인물이건 기계이건, 움직이는 걸 묘사하는 데 있어서 조지 밀러, 구로사와 아키라 그리고 미야자키, 이 세 감독에게는 넘볼 수 없는 경지가 있지 않나 싶다. 〈천공의

<루팡 3세: 칼리오스트로의 성>, <천공의 성 라퓨타>. 봉준호가 꼽는 미야자키의 또 다른 액션 활극 명작들.

성 라퓨타>의 몇몇 액션 시퀀스들은 되게 놀랍다. <미래소년 코난>의 액션 묘사는 완전히 독보적이다. 많은 액션 시퀀스들이 있는데, 물리적인 표현들이 되게 간결하면서도 정확하고 사실적이다. 카메라가 움직이고 있다는 개념이 있다고 해야 할까. 사람이 달려가건, 뛰어내리건, 기계 위에서 어떻게 하건, 연기가 피어오르건, 물이 움직이건, 그 움직임이 탁월해서 반했던 것 같다."

　<미래소년 코난>은 일명 '소년소녀 활극'으로 불린다. 이 소년소녀 활극의 특별한 운동성, 활극성, 그리고 그에 따른 구체적인 액션 장면이

봉준호를 오래도록 사로잡았다. 원작 소설에는 부재하지만 애니메이션에서는 강조되는 면모가 바로 이것이기도 하다. 영화를 만들면서 혹시 〈미래소년 코난〉을 염두에 두어본 적이 있느냐고 물었을 때 봉준호는 이렇게 답한다. "〈옥자〉의 미자가 가진 저돌성, 물리적 법칙을 넘나드는 그것. 영화에서 옥자를 운반하는 트럭에 미자가 붙어서 하는 액션 있지 않나. 만화나 애니메이션처럼 허용되지 않는다면 되게 말이 안 되는 것처럼 보이는 장면이다. 그런데 애초에 그렇게 가려고 마음먹고 찍은 거다. 〈미래소년 코난〉처럼 찍고자 했다. 미란도 코리아 건물과 언덕에서 벌이는 추격전도 그렇고. 그리고 얘가 괴력의 소유자야. 미란도 코리아의 두꺼운 유리창을 들이받아서 막 깨지 않나."

봉준호의 말을 들으면서 우리는 〈미래소년 코난〉과 〈옥자〉의 어떤 장면들을 즉각 떠올리게 된다.

납치된 라나가 인더스트리아의 삼각탑 꼭대기에 갇혀 있을 때, 코난은 외벽을 타고 맨몸으로 기어 올라가 그녀가 갇힌 방의 두꺼운 유리창을 부수겠다며 온 힘을 다하여 이마로 들이받다가 충격을 이기지 못하고 졸도하듯 뒤로 쓰러진다. 하지만 그 유명한 괴력의 발가락 힘을 사용하여 탑의 외벽에 거꾸로 매달려 있다가 적군을 해치운다. 우리는 〈옥자〉의 미자가 미란도 그룹 사옥의 두꺼운 유리 벽을 온몸으로 부딪쳐 부술 때, 그것이 그런 방식으로 부숴질 것이라 믿는 (코난과 같은) 애초의 그 순진한 발상에도 놀라게 되지만, 마침내 깨부수고 마는 괴력에 더 놀라게 된다.

코난은 거대한 지배체제 인더스트리아를 상대로 라나를 구해내고, 미자는 초거대 기업 미란도를 상대로 옥자를 구해낸다. 그런데 코난과 미자는 어떻게 라나와 옥자를 구해서 평온한 자신들의 고향 산천으로 돌

봉준호가 직접 그린 <옥자> 아이디어 스케치. 커다란 돼지 옆에 작은 소녀가 매달려 있다.

아올 수 있었던가. 이들은 내적 고민에 시달리는 인물들이 아니다. 코난과 미자는 말 그대로 행동파다. 라나가 붙잡혔고 옥자가 끌려갔다면 당장 그들을 찾아 어디든지 달려간다. 그곳이 인더스트리아든 미국이든 상관없다. 그들은 몸으로, 액션으로 살아가고 그렇게 존재한다. 쫓고, 쫓기고, 매달리고, 또 달린다. 이들이 몸과 움직임을 통해 드러내는 순진한 믿음과 초인적인 활동력이 없었다면 생명의 회복이라는 두 영화의 테마도 성취되지 않았을 것이다. 생명과 자연이란 것은 주제에 해당하고 그 주제를 희망적으로 이끌어 간 것은 든든한 영화의 시선과 태도이겠지만, 결국 그 모든 것이 성사되는 과정에는 코난과 미자의 괴력의 액션이 있다.

봉준호가 "여자아이 코난"이라 부른 <옥자>의 미자는 코난처럼 괴력을 지녔고, "물리적 법칙을 넘나드는 액션"을 보여준다.

코난이 어떻게 해서 그와 같은 특별한 종류의 괴력을 보유하게 되었는지 설명되지 않는 것과 마찬가지로 미자의 괴력도 미스터리로 남는다. 둘의 괴력은 닮았고 그 괴력이 이루어내는 성취도 닮았다. 여기에 봉준호는 미야자키라면 절대로 생각해내지 못할 특유의 삐딱한 상상력으로 기발한 반전의 결정타를 얹는다. 옥자가 도살될 위험에 처한 순간 미자는 예의 그 괴력을 발휘하는 대신, 내내 지니고 다녔던 황금 돼지를 미란도 그룹에 팔고 살아 있는 돼지 옥자를 되사오는, 영민한 자본주의적 거래의 수완을 발휘해낸다.

전설의 발가락 액션

〈미래소년 코난〉의 액션과 활극을 말하면서 코난의 발가락과 달리기를 빼놓을 수는 없다. 일본의 평론가 키리도시 리사쿠는 〈미래소년 코난〉의 원화 작가를 맡았던 오츠카 야스오가 미야자키의 콘티에서 코난 발가락의 등장을 처음 보고 놀랐던 일화를 전한다. 하늘을 날고 있는 비행선에 매달린 코난이 "발가락으로 날개 가장자리를 붙잡는 장면을 콘티에서 본 순간, 아연실색해서 '말도 안 돼'라고 소리쳤다"는 것이다. 키리도시는 이렇게 잇는다. "그것은 TV 앞에 있던 나도 마찬가지였다. 이런 건 본 적이 없어…… 당시 중학생으로 TV 애니메이션을 습관적으로 보던 나는 그렇게 생각했다."(『미야자키 하야오론(論)』, 남도현 옮김, 교보문고)

하지만 아이들은 곧 익숙해졌다. 주변에 잡히는 아무 막대기든 집어 들고 입으로 우우웅 우우웅 소리를 내며 제다이의 검인 양 휘두르거나 "아임 유어 파더"라고 읊조려보지 않은 〈스타워즈〉 시리즈의 팬들이 없는 것과 마찬가지로, 〈미래소년 코난〉의 어린 팬들이라면 한번쯤은 코난의 저 발가락 괴력을 제각기 흉내 내어보았을 것이다.

코난의 발가락 괴력은 라나가 납치되는 2화의 액션 장면에서 처음 등장한다. 오츠카 야스오와 키리도시 리사쿠가 보고 놀랐다는 바로 그 장면이다. 발가락의 역할은 점점 더 지대해진다. 라나를 찾아 여정을 시작한 뒤 뗏목 위에 누워 낚싯대 대신 발가락만 바다에 담가 물고기를 잡아채 올리는 장면, 포비를 처음 만나 서로 힘자랑을 하던 중 하늘에서 떨어지는 작살을 발가락으로 붙드는 장면, 삼각탑 외벽과 꼭대기 그리고 거대 비행선 위에서 벌어지는 공중 곡예와 같은 장면, 대해일이 다시 밀려오는 가운데 하이하버의 말썽꾼 오로를 혼내주는 장면 등, 중요한 액션이 벌어지는 거의 모든 장면에서 빠지지 않고 등장한다. 〈미래소년 코난〉의 액션 장면에는 개그 요소가 자주 포함되는데, 그때마다 발가락 괴력은 때로는 웃음으로 때로는 활극으로 우리를 이끈다. 코난의 발가락은 미야자키식 황당무계한 액션 활극의 일등 공신이다.

코난의 발가락이 액션을 구사하는 대표적 신체라면, 코난의 달리기는 가장 대표적인 액션 그 자체다. 미야자키의 연구자들도 활극 〈미래소년 코난〉의 면모를 말할 때 대부분 달리기라는 행위를 빼놓지 않고 언급한다.

"코난은 미야자키 캐릭터 중 액션 이미지를 가장 많이 소유하고 있기도 하다. 양팔 직각으로 휘저으며 다리 쭉쭉 펴고 달리기, 두 다리 모아 모둠 뛰기, 주먹 쥔 두 팔 허리에 바짝 붙이고 종종 달리기 등 취한 자세만 보더라도 웃음이 터져 나올 듯한 특이한 표현 동작들이다. 특히 코난의 최강 무기인 발가락 액션은 그 기발함으로 미야자키 감독의 역대 캐릭터 아이디어 중 최고로 평가된다. (……) 조여오는 위기의 순간을 벗어나기 위해 주인공에게는 어떤 방법이 있을까? 미야자키 작품은 이 문제에 대한 답을 '달린다'로 제시한다. 어쩌면 도망간다는 표현이 더 잘 어울릴 것 같은 장면에서 주인공은 달리고 달리며 또 달리고 힘이 닿는 한 계속해서 달리는 것이다. 그러면 위기는 사라지고 자연스럽게 방도와 해결책이 마련된다."(『미야자키 하야오는 이렇게 창작한다!』, 황의웅 지음,

시공사)

〈루팡 3세: 칼리오스트로의 성〉, 〈천공의 성 라퓨타〉에서도 미야자키의 질주 액션은 여러 장면에서 등장한다. 다만 여기서는 그 활극적 의의를 재차 강조하며 〈미래소년 코난〉을 비롯한 미야자키 애니메이션의 달리기 장면들을 일일이 제시하는 방식 대신, 잠시 영화사적인 상상력을 발휘해보기로 하자. 코난의 달리기는 미야자키가 존경하는 일본의 선배 감독이자 봉준호가 앞서 미야자키, 조지 밀러와 함께 액션의 마스터로 칭한 구로사와 아키라의 영화 속 한 인물을 떠올리게 한다. 〈7인의 사무라이〉(1954)에서 미후네 도시로가 연기한 바로 그 천방지축 무사. 미야자키는 이 영화를 자신이 사랑하는 영화 목록에 빠짐없이 올리곤 한다. 영화의 정점인 대규모 전투 장면에서 전장의 곳곳을 헐레벌떡 뛰어다니며 막무가내로 전투를 벌이는, 순진하고 서툴지만 용감하고 초인적인 괴력을 지닌 이 얼치기 무사의 활약상은 미묘하게도 코난을 연상시킨다.

활극적 계보에 대한 상상은 조금 더 거슬러 올라가볼 수도 있어서, 미야자키가 사랑하는 또 하나의 고전 활극 영화인 마키노 마사히로의 〈다카다노바바 결투〉(1937)의 한 장면에 이르게 된다. 미야자키는 이 영화의 백미로 잘 알려져 있는 후반부 결투 장면이 아니라 그 직전에 놓인, 결투장으로 주인공이 달려가는 장면을 예민하면서도 흥미롭게 묘사하고 있다.

"오래전에 죽은 반도 츠마사부로 주연의 영화 〈혈연의 다카다마장(高田馬場)〉(〈다카다노바바 결투〉를 말한다) 한 토막을 보고 매우 감탄하고 말았다. 반도가 연기한 호리베 야스베이가 숙부의 결투를 알고 다카다마장으로 달리는 그때의 '달리기'는 정말로 대단하다. 칼을 찬 좌반신을 확 젖히고 오른팔은 앞으로 최대한 뻗으며 방죽 위를 달리고 달린다. 지나가는 사람을 헤집고 앞서 달리는 영화의 숏이 중복되기도 하지만, 어쨌든 멋지게 달린다. 그것이 결코 운동회의 뜀박질이 아니라, 가부키에 가까운 형태를 지니면서도 그 특징에 얽매이지 않고 생동감을 잃지 않는다. 심지어 그냥 달린다기보다 훨씬 약동하고 있는 야스베이의 초조하고 필사적인 생각이 롱숏 처리되면서 실루엣으로 빠져 솔직하게 전해진다. 훌륭한 배우였다고 생각한다." 미야자키는 연이어 이렇게 쓴다. "만약, 애니메이션으로 〈혈연의 다카다마장〉을 만든다면 이 장면은 어떤 식으로 움직이게 될까? 아마 얼굴은 필사의 표정을 짓고(대충 감이 잡힌다) 여느 때의 달리기처럼 반복 동작으로 처리해버렸을 것이다. 잘못하다간 칼을 쥔 손도 앞뒤로 휘젓거나 했을 테고."(『출발점』)

〈다카다노바바 결투〉의 이 장면에 매혹되지 않기란 거의 불가능하다. 우리는 이 멋진 장면과 미야자키의 탁월한 해설에 영감을 얻어 적극적인 보론을 덧붙여볼 수 있다. 미야자키는 연출을 맡은 마키노 마사히로가 아니라 주연을 맡은 반도 츠마사부로에게 "훌륭한 배우"라고 찬사를 보내며 논평을 마무리한다. 반도는 미야자키의 말처럼 뛰어난 동작을 지닌 일본 영화사의 기념비적인 배우이고, 이 장면도 물론 그만이 할 수 있는 것이다. 하지만 결과적으로 이 장면은 그의 출중한 신체적 기술과 퍼포먼스만으로 완성된 것은 아니다. 주인공의 질주가 시작되는 것과 동시에 경쾌한 음악이 울려 퍼지고, 그 음악에 맞춰 주인공의 간결하되 과장된 움직임이 동일한 포즈로 반복되는데, 짧고 빠른 숏과 컷의 속도 및 리듬으로 인하여 그 활동성이 무한대로 높아지며 질주의 체감을 최고조로 만들어낸다. 그의 달리기는 필사적이지만 웃기고, 웃기지만 필사적이다. 전력 질주하는 쾌속의 쾌감이 너무 높은 나머지, 달리는 것이 아니라 거의 날고 있는 것처럼 보일 정도다. 말하자면 여기에는 배우의 창의적

미야자키가 사랑하는 두 편의 액션 활극. <7인의 사무라이>, <다카다노바바 결투>.

동작 외에도 의도적으로 과장된 연출적 효과가 작동하고 있다.

미야자키는 이 장면의 탁월함을 애니메이션으로 재현하는 것은 불가능하거나 실패할 것처럼 가정하고 있다. 진부해질 거라는 것이다. 하지만 미야자키 스스로가 〈미래소년 코난〉에서 창조해낸 코난의 그 과장된 달리기를 생각해보자. '양팔 직각으로 휘저으며 다리 쭉쭉 펴고 달리기, 두 다리 모아 모둠 뛰기, 주먹 쥔 두 팔 허리에 바짝 붙이고 종종 달리기'. 코난의 독특한 액션을 설명하기 위해 쓰인 이런 표현은 〈다카다노바바 결투〉의 달리기 장면과 결투 장면에서 주인공이 보여주는 액션을 설명하기 위해 사용한다 해도 어색하지 않을 정도다. 〈다카다노바바 결투〉의 주인공은 코난이 그러하듯이 나는 것처럼 달리고 춤추듯이 싸운다(감독 마키노는 결투 장면 촬영 전날 주연 배우 반도를 재즈 홀에 데리고 가 춤을 추게 하고 다음 날 촬영에서는 재즈 리듬에 맞추어 촬영을 진행했다고 한다). 〈미래소년 코난〉에서 코난의 달리기를 포함한 모든 액션은 지극히 과장되고 유연하고 유쾌해서, 휘두르는 주먹이나 쏟아지는 총알만 아니라면, 발랄하게 춤추고 있는 것처럼 느껴질 정도다. 두 영화의 액션은 유사한 속성을 지녔다.

창작의 과정에서 〈다카다노바바 결투〉와 〈미래 소년 코난〉의 액션 사이에 실제로 어느 정도의 영향 관계가 있었는지는 우리가 확언할 수 있는 것이 아니다. 다만 이렇게 추정해볼 수는 있다. 〈다카다노바바 결투〉의 달리기 장면은 무성영화 이미지의 활동성을 전제로 만들어진 것이지만 어느 순간 거의 황당무계한 애니메이션의 한 장면처럼 느껴진다. 땅 위에서 발이 살짝 떨어져 마치 날고 있는 것처럼 느껴질 정도인 이 동작의 쾌속감은 봉준호가 〈미래소년 코난〉과 〈옥자〉의 액션을 설명할 때 사용한 표현 그대로 '물리적 법칙을 넘나드는 저돌성' 바로 그것이다.

미야자키는 이 장면이 애니메이션으로 만들어질 경우 왜 진부해질 것이라 말했던 것일까. 애니메이션으로 재현이 불가능하다는 뜻이 아니라, 오히려 애니메이션적으로 이 장면이 이미 최상이라고 느꼈기 때문은 아니었을까. 애니메이션이 표현할 수 있는 최상의 달리기 장면, 즉 미야자키 자신 역시 집중적으로 추구해본 달리기의 어떤 형태를 이 장면이 이미 완벽하게 구현하고 있다고 느꼈기 때문은 아니었을까. 실사이지만 애니메이션의 관점으로 볼 때 이미 최상인 장면을 애니메이션으로 다시 만든다는 것은, 어떻게 만들어도 그 성과에 못 미쳐 진부해질 것이라는 생각 때문에 은연중 부정적인 어투로 말하게 된 것은 아닐까. 아이러니하게도 자신은 이미 〈다카다노바바 결투〉의 달리기에 비견할 만한 형태의 달리기를 〈미래소년 코난〉에서 시도해보았으면서도 말이다(미야자키가 이 글을 쓴 시점은 〈미래소년 코난〉이 방영된 지 2년 정도가 지난 1980년이다).

하지만 미야자키 애니메이션의 이러한 액션 감각은 모종의 반감도 불러왔다. 평론가 오카다 도시오는 자신의 책 『스튜디오 지브리의 비하인드 스토리』(크루)에서 애니메이션 감독 오시이 마모루가 미야자키를 비판했던 내용을 옮겨와 소개한다. 오시이 마모루는 이렇게 말한다. "영화에서는 반드시 박진감 넘치는 장면을 묘사해야 한다고 믿는 듯하다. (……) 본인이야 스펙터클하다고 생각하겠지만, 그렇게 보이지 않기 때문에 결국 이야기의 구조가 망가지고 마는 것이다. (……) 미야자키 씨는 제대로 된 연극론이나 이야기의 구조를 잘 활용하는 사람은 아니다."

물론 미야자키는 여기에 동의하지 않을 것이다. "〈미래소년 코난〉은 이렇게 되면 좋겠다고 생각한 대로 만들어갔습니다. '뛰어오르지 않을까'라고 생각했기 때문에 뛰어오르고, '발가락으로 움켜쥐지 않을까'라고 생각했기 때문에 움켜쥐었습니다"(『미야자키 하야오론』)라고 그는 말했다.

　오늘의 봉준호라면 미야자키와 오시이 중 굳이 어느 한쪽의 의견에 손을 들어주어야 할 필요는 없을 것이다. '〈옥자〉 애니메이션 프로젝트'가 소문으로 무성했을 무렵 이 작품의 감독으로 언급됐던 것은 다름 아니라 오시이였다. 오시이는 〈옥자〉의 현장에도 방문했었다. 봉준호는 〈옥자〉의 뉴욕 퍼레이드 장면이 오시이의 〈이노센스〉(2004)에서 영감을 얻은 것이라고 밝힌 적도 있다. 〈옥자〉의 제작자 중 한 명인 루이스 픽처스의 김태완 대표는 오시이의 〈옥자〉 애니메이션 프로젝트 감독설에 관하여 이렇게 확인해주었다. "실제로 오시이 마모루 연출과 (오시이의 작품을 작업해온) 프로덕션 IG와의 협업이 진행되었다. 넷플릭스에서도 긍정적이었다. 그러던 중 다소 지체되었고 그러다 코로나를 맞았고 무기한 연기되었다. (오시이를 감독으로 선택하게 된 것은) 제작사 대표, 관계자, 봉준호 감독의 의견이 모인 결과였다. 우리는 오시이를 어두운 사이버펑크 장르의 거장으로 알고 있지만 사실 그분의 초창기 작품들을 보면 코미디 장르에도 정통하다. 때문에 복합적인 작품 색깔을 품고 있는 〈옥자〉의 세계관에 딱 들어맞는 분이라고 생각했다. 물론 오시이 본인의 의지도 의심할 바 없이 높았다."

　미야자키 액션의 대표작인 〈미래소년 코난〉, 그와 연관된 〈옥자〉에서의 미자의 액션, 미야자키의 액션 감각 강박에 대한 오시이의 비판, 오시이의 〈옥자〉 애니메이션 프로젝트 연출 의지, 여기에 오시이가 미야자키의 모든 작품을 존중하지 않거나 평가 절하했던 것만은 아니라는 점 등까지 감안하면, 이 부정과 긍정의 복잡한 관계들이란 얼핏 생각해도 꽤나 흥미롭다. 다만 한 편의 영화가 만들어지는 데는 여러 가지 우연과 현실의 논리가 개입하게 되어 있고 우리가 지금 살필 만한 것이 아닌 것 같다. 때문에 우리는 여기서 봉준호가 배움을 얻은 스승과 교과서들로 거듭 돌아가기로 한다.

오시이 애니메이션에 대해서는 어떻게 생각하는가, 라고 물었을 때 봉준호의 대답은 다음과 같다. "대단한 분이다. 실제로 뵌 적도 있다. 다만, 그분의 철학 세계를 내가 잘 못 따라간다. 주인공들이 나와서 뭔가를 막 다 설파하는데…… 어지럽다. 엄청난 과포화적 정보량을 쏟아붓는 시청각적 에너지가 정말 놀라우면서도, 그분의 철학 세계에 대해서는 내가 말하기가 어렵다." 1990년대, 국내에 미야자키의 애니메이션이 왕성하게 소개되기 시작할 무렵, 한편으론 오시이의 애니메이션도 조금씩 알려지고 있었다. 하지만 당시에 뜨거운 시네필로 청년기를 보낸 봉준호가 이후에 미야자키에 비해 오시이를 훨씬 덜 언급하고 있는 것은 사실이다.

3장
미래소년 코난 II

이 장에선 운동과 기하학 등의 면에서 〈미래소년 코난〉이 봉준호에게 선사한 영감을 좀 더 구체적으로 살펴보려 한다.

미치도록 달리고 싶다

봉준호는 오래전 어느 인터뷰에서 이렇게 말했다. "전 이상하게 주인공이건 누구건 어떤 인물이 길이든 어디를 뛰어가면 왠지 이상하게 가슴이 막 뛴다고 할까요. 사람이 막 뛰어가면 카메라가 또 따라가겠죠. 뛰어가는 사람을 찍으려면 어쩔 수 없이 따라갈 테니까. 어쨌든 영화의 스토리나 앞뒤 맥락을 떠나서 그런 장면을 보면 이상하게 마음이 벌렁벌렁하면서, 그 영화가 좋아져요. 예를 들면 트뤼포의 유명한 〈400번의 구타〉에도 고요하게 달리는 장면이 길게 나오잖아요. 그거 봐도 마음이 되게 이상하고. (……) 레오스 카락스의 〈나쁜 피〉(1986)를 보면 엄청난 달리기 장면이 있잖아요. 컬러풀한 펜스 옆으로 막 지나가는. 그때 아마 데이비드 보위 음악이 나왔던 거 같은데 그 장면도 추억처럼 이렇게 떠오르네요. 뛰는 장면들이 이상하게 저를 흥분케 하는 그런 게 있는 거 같아요. 제가 찍었던 영화에도 대부분 뛰는 장면들이 있기도 했고."(『무비스트』, 2008년 5월)

한마디로 봉준호는 "인물들이 달리는 걸 되게 좋아한다". 그의 영화에서 인물들은 실제로 자주 달리고 대부분은 그냥 달리기보다는 '추격'이라는 모티브를 전제로 달린다. 이에 대한 봉준호의 관심과 흥미는 오래된 것이다. 다만 봉준호 영화의 인물들이 추격전을 벌일 때 그 추격이 연출해내는 감정과 감각은 거의 매번 다르다. 봉준호가 한국영화아카데미 재학 시절 연출한 단편 〈지리멸렬〉(1994)에서 우유 훔쳐 먹는 아저씨(유력 일간지 논설위원이다)와 이 아저씨 때문에 우유 도둑으로 몰리는 신문 배달원 소년 사이에 벌어지는 추격전은, '추격전은 모름지기 빨라야 한다'는 전형에 대한 야심 찬 어깃장이자 전복에 가깝다. 두 인물은 의도적으로 연출된 느리고 느슨한 리듬 속에서 서로 쫓고 쫓긴다.

〈플란다스의 개〉의 비상계단 추격전은 청소년기의 봉준호가 살고 있던 아파트 복도에서 실제로 그가 목격한 장면이다. 아파트 옥상에서 커다란 눈덩이를 던진 아이와 거기에 맞을 뻔해서 화가 난 아저씨가 아파트 비상계단을 따라 쫓고 쫓기는데, 건너편 동에서 지켜보고 있던 봉준호에게 그 장면은 한마디로 "기가 막혔다". 아마도 그들은 봉준호에게 꽤나 코믹해 보였을 것이고, 어쩌면 만화의 한 컷처럼 보였을 것이다.

〈괴물〉에서는 한강변에 괴물이 나타나고 박강두(송강호)가 딸 현서(고아성)의 손을 잡고 도망쳐 달리던 중 넘어졌다가 일어나며 실수로 다른 아이의 손을 잡고 달리게 되는데, 느린 화면 속에서 박강두가 그걸 깨달을 때, 그리고 우리가 그것을 목도할 때, 우리는 이 절체절명의 순간에도 웃어야 할지 울어야 할지 모를 잔혹한 난감함에 처한다. 여기에는 미야자키의 애니메이션이라면 상상할 수 없는 봉준호 영화만의 황당한 비극이 도사리고 있다.

그리고 우리가 앞서 살핀 〈옥자〉의 맹렬한 초인적 추격으로서의 달리

<살인의 추억>의 한밤의 추격전. 마치 세 명의 코난이 달리는 것 같다.

기라면, 달리기의 운동적 쾌감과 물리 법칙에서의 해방감을 만끽하게 한다는 점에서 지금 열거한 예들과는 또 다를 수밖에는 없다. 봉준호 영화의 인물들은 오늘도 달리고 있지만 서로 다른 감각과 감정으로 주파한다.

그중에서도 〈살인의 추억〉(2003)에서 용의자를 쫓아 한밤의 시골 마을길을 달리는 형사들의 그 유명한 장면은 〈미래소년 코난〉을 말하는 지금, 함께 되새겨볼 만하다. 봉준호는 오래전에 이미 자문했던 바 있다.

"한국 시골길을 배경으로 쫓는 자와 쫓기는 자가 있었던가?" 이 장면은 봉준호 영화가 한 신 안에서도 얼마나 복잡한 설계와 다양한 리듬으로 구축되는지를 보여주는 대표적인 사례인데, 이 추격의 달리기가 멈추는 지점에 마련해놓은 '기하학적 설계의 충격'에 대해서는 히치콕과 봉준호의 관계를 다루는 이 책의 1부 7장이 참고가 될 것이다. 지금은, 달리기가 시작되는 초입부에 주목해보도록 하자.

어둠 속에서 몇 발자국 너머의 인기척을 느낀 용의자가 잠시 멈칫하더니 후다닥 달려서 도망치기 시작한다. 긴장감 넘치는 음악이 울려 퍼지면서, 지켜보던 세 형사 박두만(송강호), 서태윤(김상경), 조용구(김뢰하)가 용의자를 쫓아 달린다. 이때 그들은 배우들 각자의 동작으로 달릴 수도 있었을 것이다. 사람(배우)의 걷는 모습과 뛰는 모습은 제각각이다. 하지만 이 장면의 초입은 그렇게 연출되어 있지 않다. 세 형사는 마치 출발을 알리는 총소리에 맞춰 출발선에서 몸을 튕겨 나아가 레이스 초반의 허들을 넘고 있는 육상선수들처럼 거의 같은 속도와 모양으로 과장되게 어깨를 맞대고 팔은 직각으로 흔들고 다리는 일자로 펼쳐서 달려 나간다. 마치 세 명의 코난이 달리는 것 같다.

〈다카다노바바 결투〉의 달리기와 〈미래소년 코난〉의 달리기, 그 영감의 관계에 관하여 우리가 확언할 수 없듯이, 〈미래소년 코난〉의 달리기와 〈살인의 추억〉의 달리기에 대해서도 우린 확언할 수 없다. 어쩌면 봉준호 자신도 확언할 수 없을 것이다. 그럼에도 〈살인의 추억〉의 이 장면은 액션이 벌어지는 상황이 전혀 다른데도, 〈미래소년 코난〉의 3화에서 코난과 포비가 처음 만나 서로 힘과 빠르기를 겨루면서 펼쳤던 그 유명한 달리기에 비견할 만한 동작의 쾌속감을 안겨준다. 물론 코난과 포비가 어깨를 맞대고 서로 닮은 동작으로 쏜살같이 들판을 뛰어다닐 때 그 달리기란, 유사한 신체와 기질과 힘을 지닌 두 소년의 우정의 시작을 알리는 유쾌한 세리머니와 같은 것이다. 반면에, 형사들이 마치 한 몸인 것처럼 한 덩어리로 엉켜 같은 동작으로 달려 나갈 때는, '미치도록 잡고 싶은' 거친 의지와 좌절감이 뒤얽혀 추격의 속도감으로 폭발하는 것이다. 하지만 추격이 시작되는 이 순간에는 범인을 쫓는다는 추격뿐만 아니라 코난과 포비처럼 서로 앞서려는 동료 간의 경쟁과 경주에도 방점이 찍히고 있다.

움직임의 쾌감 면에서 〈살인의 추억〉의 이 장면은 〈미래소년 코난〉의 운동감을 실사에 반영하면 이런 형태가 아닐까 상상하게 만들 정도다. 〈다카다노바바 결투〉의 달리기 장면과 〈미래소년 코난〉의 달리기 장면에 특유의 강력한 동작들이 새겨져 액션의 감각을 활성화하듯이, 〈살인의 추억〉에도 그런 비상한 연출력이 작동한 결과, 마침내 이 장면을 우리의 뇌리에 또렷하게 각인시킨다.

뺨 때리기의 황당무계한 힘

우리는 자연스럽게 〈미래소년 코난〉 안으로 다시 돌아가 봉준호에게 깊은 인상을 남긴 몇몇 장면들을 살펴보기로 한다. 그는 세세하게 돌아볼 여유만 있다면 "얼마든지 더 많이 말할 수 있을 것"이라는 전제를 달면서 아래와 같은 장면들을 대표적으로 언급한다. 대부분이 움직임, 액션, 활극과 관련된 장면들이다.

첫째는, "인더스트리아 삼각탑 탈출 장면이다. 한마디로 전대미문, 명불허전의 장면이다." 봉준호의 말처럼 코난의 액션 괴력이 이 장면에서 빛을 발한다.

둘째는, "라나가 바다에 가라앉은 코난을 구출하려는 장면이다. 물속에서의 움직임도 놀랍고, 사운드 연출도 놀랍다. 물속에서 라나가 코난을 인공호흡으로 구해주려는 장면은 액션 이전에 멜로영화 뺨치는 장면이기도 하다. 물론 아직 애들이지만 강한 유대감이 거기 있다. 그 장면 때문에 설렜던 사람들이 아마 많을 거다."

봉준호가 라나와 현서의 계보를 설명하며 예로 들었던 그 장면이다. 미야자키도 이 장면이 중대한 지점이 될 것임을 작업 중에 이미 직감하고 있었다고 한다. 키리도시는 이렇게 전한다. "이 장면에서 미야자키는 그림 콘티에 '좋은 프로그램이 되겠다. 이것으로 시리즈는 끝이다'라고 기술하고 있다. 시리즈 최초의 클라이맥스가 다가온 것을 스태프와 성우에게 알리고 있는 것이다."(『미야자키 하야오론』)

셋째는, "하이하버에 인더스트리아 사람들이 와서 갈등이 최고조에 달했을 때 거대한 해일이 다시 덮쳐 오는 것을 배경으로 코난이 액션을 벌이는 장면이다." 코난은 이때에도 돛대 꼭대기에 올라가 해일이 오는 것을 알아챈 뒤 사람들을 대피시키고, 마을의 질서를 어지럽혔던 말썽꾼 오로를 특유의 완력으로 유쾌하게 제압한다.

넷째는, "가오리처럼 생긴 거대 비행선('기간트'라고 불린다) 날개 위를 코난이 운동장처럼 뛰어다니는 장면이다. 놀라운 액션 장면이다." 전체 시리즈의 가장 후반부에 놓인 클라이맥스다. 인더스트리아의 독재자 레프카가 기간트를 출격시키자 코난은 포비, 다이스와 함께 기간트에 침투, 맨몸으로 비행선의 곳곳을 파괴하여 마침내 바다에 추락시킨다. 이 장면에서 코난은 바람과 중력을 거스르며 공중 액션을 펼친다. 〈미래소년 코난〉을 접한 적이 없는 독자의 이해를 돕기 위해 말하자면, 〈미션 임파서블: 로그네이션〉(2015)의 오프닝 신에서 톰 크루즈가 선보이는 공중 액션과 유사하지만 그보다 훨씬 더 역동적이고 다양하고, 비교할 수 없을 만큼 허무맹랑하다.

위 장면들은 주로 3화에서 8화 사이, 21화에서 25화 사이, 각 화의 클라이맥스마다 등장한다.

우리의 추론을 밝힐 만한 자리는 아니지만, "그 밖에도 좋아하는 장면이 정말 많다"고 여운을 남긴 봉준호의 말을 기억하며 조금 덧붙여볼 수도 있겠다. 가령 봉준호가 앞서 〈미래소년 코난〉의 움직임에 대한 매혹을 말하며 그 예로 자연현상을 언급한 것은 흥미로운 일이다("연기가 피어오르건, 물이 움직이건"). 특히나 〈미래소년 코난〉에서 대륙은 이미 대부분 수몰되어 있는 상태고, 물은 어디를 가나 마주칠 수밖에 없어서 액션과 활극을 위한 천연의 환경이 된다. 종종 육지와 물의 경계는 순식간에 허물어지고 뒤섞여버려 장애물이 되거나 위험 요인이 됨으로써 그것을 극복해야만 하는 주인공들에게는 절체절명의 액션 동기가 되곤 한다. 그중에서도 코난 일행이 사람들을 구하기 위해 인더스트리아로 다시 돌아간 시리즈 후반부의 많은 장면에서, 특히 삼각탑의 지하와 갱도가 침수되고 있는 장면에서 인물들이 물과 육지를 들고 나는 액션은 여러 차례 인상적인 방식으로 등장하게 된다.

그런데 봉준호가 다섯째로 꼽은 장면이 다소 독특하다. 그 자신도 그렇게 느끼고 있다. "라나가 코난의 뺨을 때리는 장면이 있다. 폭력적인 내용이 없는 애니메이션이라 그게 되게 의외의 순간이다. 라나가 코난을 위해서 하는 얘기인데 코난이 하도 말을 안 들으니까 뺨을 탁 때리고 나서 금방 후회를 하든가 울든가, 하여튼 그런 장면이 있다. 중학생 때 보았을 때도 이 장면만의 컷 구성이라고 해야 하나 템포라고 해야 하나 그런 게 느껴졌다. 라나가 코난을 때리는 순간에 앵글이 측면으로 휙 돌거나 뭐 그랬던 것 같은데, 하여튼 인상적이었다. 팬데믹 기간에 다시 볼 때도 역시나 인상적이었다. 그런데 이게 왜 인상적이지?"

이 장면은 15화에 있다. 코난 일행이 평화의 섬이자 라나의 고향인 하이하버에 도착하여 잠시 평온을 누리던 중, 코난은 하이하버의 유일한 말썽쟁이인 오로와의 싸움에 휘말리게 된다. 코난을 보호하기 위해 라나는 평소에 오로가 갖고 싶어 했던 엄마의 유품을 오로에게 주겠다고 한다. 하지만 코난은 그 순간에도 분을 참지 못하고 저런 녀석에게는 아무것도 주지 말라고 라나를 옆으로 밀친다. 컷. 코난에 밀려 포비 쪽으로 밀리는 라나. 컷. 땅바닥에 떨어지는 엄마의 유품 인서트. 컷. 코난 쪽으로 달려오는 라나의 얼굴. 컷. 코난의 얼굴과 코난의 뺨을 때리는 라나의 손바닥. 컷. 한 앵글 안의 좌우에 선 라나와 코난의 풀숏. 컷. 라나와 코난에게서 거리를 두고 약간의 원경으로 오로의 등을 걸고 서로 놀란 코난과 포비 그리고 라나 세 인물을 한 앵글에 넣어 시간이 멈춘 듯이 모든 소리와 동작이 정지된 상태. 컷. 코난의 등을 걸고 안쓰러움과 미안함 등으로 복잡해 보이는 라나의 얼굴 클로즈업, 그 뒤로 킥킥대고 웃으며 "이거 명장면이네" 하고 비웃는 오로. 컷. 이번에는 다시 반대편으로 넘어가 라나의 등을 걸고 코난의 얼이 빠진 얼굴을 보여주는데, 코난의 뒤에서 비웃는 오로의 수하들. 컷.

애정의 차원이지만 전체 26화 중 유일무이하게 코난과 라나 사이에 갈등이 일어나는 대목이라는 점. 게다가 그 순간에 지금껏 관객이 이해해온 라나의 캐릭터로 보아 전혀 예상치 못했던 그녀 쪽에서의 강력한 액션이 발생한다는 점. 그 액션으로 상황의 분위기가 급격하게 돌변하는 동시에 종료된다는 점. 또한 급박하고 소란스럽던 상황을 종료시킨 그 액션의 결과, 전체 시리즈 어디에서도 찾아보기 어려운 지연과 정지 그리고 정적이 흐르게 된다는 점(이 순간에는 오로 패거리의 비웃음만 존재할 뿐, 라나와 코난과 포비는 마치 얼어붙은 듯 서로의 얼굴만 바라보고 있고, 이 숏들은 꽤 길게 유지된다). 이렇게 다양한 충격이 발생하는 동안 숏과 앵글은 여러 각도로 빠르게 구성되고 있고, 그 순간 복잡한 감정의 기류와 괴이한 불규칙의 템포가 발생하여 이 장면을 주재하고 있다는 점. 이 장면이 봉준호를 사로잡은 것은 혹시나 이런 점들 때문이었을까. 잘 알 수 없지만, 어쨌든 이 장면은 우리에게도 인상적이다.

각자가 사랑하는 특별한 장면이 있기 마련이다. 특별한 한 장면에 매혹되면 그 영화 전체를 사랑하게 되는 관객도 있다. 미야자키와 봉준호는 그런 부류다. 미야자키는 「원 숏의 힘」이라는 글에서 "필름의 중간부터 보기 시작해도 힘이 있는 영화는 순식간에 무언가가 전해진다. 몇몇 숏 영상이 연속되는 것만으로 만드는 사람의 사상, 재능, 각오, 품격이 모두 전달된다. 요컨대 어디를 잘라도 금세 명작인지 졸작인지 알 수 있다. (……) 힘이 있는 영화의 연속하는 숏들 가운데는 그 작품의 얼굴이라고 할 수 있는 숏이 몇몇 포함되어 있다. 그 영상은 반드시 클라이맥스에 있다고는 할 수 없다. 마지막 장이 이어지는 시퀀스에 살며시 들어 있기도 하다. 그 숏이 보는 이의 뇌리에 새겨져 작품 전체의 상징으로 기억된다"(『출발점』)며 구로사와 아키라의 〈이키루〉(1952) 초반부 관공서 장면을 손꼽는다. 미야자키는 "생각을 되풀이했다. 몇 번이나 자문해본다. 어째서 그렇게 감동한 것일까. 그 숏의 힘의 비밀은 어디에 있는 걸까"라고 질문한 뒤 자신만의 답을 이어간다. 봉준호가 어떤 분석을 시도하지 않았을 뿐, 〈미래소년 코난〉의 저 장면은 그에게도 그러한 감각과 가치가 작동한 결과에 해당할 것이다.

이렇게 덧붙여볼 수는 있겠다. 일본의 영화평론가 하스미 시게히코는 자신이 사랑하는 '액션영화 베스트 50'을 꼽으며 자크 베케르의 〈황금

투구〉(1952)에 관하여 다음과 같이 말한다. "〈현금에 손대지 마라〉(1954)의 영화적 순간이 최후의 자동차 운전석에서의 기관총을 사용한 총격전보다 장 가뱅이 잔느 모로의 뺨을 때리는 순간에 생생하게 노정되었던 것처럼 여기서도 베케르의 활극성은 클로드 도팽이 갑자기 부하를 때리는 일순간에 화면에서 작렬한다."(『영화의 맨살』, 박창학 옮김, 이모션북스) 혹은 「시네마의 선동 장치」라는 다른 글에서는 〈현금에 손대지 마라〉에 등장하는 저 장면에 주목하며 "거의 황당무계한 뺨 때리기의 파열"(같은 책)이라고 찬미한다. 강렬하고 멋진 액션의 발생이라는 것이다. 흥미롭게도 프랑스의 지성적인 감독이자 열정적인 시네필인 베르트랑 타베르니에도 프랑스 영화사에 관한 개인적인 평가와 감상으로 엮은 다큐멘터리 〈프렌치 시네마 스토리〉(2016. 원제는 〈프랑스 영화 여행〉)에서 자신의 생애 최초로 감동을 준 영화의 장면으로 자크 베케르의 〈마지막 일격〉(1942) 속 추격 장면을 대표적으로 거론한다. 그는 이 장면을 시작으로 베케르 작품의 여러 면모에 관한 설명을 이어 나가는데, 여기에도 역시 〈황금 투구〉의 인물들이 뺨을 때리고 맞는 장면이 클립으로 포함된다.

각자가 사랑하는 장면이 있는 것처럼 각자가 사랑하는 액션이 있을 것이다. 물론 라나의 뺨 때리기 장면이 봉준호에게 〈미래소년 코난〉에서 가장 중요한 장면이거나 가장 사랑하는 장면이 아닐지라도, 이 장면이 지닌 예외적이자 기습적인 액션 감각과 자극의 발생이 봉준호를 은밀하게 자극하여 오래도록 그의 인상에 남은 것만은 부정하기 어려울 것 같다. 이 장면은 봉준호의 뇌리를 강타한 이 영화만의 '왼손의 일격'이다.

그런데 봉준호도 가만히 있지 않는다. 그도 우리에게 충격적인 왼손의 일격을 가한다. 〈마더〉(2009)에서 혜자(김혜자)는 죽은 소녀의 장례 식장에 찾아가 자기 아들은 죄가 없다며 항변한다. 소녀의 친척들은 분노한다. 누군가는 밀치고 누군가는 멱살을 잡는 등, 혜자를 둘러싸고 아수라장이 벌어진다. 혜자는 그들에 의해 화면 왼쪽으로 점점 더 밀리는데 그때 갑자기 화면의 오른쪽에서 장례식장 장면 곳곳에서 잠깐씩 등장했던 '담배를 입에 문 젊은 임산부'가 거칠고 빠르게 다른 사람들을 제압하고 혜자 쪽으로 다가오더니 돌연 혜자의 따귀를 때린다. 예측 불가능의 인물에게서 난데없이 발생한 그 일격으로 주변은 난감한 정적에 휩싸이고, 소란스러웠던 상황은 그렇게 충격적으로 갑작스럽게 종료된다. 이 기습적인 액션으로 우린 얼얼해진다.

소란이 종료되자 죽은 소녀의 할머니는 무리에서 벗어나 건물의 왼쪽 가장자리로 가더니 마시던 막걸리 통을 건물 바깥으로 휙 집어 던진다. 아래로 떨어지는 막걸리 통. 이제 장면이 바뀐다. 상황은 저 따귀에서 종료되었고, 이 신은 하강하는 막걸리 통으로 종료된다. 이 막걸리 통이 바로 우리가 이 장에서 마지막으로 말하게 될 내용이다.

수직적 공간에 사로잡히다

봉준호 영화의 기하학적 구조와 그에 대한 매혹은 어느 평론가보다도 스스로의 영화에 관하여 풍요롭게 설명해내는 능력을 지닌 봉준호 자신에 의하여 관객들에게 조금씩 이해되어왔고, 특히나 〈기생충〉 이후 그의 영화 애호가들에게 봉준호 영화를 감각하고 이해하는 일반적인 키워드로 자리 잡았다. 우리는 히치콕과의 관계를 말하는 장에서 봉준호의 이런 기하학적 설계자로서의 면모가 어떻게 '주제와 구분될 수 없는 형식미'로 견고하게 이어지고 있는지 면밀히 탐사할 것이다. 지금은 미야자키와 봉준호가 공유하는 수직성의 일면에 관해서만 살펴보기로 하자.

"〈괴물〉하고 〈설국열차〉(2013)는 직선인 것 같아요. 〈마더〉하고 〈살인의 추억〉은 곡선이고. 처음 〈살인의 추억〉 찍어야 한다고 했을 때 약간 겁났어요. 아, 〈플란더스의 개〉도 직선이다. 아파트의 기역자와 지하실과 옥상. 그런 거에 저는 콘티가 잘 짜이거든요. 카메라를 어떻게 들이밀면 되는지도 알 것 같고. 〈살인의 추억〉은 논과 밭, 불규칙하고 무형적인 라인들이 있다고 생각하니 막막하더라고요. 그런데 오프닝에 드넓은 논이 있고 거기에 좁은 직선의 배수로가 있다, 이렇게 생각하는 순간 안심이 되더라고요. 그게 계속 확장되면 터널에까지 이르게 되는 거고. 경찰서의 취조실, 좁고 긴 계단을 내려오는 지하실. 그런 구조로 들어가면 제가 마음이 안정이 되는 거지요."(『씨네21』 800호)

　〈설국열차〉를 준비하던 당시의 인터뷰다. 무엇이 되었건 우선은 기하학적 구조가 설계되어 있어야 그는 마음이 놓인다. 만약 〈기생충〉 이후의 봉준호라면 당연히도 여기에 수직성을 포함시켜 말했을 것이다. 그런데 실은 미야자키도 봉준호에 비견할 만한 기하학적 강박과 비전을 밝힌 바가 있다.

　"'무대 설정'이라는 것은 횡적으로 확장해 가면 머릿속에 들어오지 않아요. 차츰차츰 위로 올라가서 정상까지 가면 좌악 내려오는 거죠. 그러면 이 (그림에 그려진) 세계가 정말로 존재하고 있다고 생각할 수 있게 됩니다. (……) 좋은 작품은 대체로 아래로 내려가서 바닥에 닿으면, 이번에는 위로 올라가는 것이 많아요. 이처럼 방향성을 정확히 유지하면 보고 있는 쪽에도 그 세계가 정확히 전해집니다. 그러한 감각을 인간은 지니고 있는 것이 아닐까요."(『미야자키 하야오론』)

　흥미로운 것은 미야자키와 봉준호가 수직성의 신기원을 성취한 영화사의 기념비적 애니메이션 한 편에 대한 애정을 공유하고 있다는 사실이다. 〈백사전〉, 〈눈의 여왕〉과 함께 미야자키가 가장 사랑하는 애니메이선으로 꿈기를 주저하지 않는 폴 그리모의 〈왕과 새〉다. "우리보다 열 살 위 세대의 사람들은 디즈니의 영향을 받았고, 기술적으론 월트 디즈니의 옛날 작품 〈백설공주〉나 〈환타지아〉 〈피노키오〉 모두 멋지다고 생각하지만, 인간의 마음을 그리는 것에 관해선 너무 단순해 그다지 즐겁진 않았습니다. 오히려 1950년대에 프랑스에서 만들어진 〈양치기 소녀와 굴뚝 청소부〉(일본 제목은 〈왕과 새〉)라는 애니메이션과 소련에서 만들어진 〈눈의 여왕〉, 일본에서 만들어진 〈백사전〉이란 흰 뱀 이야기, 그런 작품의 방식이 훨씬 임팩트가 있었습니다. 그건 인간의 마음과 생각을 그린 거니까요. 저는 이들 작품에 감동해서, 인간의 마음을 그리는 표현 수단으로서 애니메이션이 가장 힘을 발휘할 거라 생각해 이 세계에 들어왔습니다."(『반환점』)

미야자키만큼 혹은 그보다 더 〈왕과 새〉를 아끼는 지브리의 또 다른 대표 감독 다카하타 이사오는 이 작품의 자막 번역을 맡을 정도였다. "만약 이 영화를 보지 못했더라면, 애니메이션의 세계로 들어서는 일은 상상도 못했을 것이다", "폴 그리모와 〈왕과 새〉를 향한 나의 존경은 언제나 변함없었는데, 아마도 그 어떤 작품보다 뛰어나게 문학과 애니메이션의 결합을 성취해냈기 때문일 것이다"라고 다카하타는 말했다. 미야자키도 "나에게 지대한 영향을 미쳤던 영화 작가는 프랑스 애니메이션 감독 폴 그리모였다. 〈왕과 새〉를 보고 나서야 수직적 방식으로 공간을 사용하는 것이 얼마나 필수적인 것인지 이해하게 되었다"라고 밝힌 바 있다.

다카하타나 미야자키처럼 평생을 두고 의식하며 교본으로 삼은 것은 아니지만, 봉준호에게도 이 작품에 대한 오래된 사적 기억과 애정이 깃들어 있다는 사실은 흥미로운 일이다. 그는 좋아하는 애니메이션을 열거하던 중 이 작품을 언급한다. "아주 어렸을 때 TV에서 본 것 같다. 사

<왕과 새>. 봉준호와 미야자키가 좋아하는 고전 프랑스 애니메이션. 봉준호가 자주 꾸는 악몽을 떠올리게 하는 비밀 함정이 등장한다. 수직의 성채와 계단이 시선을 사로잡는다.

실 기억이 자세히 나진 않는다. 다시 한번 봐야 얘기를 할 수 있을 것 같긴 하다. 어쨌든 되게 좋아했던 기억이 있다. 그림의 색다른 톤이나 왕의

캐릭터가 재미있었고 인상적이었다. 성이나 탑 같은 수직적 공간이 계속 나온다. 엘리베이터 타고 막 올라가고. 미야자키도 좋아했다고 하던데?"

안데르센의 동명 동화에서 모티브를 가져온 이 영화의 본래 제목은 〈양치기 소녀와 굴뚝 청소부〉다. 1952년에 63분짜리로 제작되었다. 애니메이션 연구자 선정우에 따르면 일본에서 〈사팔의 폭군〉이라는 제목으로 1955년 개봉하여 높은 평가를 얻었고, 국내에서는 1957년 동명의 제목으로 개봉, 1960년에 재개봉되기도 했다고 한다(KMDB). 다수의 애니메이션 전문가들에 따르면, 제작 당시 이 애니메이션의 목표는 디즈니의 아성에 도전하는 것이었고, 때문에 당대 프랑스의 뛰어난 예술인들이 대거 참여했다. 그중에서도 저명한 시인이자 각본가이며 그리모의 친구인 자크 프레베르가 각본을 맡았다(우리에게는 〈인생유전〉 등 마르셀 카르네 작품의 각본가로 더 친숙하다). 제작 완료가 더뎌지자 제작자가 미완성 편집본으로 1952년 베니스 영화제에 출품하고(그럼에도 심사위원 특별상을 수상하고) 1953년에 개봉하는 데에까지 이르렀는데, 그리모는 훗날 법적 분쟁을 벌여 저작권을 되찾아 온 뒤, 기존에 존재했던 판본을 모조리 회수하여 폐기하는 한편, 수십 년간의 작업을 통해 전작에 새로운 장면을 대거 추가하고 재편집하여 1980년에 〈왕과 새〉라는 87분짜리 리메이크작을 완성해낸다. 미야자키는 그의 첫 장편 애니메이션 〈루팡 3세: 칼리오스트로의 성〉에서 〈왕과 새〉에 대해 말 그대로 경배에 가까운 오마주를 바쳤고(정확히는 〈왕과 새〉라기보다는 그 이전의 버전인 〈양치기 소녀와 굴뚝 청소부〉), 미야자키와 다카하타의 애니메이션 회사 지브리는 2006년에 이 작품을 일본에서 개봉하게 된다.

사팔뜨기 독재자 왕이 거대한 성을 지니고 왕국을 지배하고 있다. 그는 그의 심기를 건드리는 누구라도 성 바닥의 곳곳에 장치된 비밀 함정을 통해 순식간에 저 암흑의 지하로 떨어뜨려 버린다(봉준호는 "엘리베이터 밑판이 쓰레기통 뚜껑처럼 양쪽으로 왔다 갔다 하는데 그 아래는 암흑인 꿈을 반복적으로 꾼다"고 말한 바 있다. 이 비밀 함정 장치는 봉준호의 꿈속 이미지와 유사하다). 어느 날 왕의 초상화에 그려져 있던 그림 속 왕이 그림 바깥으로 나와 진짜 왕을 그 함정으로 떨어뜨린 뒤 자신이 왕 행세를 하기 시작한다. 같은 시기에 다른 그림에 있던 양치기 소녀와 굴뚝 청소부 청년도 그림 밖으로 나온다. 가짜 왕은 양치기 소녀를 탐해 강제로 결혼하려 하고, 두 젊은이는 왕을 피해 달아난다. 왕과 적대적인 관계에 있는 새가 그들을 돕는다. 왕은 수단 방법을 가리지 않고 둘을 쫓는다. 젊은 연인들은 왕의 눈을 피해 성의 저 밑 지하 마을에까지 이르고 그곳에 사는 사람들과 동물들을 만나게 된다.

진짜와 가짜의 구분을 무색하게 하는 가운데 발생하는 존재론적 질문, 어느 오래된 과거의 왕국에 위치한 고성에 미래형의 거대한 로봇을 공존시키는 혼종적이고도 자유로운 상상력, 간결하면서도 품위 있고 유머러스한 그림체와 색감, 독재자와 젊은 연인들과 지하 주민 사이에 작동하는 정치한 계급 우화적 성격, 정확하면서도 기괴한 사운드 효과, 우아하면서도 생기 넘치는 음악, 멜랑콜릭하면서도 품격 있는 정서 등 우린 〈왕과 새〉의 빛나는 많은 것에 관하여 말할 수 있을 것이다. 그중에서도 봉준호의 오래된 기억은 이 애니메이션의 시각적 설계와 그 역할에 특히 주목하게 한다.

〈왕과 새〉에서 왕의 권력을 대변하는 이 성채는 높아도 너무 높다. 하늘을 찌를 듯이 수직으로 한없이 솟아올라 있어 그 최상단에 위치한 작은 첨탑은 마치 하늘에 걸려 있는 것처럼 보인다. 왕은 엘리베이터를 타고 자신만의 공간인 그 첨탑까지 끝없이 올라간다. 그리고 엘리베이터

<기생충> 계단 장면과 <악의 힘>(에이브러햄 폴론스키)의 계단 장면. 봉준호는 <악의 힘>
의 계단 장면에서 <기생충>의 영감을 얻었다.

에서 내려 계단을 통해 조금 더 올라야 마침내 첨탑 안의 밀실이 나온다. 거꾸로 말하자면, 밀실에 있던 그림에서 세상 밖으로 나온 젊은 연인들이 왕의 손아귀를 벗어나기 위해서는 그 아득한 높이만큼 위에서 아래로 내려가는 수밖에는 없다. 필사적인 하강만이 살길이다. 그들은 아슬아슬하게 성채의 벽면에 매달리거나, 지붕에서 지붕으로 밧줄을 타고 옮겨가면서, 그리고 마침내는 수많은 종류의 계단을 연거푸 뛰고 또 뛰어, 수직 하강하여 지하 마을에 도착한다.

봉준호는 〈기생충〉의 수직성을 핵심적으로 담고 있는 후반부 침수 시퀀스 중 기택의 가족이 계단을 따라 내려오는 장면을 그린 콘티에 "아래로, 아래로"라고 적어놓고 있다. 봉준호는 이 하강의 장면을 할리우드의 고전 필름 누아르 에이브러햄 폴론스키의 〈악의 힘〉(1948)에서 영감을 얻었다고 밝히고 있다(〈악의 힘〉의 라스트 신에서 주인공인 존 가필드가 언덕과 계단을 따라 도심의 가장 아래에 있는 강변까지 내려가 형의 시체를 발견하는 장면을 말한다). 하지만, 〈왕과 새〉에서 젊은 연인들이 각종 계단을 끝없이 내려가는 것을 보고 있노라면, 봉준호의 스태프들이 일면 '계단 영화'라고 칭하기도 했던 〈기생충〉의 옆에 이 영화 〈왕과 새〉를 나란히 함께 놓아도 좋겠다는 생각이 들기까지 한다.

한편, 미야자키는 〈루팡 3세: 칼리오스트로의 성〉에서 수직적 공간의 외관뿐 아니라 그 공간이 인물에게 부여하는 액션의 동기와 종류 등을 〈왕과 새〉에서 철저하게 가져온다. 미야자키는 〈루팡 3세: 칼리오스트로의 성〉이 〈왕과 새〉의 오마주라고 직접 밝혔는데, 작품에는 심지어 다음과 같은 대사가 등장한다. "저 밑의 구멍으로 떨어지면 어디로 갈까? 무엇이 있을까?" 〈왕과 새〉를 보며 관객이 일면 궁금해했을 부분을 대신 질문하는 것이다. 인물들이 실제로 추락하여 일시적으로 감금되고 마는 그 지하에는 400년 동안의 시체들이 쌓여 있다.

봉준호뿐 아니라 많은 이들의 의견을 따라, 미야자키의 첫 장편 〈루팡 3세: 칼리오스트로의 성〉보다 몇 년 앞서 만들어진 〈미래소년 코난〉이 미야자키 세계관의 진정으로 중대한 출발점이라고 할 때, 이 애니메이션에도 이미 〈왕과 새〉(정확히는 〈양치기 소녀와 굴뚝 청소부〉)에서 수혈받은 수직성의 면모가 강력하게 새겨져 있다. 평론가 키리도시는 '종적 무대 설정'을 강조한 미야자키의 앞선 말에 화답이라도 하듯이 이렇게 말한다. "미야자키는 인더스트리아를 종적인 구조 외에는 인간관계가 존재하지 않는 공간으로 재설정한 것이다. 한 그루의 나무 꼭대기에서 뿌리까지 조망되는 듯한 이 종적 구도는, 이후의 미야자키 작품의 무대 설정에서 빈번히 보여진다."(『미야자키 하야오론』)

그런 점에서 삼각탑의 거대한 수직적 구조는 인더스트리아라는 체제의 극단성 자체를 대변한다. 지하의 가장 밑바닥에는 인간의 과도한 기술 욕망이 만든 인류의 무덤이 자리 잡고 있는데도 탑의 가장 위에서는 여전히 그 기술 욕망이 불타오르고 있다. 인더스트리아의 첨탑에는 상위의 지배자가 존재하고, 지하에는 노예와 같은 삶을 사는 지하 주민들이 있다. 지하에 사는 〈왕과 새〉의 맹수들이 혁명을 일으키듯 왕의 밀실까지 밀고 올라오는 것처럼, 〈미래소년 코난〉의 지하 주민들은 지하로부터 올라와 저항의 움직임을 전개한다. 그들이 배를 타고 이 섬을 떠나는 순간, 마침내 삼각탑은 지진에 의한 대해일로 인하여 바닷속으로 사라진다.

수직성은 〈미래소년 코난〉의 운동성과 그 방향성까지도 조율한다. 라나와 할아버지가 일명 플라잉 머신이라는 작은 비행정을 타고 인더스트리아의 내부로 들어왔을 때 독재자 레프카가 그들의 위치를 추적하기 위해 삼각탑의 전체 지도를 대형 스크린으로 살펴보는 장면이 잠시 등장하는데, 이때 키리도시가 언급한 삼각탑의 전체 구조가 보인다. 키리도시의 표현처럼, 지하로는 뿌리들이 뻗은 것처럼 수많은 갱도들이 나 있고, 지상으로는 커다란 나무처럼 서로 붙어 있는 세 개의 탑이 솟아 있으며, 세 개의 탑 사이의 중앙은 아래부터 위까지 빈 공간으로 뚫려 있다. 라나와 할아버지는 삼각탑의 중앙에 뚫려 있는 공간을 통해 탑의 위에서 아래로 내려가 일명 코어 블록이라 불리는 지하의 핵심 영역까지 다다랐다가 몇 가지 사건을 거친 다음 다시 같은 방식으로 삼각탑의 위까지 올라가 마침내 이곳을 벗어나게 된다. 종적 무대 설정에 대한 미야자키의 앞선 언급을 떠올리게 되는 대목이다.

미야자키는 하이하버를 수평화된 공간으로, 인더스트리아를 수직화된 공간으로 제시하는데, 하이하버에서의 액션 활극보다 인더스트리아에서의 액션 활극이 비교할 수 없을 만큼 눈부시다는 점은 이 기하학적 환경이 액션에 미치는 영향을 확실히 깨닫게 한다. 삼각탑에서의 코난의 액션은 초반에는 주로 꼭대기에서 벌어지다 시리즈의 후반에 이르면 같은 종류의 공중 액션에 지하에서의 액션까지 추가된다. 첨탑과 지하에서의 활극 장면은 교차하거나 병행된다. 코난과 일행의 액션이 그렇게 양극단에서 벌어지게 되는 것은 삼각탑이라는 액션의 무대가 노골적일 정도로 수직화되어 있기 때문이다.

이 수직성의 막대한 영향력은 심지어 인더스트리아를 벗어나서도 때때로 강력히 작동한다. 미야자키가 〈미래소년 코난〉의 첫번째 클라이맥스 장면으로 여겼고, 봉준호 또한 사랑하는 한 장면으로 언급한, 라나의 코난 구하기 장면이 그 예시가 된다. 라나가 바다에 잠긴 코난을 구하려는 이 장면과 현서가 괴물로부터 탈출하려는 장면을 비교해보자.

<괴물>의 수직성을 탁월하게 보여주는 장면들. 봉준호 영화에는 많은 수직적 공간들이 창의적으로 등장한다.

두 장면의 상황은 달라 보이지만 이 안에서 인물들의 액션은 비슷한 사명과 역학을 갖게 된다. 〈괴물〉에서 현서가 괴물의 등을 밟고 올라 지상으로 도약하려는 장면은 현서의 탈출 이전에 현서가 보호하고 있던 아

이의 구출을 위한 것이기도 했다. 현서가 살아 나가야 아이도 살릴 수 있다. 라나가 심해에 빠진 코난을 구하기 위해 바다 밑바닥과 수면 위를 분주히 오르내린 것처럼 현서 역시도, 봉준호의 표현처럼, "수직의 레이어"들로 이루어진 도심의 가장 밑바닥 하수구에 떨어져 죽음의 위기에 처한 꼬마 아이를 구하기 위해 그리고 그전에 스스로를 먼저 구하기 위해 필사적으로 수직 상승하려 한다.

절대적인 종적 공간 안에서의 구출 혹은 탈출을 위한 헌신적이고도 필사적인 상승과 하강의 움직임이라는 점에서 두 장면은 시각적으로도 주제론적으로도 일맥상통하는 바가 있다. 결과적으로 현서는 실패한다. 괴물에게 붙들려 끌려 내려가고 만다. 라나도 실패한다. 힘에 지쳐 기절하여 바다 밑바닥에 잠긴다. 하지만 차이가 있다면 〈미래소년 코난〉이 훨씬 더 막무가내로 낙관적이다. 쓰러진 라나 때문에 코난은 다시 초인적인 힘을 낸다. 미야자키는 이 장면의 코난에 관하여 콘티에 이렇게 적어놓았다고 한다. "'더 이상 물속이고 뭐고 없다. 폐도 찢어지고 심장도 폭발하고, 몸도 갈갈이 찢어져버려!!'라며 힘을 집중시킨다. 몸 전체에 화재 현장에서와 같은 초인적인 힘. 아드레날린 최대치."(『미야자키 하야오론』) 코난은 자신의 손과 발을 묶었던 수갑을 부수고 라나를 끌어안은 채 수면 위로 빠르고 강력하게 헤엄쳐 올라간다. 너무 강력한 힘으로 수직 상승한 나머지 마침내 수면을 뚫고 하늘 위로 솟구쳐 오른다.

봉준호가 사랑하는 예의 그 강력한 수직성과 그로 인해 조성되는 주제와 환경과 운동에 관한 면모들은 이렇듯 〈왕과 새〉와 〈미래소년 코난〉에서 다수 발견된다. 단, 자신의 영화에서 봉준호는 수직의 성질을 더 기괴하고 비대하게 비틀어 아이러니한 주제와 결합시키고 예측불허의 결말에 도달한다. 그때 인물들은 난감하거나 혹독한 극단에 서게 되고, 관객은 시각적 충격에 휩싸이는 동시에 정서적 공황 상태에 빠지게 된다. 그러고 나면, 크든 작든, 시작이든 끝이든, 행운이든 불행이든, 부정이든 긍정이든, 인물과 상황의 그 모든 것이 전환 혹은 리셋된다.

〈플란다스의 개〉의 아파트 옥상에서 강아지가 땅바닥으로 던져지고 현남이 그걸 목격하는 순간 범인을 잡기 위한 우스꽝스럽고도 격렬한 추격전은 돌연 시작된다. 〈살인의 추억〉에서 마을을 돌며 벌어졌던 한밤의 긴박한 추격전은 수직으로 거대하게 버티고 선 채석장의 압도적인 영역과 광경에 이르러서야 간신히 정리되지만, 끝내 한밤의 헛수고로 드러난다. 수사는 다시 시작이다. 〈괴물〉에서 괴물에게 끌려 내려간 현서는 목숨을 잃고 만다. 하지만 자신의 목숨을 버리는 대신 아이를 살린다. 괴물의 입속에서 끌려 나온 현서는 아이를 품에 안고 있다.

〈마더〉에서는 장례식장 옥상 아래로 낙하하는 그 막걸리 통이 비명과 따귀로 얼룩진 혼잡했던 인간사의 악다구니 현장이 담긴 장면을 고요히 종료시킨다. 어느새 혜자는 벌판에 와 있고 이제 얼굴을 단장한 뒤 새로운 마음으로 변호사를 찾을 것이다. 오로지 수평으로만 무한 전진하는 〈설국열차〉에서 기차 밑 좁은 지하에 갇혀 가혹한 노동의 수렁에 빠져 있던 그 아이를 커티스는 기차 위로 끌어 올려 구해준다. 달리던 기차가 멈추고 설원에 첫발을 디딘 이 아이는 어쩌면 요나와 함께 새 인생을 살 수도 있을 것이다. 〈기생충〉의 그날 밤 기괴한 방식으로 신분 상승을 꿈꾸던 한 가족이 처량하게 비에 젖은 채 '아래로 아래로' 운명의 손에 의해 다시 끌려 내려가 악몽 같은 물난리를 겪은 이후, 그들은 살인을 하거나 살해당한다. 모든 것은 전환 혹은 리셋된다.

자기 안의 어린아이

우리는 비교적 최근에서야 봉준호의 생애 첫번째 작품이 실사가 아니라 애니메이션이었다는 사실을 알게 되었다. 그 작품은 1992년에 청년 봉준호가 자신의 아파트 지하에서 만들었던 단편 애니메이션 〈루킹 포 파라다이스〉였다. 청년 봉준호는 1996년 『키노』(11호)와의 인터뷰에서 "언젠가는 장편 애니메이션을 만들고 싶다"고 일찌감치 포부를 밝히기도 했는데, 그는 현재 심해의 생물들을 소재로 한 그의 첫번째 장편 애니메이션을 작업 중이다.

2021년 도쿄국제영화제가 마련한 화상 대담 중 일본의 애니메이션 감독 호소다 마모루는 "〈괴물〉과 〈옥자〉를 보고 애니메이션 스피릿을 느꼈다"고 말한다. 봉준호는 최근 『키노 씨네필』(2024, 플레인)과의 인터뷰 중 애니메이션 작업에 관하여 질문을 받자, "너무 신나죠. 빌딩도 막 옮길 수 있고"라고 답한다. 빌딩은 막 옮겨지지 않는다. 그건 우리가 흔히 말하는 '사실'이 아니다. 그리고 거기에서 벗어나면 우린 황당해한다. 괴력의 발가락 힘을 지닌 소년이 세계를 구한다면 누군가는 허무맹랑하고 황당무계한 일이라고 느낀다. 이 글의 도입부에서 인용했던 〈미래소년 코난〉 국내 방영 당시 어른들의 걱정도 그런 종류의 것이 아니었던가. 하지만 거기에 애니메이션 스피릿이 있을 것이다. 거짓에 더 철저하게 거짓을 보태 진실을 느끼게 하는 것이라고 미야자키는 말했다(다만 오늘에 이르러 이러한 애니메이션 스피릿이란 거의 거부감 없이 받아들여지는 경향이 있어서 오히려 통념으로 제시되기도 한다).

TV 앞에 앉아 있던 소년은 영화감독이 되었다. 누구도 봉준호 영화의 황당무계함을 단점으로 지적하지 않는다. 그런데 그의 영화의 황당무계함은 역사, 세계, 존재, 사실, 계급 등 진지하기 이를 데 없는 것들을 직시하고 끌어안을 때 비로소 더 철저하게 황당무계한 것이 된다. 그것이야말로 창의적이고 독보적인 그의 인장이다. 한강 교각 위에 매달려 있는 괴물(〈괴물〉), 이수 교차로 아래에서 수줍고 슬픈 표정을 짓고 있는 커다란 돼지 한 마리(〈옥자〉)로부터 시작하여 세상의 저변을 드러내는 봉준호의 영화는 그 허무맹랑함과 황당무계함을 폭력적인 역사와 공고한 현실의 틈새로 주입하여 잔혹한 코미디와 황당한 비극을 펼쳐낸다. 봉준호는 너무 허무맹랑해서 희귀하고 값진 창작자다.

봉준호는 영화평론가 이동진과의 인터뷰 중 "완성된 성인 남자에 대한 공포"를 고백한다. "은단을 갖고 다니는 사람"이 그런 사람이라는 것이다.(『이동진의 부메랑 인터뷰 그 영화의 비밀』, 예담) 이 표현은 모종의 이미지를 예리하게 언어화한 봉준호 특유의 촌철살인이라 다시 언어적으로 풀어 설명하자면 많이 장황해질 것 같다. 대신에 그의 영화 속에 등장했던 인물 한 명을 떠올리는 게 더 나을 수도 있겠다. 그 인물은 〈마더〉에 나오는 변호사다.

그는 자신이 사회적으로 완벽하고 유능하다고 자부한다. "이 뷔페 집은 해산물이 최고"라는 하나 마나 한 변호사의 말에 "변호사 님은 역시 모르는 게 없으세요"라고 혜자가 장단을 맞추면, 제대로 알아봤다는 투로 "흠 사실이지"라고 그는 말한다. 그는 지나칠 정도로 당당해서 거만하다. 공공장소에서 뛰는 아이, 다리 꼬고 앉아 있는 젊은 여자에게 자신은 결코 그런 잘못을 그냥 넘기지 않는다는 듯, 뛰지 마라, 다리 내려라, 반말로 지적하는 짓을 결코 빼놓지 않는다. 그런 그는 스스로를 합리적이라고 느낄 것이다. 그는 부정한 인맥도 자랑으로 여기고 웬만한 사람들이 모인 자리에서는 무조건 나서서 호령하기를 좋아한다. 술집에서 마이크를 거꾸로 쥔 채 도준의 형량을 제안하며 "이 정도면 법률적 대박"이라고 그는 웅변한다. 그는 어쩌면 이 먼지 많은 세상에서 최적화된 사회인이다.

이 변호사에 관한 묘사를 비교적 길게 적은 것은 그가 봉준호 영화에서 흔치 않은 인물이기 때문이다. 한 인간에 대해 일방적인 평가를 내리는 법이 거의 없어서 심지어 살인 용의자(《살인의 추억》)나 세계의 독재자(《설국열차》) 같은 존재조차, 혹은 인간을 해치는 오염된 괴물조차 일면 가련함이나 측은함을 자아내는 봉준호 영화에서 이 변호사는 유독 일방적으로 꼴사납게 그려진다(이 책의 2부에 실린 인터뷰에서 봉준호는 무리를 가로질러 가며 관심을 받게 되는 것, 다중을 상대로 말을 해야 하는 것, 회식 자리에서 자신의 말이 지나치게 주목받는 것 등 일련의 사회생활에 대한 공포를 고백한다).

완성된 성인 남자 캐릭터에 대한 이 본능적이고도 지독한 거부감은 우리에게 봉준호가 창작자로서 가고 있는 길을 주시하게 한다. 그의 창작의 길은 완전히 반대다. 그는 한 인간으로서는 이미 어른이지만 창작자로서는 아이를 품은 어른이다. 그 창작의 기질이 가장 분명하게 발현되는 순간 중 하나가 봉준호의 애니메이션 스피릿이 발동할 때다. 이런 말이 허락된다면 〈미래소년 코난〉은 봉준호의 예외적인 기원이다. 히치콕을 비롯하여 "좋은 의미에서의 영화적 외상"을 겪어가며 불안과 서스펜스의 분위기에 매혹되어 소년기를 보내던 봉준호에게 〈미래소년 코난〉이라는 이 애니메이션은 너무 순수해서 오히려 예외적이다. 이 예외는 그 자신의 영화사에서 도태되지 않은 채 지속적인 영감으로 지금도 흐르고 있다.

미야자키가 누구보다 신뢰했던 인물인 저명한 소설가이자 문화 역사가인 시바 료타로는 미야자키에 관하여 이렇게 말한다. "인간은 어른이 돼도 그 안에 어린아이가 한 명씩 있어서 사랑할 때나 작곡을 하고 그림을 그릴 때—소설도 종종 그런데, 때로는 학문도—그 아이가 담당합니다. 마음속 깊은 곳으로 갈 때는 어른인 자신이 행동하지만, 창조적인 일을 하는 건 아이의 역할이에요. 다만 나이를 먹으면 자신 안의 아이가 메말라 좋은 경치를 봐도 춤출 기분이 들지 않게 됩니다. 미야자키 씨는 일의 관리에선 아주 능숙한 어른이지만, 자신 안의 아이를 아주 소중히 다루고 있어요. 대단합니다."(『출발점』)

이 말은 미야자키를 위해 바쳐진 최대의 찬사 중 하나이지만, 우리는 봉준호에게도 같은 찬사를 보낼 수 있다고 생각한다.

봉준호가 사랑하는 애니메이션

〈미래소년 코난〉은 제외하기로 하자. 미야자키 하야오의 작품 중 특히 더 애정이 가는 것이 있는지 물었을 때 봉준호는 이렇게 답한다. "작품 전체로 보자면 역시 〈이웃집 토토로〉와 〈센과 치히로의 행방불명〉이 아닐까? 사람마다 선택이 다르기는 하겠지만. 다 불사르고 어쩔 수 없이 두 개만 남겨야 한다면……" 하지만 그다음 만났을 때는 이렇게 말한다. "내가 그렇게 말했던가? 아, 그건 사실 엄마가 좋아, 아빠가 좋아, 하고 묻는 것과 비슷한데." 미야자키의 영화 대부분을 좋아하는 그의 입장에서 보자면 답하기 쉽지 않고 정답이 없는 질문이다. 그의 답변은 언젠가 또 달라질 수도 있겠다. 다만 지금은 〈센과 치히로의 행방불명〉에 관한 짧고 강렬한 답변, 〈이웃집 토토로〉에 관한 길고 상세한 답변에 주목해보자.

"〈센과 치히로의 행방불명〉은 한마디로 걸작이다. 완전히 다른 세계관으로 이동한, 다른 차원의 걸작이다. 이 걸작에 토를 단다는 건 민망한 일이다."

"〈이웃집 토토로〉의 경우는 아주 큰 사건이 없지 않나. 애가 잠깐 없어지는 정도? 시골의 소소한 일상 속에 토토로가 나오는 건데, 그 자체로 아름답다. 이런 걸 내러티브 무용론이라고 해야 하나. 아름다운 디테일로 너무나 충만하게 꽉 채워지게 되면 내러티브가 별로 필요 없구나 하는 생각이 들 정도도. 물론 토토로가 조금씩 드러나는 과정 자체를 내러티브로 볼 순 있겠지. 하지만 우리가 소위 말하는 기승전결이 어떻고, 1막 2막 3막이 어떻고 하는, 시나리오 교본에서 설파하는 그런 것들이다 필요 없다는 걸 이 90분짜리 영화가 보여주는 거다. 놀라운 디테일들이 있어서 가능한 일 아닌가. 달빛에 애들이 바깥으로 나오고, 씨앗이 거대한 나무가 되어서 하늘을 뒤덮는 장면 있지 않나. 미야자키 영화에 원체 나무가 중요하게 많이 나오는데, 그런 점에서 이 장면은 이 사람의 어떤 창작의 정수가 담겨 있는 것 같다. 나무가 자라서 하늘을 덮어버리는 것을 목격하게 된다는 것 말이다."

〈옥자〉의 초반 산골 장면에서 옥자의 배 위에 누워 잠들어 있는 미자의 모습은 〈이웃집 토토로〉에서 꼬마 메이가 토토로의 배 위에 엎드려 잠든 장면을 연상시킨다. 두 장면에서 옥자와 미자, 메이와 토토로는 서로에게 다정하고 친밀하다. 수잔 네이피어는 "메이가 토토로의 배 위에 엎드린 장면은 기나긴 늦봄 낮잠에 빠진 아이의 꿈처럼 평화롭고 시간이 멈춘 듯하다. 성당 천장 같은 숲의 녹색 지붕이 한참 아래에 있는 잠든 생명체들을 안전하게 덮는 마지막 하이 앵글 장면은 숭고함과 안락함의 감각을 고조한다"(『미야자키 월드』)라고 기술한다. 적절한 묘사다.

봉준호는 말한다. "옥자가 다정하게 껴안고 잠들 때 우리가 고민한 건 어떻게 하면 진짜 돼지처럼 자게 할지, 어떻게 하면 더 돼지처럼 보이게 할지가 아니었어요. 어떻게 하면 더 포근해 보일지였죠. 옥자가 베개처럼 푹신푹신해 보여야만 했어요."(『옥자: 디 아트 앤드 메이킹 오브 더 필름』, 사이먼 워드 지음, 최지원 옮김, 시공아트)

〈옥자〉의 배우이자 프로듀서 중 한 명인 틸다 스윈튼도 영화 제작 전 봉준호가 보여준 컨셉 그림을 처음 보았을 때 이 영화가 "〈이웃집 토토로〉를 레퍼런스로 삼고 있고 그에 대한 아름다운 경의를 지니고 있음을 느꼈다"고 말했다. 그녀는 영화 속 미란도 그룹의 쌍둥이 자매를 〈센과 치히로의 행방불명〉을 생각하며 봉준호와 함께 만들었다고도 밝힌다.

옥자의 배 위에서 잠들어 있는 미자. 봉준호는 "어떻게 하면 더 돼지 같아 보일지가 아니라, 어떻게 하면 더 포근해 보일지" 고민했다고 한다. <이웃집 토토로>에서 메이가 토토로의 배 위에 엎드려 잠드는 장면을 떠올리게 한다.

봉준호는 훗날 한 인터뷰에서 "토토로가 연상되는 순간은 영화의 초반 산골 장면에서만 나올 수밖에 없어요. <이웃집 토토로>는 탈시대적이고 자본주의나 체제와 같은 영역에서 완전히 벗어나 있는 영화잖아요. 토토로가 도살장에 끌려가거나 실험실에서 고문을 당할 일은 없으니까"(『키노 씨네필』)라고 말했다. 타당한 지적이다. 그리고 이 점은 봉준호 세계의 신랄하고도 괴상한 상상력을 입증하는 증거가 된다. 봉준호가 칸 영화제 기자회견에서 밝힌 것처럼 <옥자>는 미야자키가 가보지 않은 영역을 다룬다. 말하자면, <옥자>는 자연과 생명의 지상 낙원에서만 살던 토토로(옥자)가 자본주의의 도살장에 끌려갔다가 코난(미자)이 구해 오는 이야기다.

미야자키 외에도 봉준호가 사랑하는 지브리 작품이 있다면 다카하타 이사오의 유작 〈가구야 공주 이야기〉(2013)다. 봉준호는 감독의 세밀한 손길이 작품 곳곳에 미쳐 있음에 탄복한다. "개인적인 손맛, 그림의 터치가 느껴져서 좋다. 줄거리 자체가 매혹적인지는 잘 모르겠다. 내가 신화나 설화에 대한 관심은 별로 없어서. 하지만 종이 위에 손의 필치로 그려낸 것 같은, 역동적으로 꿈틀거리는 장면들이 놀라웠다."

지브리의 찬미자들로 가득한 픽사의 대표작 3편, 앤드루 스탠턴의 〈월-E〉(2008), 리 언크리치의 〈토이 스토리 3〉(2010), 피트 닥터의 〈소울〉(2020)도 봉준호가 사랑하는 애니메이션 목록 안에 들어 있다.

"〈월-E〉는 발상 자체가 너무 재미있다. 촬영감독 로저 디킨스가 비주얼 컨설턴트로 참여했다고 하던데, 먼지, 황사, 쓰레기로 뒤덮인 지구를 묘사한 비주얼이 정말 탁월했다. 자연광, 빛, 대기의 분위기 묘사도 탁월하고. 월-E가 좋아하는 신제품 로봇 여자 친구의 성격 묘사나 후반부 〈2001 스페이스 오디세이〉(1968) 패러디 부분도 재미있다. 다른 애니메이션에서 보지 못했던 아름다움이 있었다."

"〈토이 스토리 3〉는 영화 전체의 짜임새도 좋았지만 특히나 쓰레기장에서 불구덩이로 빨려 들어가는 장면이 너무 압도적이었다. 인형들이 죽음을 받아들이는 순간, 손을 다 맞잡는다. 그 장면의 사운드, 음악, 연출, 전부 압도적이다."

"〈소울〉은, 따뜻한 햇살이 드는 이발소라든가 주인공 엄마의 의상실, 행인들로 꽉 찬 브롱크스 길거리 같은 일상 공간 묘사가 탁월했다. 시각적으로 워낙 탁월해서 자꾸 보고 싶어진다. 그리고 나이 든 관객들만이 느낄 수 있는 인생에서의 감정이나 소회를 담아보려고 했던 것도 신선했던 것 같고."

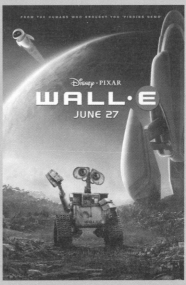

	❷
❶	❸
❹	❺

❶ <센과 치히로의 행방불명>

❷ <토이 스토리 3>

❸ <미첼 가족과 기계 전쟁>

❹ <이웃집 토토로>

❺ <월-E>

주로 실사 영화를 만들지만 종종 빛나는 애니메이션도 선보이곤 하는 감독들 중 팀 버튼의 **〈프랑켄위니〉**(2012), 웨스 앤더슨의 **〈판타스틱 미스터 폭스〉**(2009)도 봉준호에게 깊은 인상을 남겼다. 이유는 철저히 개인적인데 듣고 나면 꽤 타당하다.

"〈프랑켄위니〉의 그 강아지. 나도 강아지를 키우는데, 영화 속 그 강아지 얼마나 귀여운가, 안 그런가."

"〈판타스틱 미스터 폭스〉는 독특한 옐로 톤이 지배적인데 그 노란색을 보면 항상 마음이 안정되는 것 같다."

그러고 보면 우리 각자에게도 소중한 반려동물과 편안함을 주는 색감이 있기 마련이다.

최근에 봉준호의 선택을 받아 화제가 된 두 편의 애니메이션도 있다. 마이클 리안다의 **〈미첼 가족과 기계 전쟁〉**(2021), 요나스 포헤르 라스무센의 **〈나의 집은 어디인가〉**(2021)다. 봉준호는 2021년 국내 영화 비평지 『필로』로부터 그해의 베스트 영화 목록 작성을 요청받게 되는데, 아홉 편의 작품을 선정했고, 그 안에 이 두 편의 애니메이션을 넣었다(참고로 나머지 일곱 편은, 〈돈 룩 업〉, 〈드라이브 마이 카〉, 〈선다운〉, 〈미안해요 리키〉, 〈레벤느망〉, 〈미싱 타는 여자들〉, 〈해피 아워〉).

미국의 영화지 『인디와이어』는 〈미첼 가족과 기계 전쟁〉을 두고 봉준호의 "의외의 선택"이라고 논평했지만, 전혀 그렇지 않다. 이 애니메이션은 일단 재미있고, 봉준호의 관심을 끌 만한 요소들이 꽤 많다. 지나친 기술주의의 폐해로 로봇이 지배하게 된 세상, 엉망진창 가족만이 세상을 구한다. 마치 한강의 괴수를 물리친 〈괴물〉의 그 가족처럼. 이 사분오열의 괴짜 가족은 빈틈과 약점이 너무 많은 탓에 로봇들의 정확한 판단력과 예측력에 혼동을 가하면서 역설적으로 최강의 적수가 된다("미첼 가

❶	❷
❸	

❶ <프랑켄위니>
❷ <판타스틱 미스터 폭스>
❸ <나의 집은 어디인가>

족은 항상 비정상이야, 그렇기 때문에 대단한 거고"라고 아버지는 말한다). 혹은 회로에 손상을 입고 오히려 감정과 인간애를 지니게 되어버린 어리숙하고 우스꽝스러운 두 로봇은 미첼 가족과 동행하며 그들을 위한 최선의 조력자가 된다. 곳곳에서 오류가 작동하고 난장판과 헛소동이 벌어진다.

〈나의 집은 어디인가〉는 거의 반대되는 성향의 작품이다. 아민이라는 가명을 쓸 수밖에 없는 한 아프가니스탄 난민의 실제 삶을 바탕으로 하여 이른바 애니메이션 다큐멘터리라고 하는 형식을 표방한다. 그런 가운데 난민과 망명의 개인사 그리고 성 소수자로서의 정체성에 관련된 이야기를 감동적으로 풀어낸다. 이 작품을 응원하기 위해 봉준호가 쓴 추천사이자 감상문으로서의 편지가 봉준호 영화를 주로 배급하는 미국 배급사 네온을 통해 영문으로 공개된 바 있다.

"저는 이 영화에 너무나 감동을 받았습니다. 애니메이션 다큐멘터리라는 형식도 독창적이고 참신하지만, 영화 자체의 탁월함이 이미 워낙 분명하기 때문에 그런 스타일상의 성취를 언급하고 내세우는 것은 거의 불필요하지 않나 싶습니다. 영화는 곧장 마음을 관통하여 감정의 핵심을 흔들어놓습니다. 너무나 매끄러운 방식으로 완벽하게 감동시키는 나머지 그런 (놀랄 만한) 스타일과 테크닉에 찬사를 보낸다는 것이 이 영화의 중요성을 오히려 퇴색시킬 것 같습니다.

이 영화는 일련의 트라우마를 통해 주인공이 공동체, 가족, 자아의 상실을 겪게 되는 여정입니다. 생존을 위한 싸움의 이면에는 사랑과 정체성에 대한 보다 개인적이고 내밀한 투쟁도 있습니다. 주인공은 그 여정에서의 위험들로부터 이 소중한 내면의 영역을 지키기 위해 노력하는데, 영화는 엄청난 배려와 세심함으로 이걸 묘사합니다. 이 영화를 보고 있으면 인간이 연약하고 섬세한 동물이라는 사실을 뼈저리게 깨닫게 됩니다. 영화는 무리에서 떨어져 홀로 남겨질 때 우리의 영혼에 어떤 일이 일어나는지를 보여줍니다. 〈나의 집은 어디인가〉는 그 모든 연약함과 섬세한 개성을 전제로 하여 그 영혼들을 바라보고 포용하고 치유해야 한다는 것을 일깨워주는 아름답고 중요한 영화입니다. 〈나의 집은 어디인가〉는 저를 울렸습니다. 올해 본 영화 중 가장 감동적인 영화였습니다."

언급할 마지막 작품은 아마도 앞선 작품들과 비교할 때 가장 예외적으로 보일 것이다. 하지만 봉준호의 폭넓은 안목과 취향을 확인할 수 있게 해주는 흥미로운 일례다. 러시아 애니메이션의 대가 유리 노르슈테인의 단편 **〈이야기 속의 이야기〉**(1979)다. 이 29분짜리 짧은 단편 애니메이션은 〈여우와 토끼〉(1973), 〈왜가리와 학〉(1974), 〈안개 속의 고슴도치〉(1975) 등과 함께 노르슈테인의 대표작으로 거론된다. "영화와 관객 사이의 직접적인 정신적 소통"을 강조하는 노르슈테인은 〈이야기 속의 이야기〉를 영적이고도 고혹적인 추상화 혹은 몽환의 시적 몽타주로 완성해낸다. 그는 전쟁과 삶, 탄생과 죽음, 현실과 꿈, 기억과 기원의 주제를, 그리고 빛, 바람, 불꽃, 흙, 풀, 비, 그림자 등의 자연현상을 놀라운 애니메이션적 창의력으로 구현한다. 봉준호는 〈이야기 속의 이야기〉에 관하여 이렇게 말한다. "원래 동유럽이나 러시아의 예술 애니메이션 전통이 강하지 않나. 나는 일본에서 출시된 단편 모음집 DVD에서 봤다. 비주얼 스타일 자체가 어디서도 보지 못한 거다. 그런 룩 자체를 만들어낸다는 건 애니메이션 아티스트로서의 놀라운 재능인 것 같다. 공장형 대량 생산 체제하고는 완전히 다르다. 화가들이 자기만의 그림체를 갖고 있듯이 자기 스타일의 우주를 스스로 만든 거다. 말로 설명하기는 정말 쉽지 않다. 안개 속 공간인 것 같기도 하고, 새벽에 꿈꾸는 것 같기도 한 느낌이다. 정말 독특하고 아름답다."

<이야기 속의 이야기> 스틸 컷.

이 밖에도, 봉준호가 특별히 논평하거나 각종 베스트 목록에 올린 적은 없지만 작품 제목 정도는 언급한 경우가 있는데, 마이클 아리아스의 〈철콘 근크리트〉(2006), 르네 랄루의 〈판타스틱 플래닛〉(2004), 실뱅 쇼메의 〈벨빌의 세 쌍둥이〉(2003), 프레데릭 백의 〈나무를 심은 사람〉(1987) 등이다.

4장
만화의 광맥

만일 영화감독이 되지 않았다면 무엇을 하고 싶었는가, 라는 질문에 봉준호는 망설임 없이 '만화가'라고 답했다. 심지어 자신이 성공한 영화감독이라기보다 실패한 만화가라고 농담처럼 말했다. 콘티(스토리보드)를 꼼꼼히 작성하는 것도 만화가가 되지 못한 미련 때문인지도 모른다고 덧붙였다.

봉준호는 TV소년이었던 만큼 만화소년이기도 했다(물론 TV는 여러 장르의 대중문화가 상영되는 일종의 스크린이므로, 하나의 장르인 만화와 같은 층위에 놓을 수 없긴 하지만). 『소년중앙』『새소년』 같은 각종 소년지에 실린 만화뿐만 아니라 대본소의 온갖 만화를 섭렵했던 소년 봉준호는 고우영의 『삼국지』『수호지』『대야망』, 방학기의 『타임머쉰』, 길창덕의 『신판 보물섬』, 이정문의 『철인 캉타우』를 명작으로 기억하고 있다.

만화에 빠진 아이들이 종종 그러했듯 취미도 만화 그리기였다. 초등학교 때 『도라에몽』(한국에는 『동짜몽』이라는 이상한 제목으로 번역 출간된)을 즐겨 따라 그렸고 만화 습작을 시도했다. 40년도 더 지났지만 아직도 이미지가 뇌리에 남은 습작도 있다.

"두 형사가 나오는 수사물 같은 걸 초등학교 때 그리려고 했던 적이 있다. 다 그리진 못하고 영화 예고편처럼, 만화책으로 나온다면 속표지

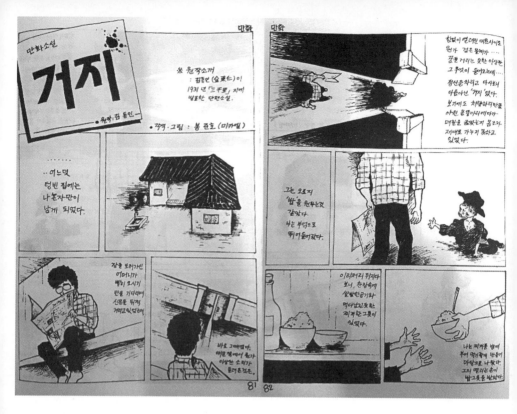

봉준호가 고등학생 때 성당 간행물에 그린 김동인 원작의 만화 <거지>(1, 2, 3, 7쪽). 봉준호
는 "상당히 영화적인 앵글로 그렸다"고 말한다.

에 실릴 만한 짧은 분량이었다. 살인자가 탄 경비행기를 형사가 쫓아가
날개를 붙잡고 매달려 있는 장면이었는데 형사가 넥타이를 매고 있어서
넥타이가 바람에 날리는 그런 숏을 그렸던 기억이 난다."

봉준호는 중고등학교 시절 본격적인 만화 창작을 시도한다. 고등학
생 때 친구들과 만든 엉성한 학급 신문에 '풍자만화'를 그려 약간의 소
란(2부 '봉준호와의 대화' 참조)을 빚었던 봉준호는 자신이 다니던 성당의
간행물에 처음으로 완결된 만화를 그려낸다. 김동인의 단편소설 「거지」
(1931)를 그로테스크하게 번안한 만화였다.

"종교적인 관심은 없었다. 남녀공학에 다니지 않아서, 합법적으로

여학생들을 근거리에서 볼 수 있는 건 성당에 가는 방법밖에 없었다. 우리 집이 천주교 집안이기도 했고. 성당 청소년부에서 1년에 한두 번 정도 만드는 잡지 같은 게 있었다. 학교로 치면 교지 같은. 애들이 수필을 내기도 하고, 시화라고 해서 시를 쓰고 그 옆에 그림을 그려 싣기도 했다. 나는 단편 만화를 그려 실었다. 원작은 김동인의 「거지」라는 단편소설인데, 성당에 어울리지 않는 다크한 내용이었다. 결말을 더 다크하게 바꿔서, 딱 일곱 페이지로 그린 것이었다."

원작의 결말은 이렇다. 집에 찾아온 거지가 너무 배고파 보여서 주인공이 쥐약이 들어 있는 줄 모르고 밥을 줬는데 그 밥을 먹은 거지가 죽어버린다. 봉준호는 결말을 바꿨다. 거지의 죽음에 충격과 죄책감을 느껴 주인공이 자살한다는 것이었다. 자살을 금하는 천주교의 간행물에 싣기엔 너무 흉측한 내용이어서 내심 조마조마했지만 뜻밖에 반응은 괜찮았다.

"이런 말을 하기는 좀 민망하지만, 상당히 영화적인 앵글로 그렸다. 플랫한 만화, 예컨대 길창덕 만화체가 아니라 원근법도 있고 직부감 숏 같은 카메라 앵글과 카메라 렌즈가 느껴지는 그런 숏들이었다. 애들도 '너 그림 근사하게 그린다'고 했다. 스토리에 대해서는 아무도 얘기하지 않았다. 신부님도 아마 당황하셨던 것 같다."

실패한 만화가

대학에 가서 만화 그리기는 학교 신문『연세춘추』에 연재한 시사만평 작업으로 이어졌다. 고등학생 시절의 '풍자만화'처럼 시국을 비판하는 내용이었다. 대학생이 된 뒤에도 봉준호는 만화를 취미로만 생각하진 않았고, 만화가가 되기를 진지하게 고민했다. 포트폴리오를 들고 이름만 대면 알만한 유명한 만화가를 찾아간 적도 있었다. 만화가는 냉정하게 말했다. "자네는 데생의 기본이 안 되어 있네. 만화 할 생각하지 말게." 그 뒤로 봉준호는 만화가의 꿈을 접었다. '실패한 만화가'라는 자칭은 과장이 아니었다.

좋아하는 만화 목록을 묻는 질문에 세 사람의 일본 만화가 이름이 빠짐없이 나온다. 우라사와 나오키, 마츠모토 타이요, 후루야 미노루가 그들이다. 한국에서도 출간돼 신드롬급 인기를 끌었던『20세기 소년』『몬스터』같은 우라사와 나오키 작품을 보면서 흐트러졌다가 어느 순간 고밀도로 집중되는 미스터리의 전개 방식에 넋을 잃을 정도였다고 한다.

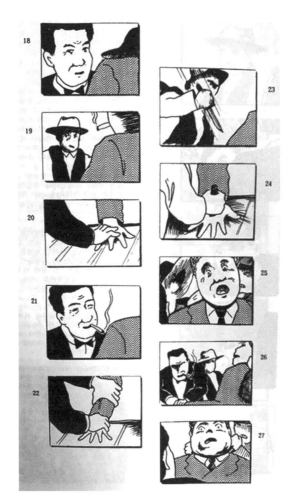

대학생 시절, 영화 동아리 '노란문' 회보에 실린 봉준호의 <대부> 숏 분석. 봉준호에게 만화 습작, 숏 분석, 스토리보드 작성은 동질적인 작업이었다.

수공업적 손맛의 소박한 그림체와 잔잔하고 뭉클한 이야기의 마츠모토 타이요의 『핑퐁』『철콘 근크리트』『써니(Sunny)』는 봉준호의 빼놓을 수 없는 애호작이다. 마츠모토는 영화 〈설국열차〉(2013)를 보고 한 장면을 만화로 그려주었고 봉준호는 가보처럼 액자에 넣어 보관하고 있다.

후루야 미노루의 작품으로는 기괴하지만 경쾌한 『이나중 탁구부』뿐만 아니라 점점 어두워지는 후기작들, 특히 일본 젊은 세대의 폐부를 꿰 뚫는 듯한 『두더지』『심해어』도 그에 못지않게 좋아한다.

영화계에 입문한 뒤에도 만화에 대한 애착은 변함이 없었다. 봉준호 는 시나리오를 쓰다가 막힐 때 어떻게 대처하는지 묻는 질문에 "만화를 본다"고 대답하는 희귀한 감독이다. 영화아카데미 시절부터 다니던 홍익 대 부근의 만화 전문서점 한양문고는 그에게 영감의 보고라 할 만하다. 15년 동안 매달 한 번 이상 들렀고 매번 10만 원어치 이상 만화를 사갔 다. 〈괴물〉 프리프로덕션에 매달려 있던 2005년 1월, 〈설국열차〉의 원작 만화를 보고 곧바로 영화화 결심을 한 것도 그곳에서였다.

넓은 의미의 만화에 속하는 그래픽노블도 중요한 영화적 자양분이 되었다. 〈살인의 추억〉을 구상하고 있을 때 영국 평론가 토니 레인즈가 선물한 앨런 무어의 걸작 그래픽노블 『프롬 헬』에서 '시대의 무능력'이라 는 영감을 얻었다는 사실은 널리 알려져 있다. "극히 과묵하고 어두운" 미지의 스위스 작가 토마스 오트도 그가 사랑하는 그래픽노블 작가다.

이런저런 일로 외국 대도시에 갈 때 꼭 찾는 곳도 그래픽노블이 많 은 서점이다. 뉴욕의 브로드웨이 12번가에 있는 스트랜드 북스토어도 그 런 곳이다. 그래픽노블뿐만 아니라 영화 관련 서적과 사진집 같은 봉준 호가 군침 흘릴 만한 아이템들이 2층에 빼곡히 모여 있다. 스크래치 기 법의 대가 토마스 오트를 발견하고 단숨에 빠져든 곳도 그곳이다.

찰스 번즈도 빼놓을 수 없다. 온갖 상을 휩쓴 『블랙홀』을 보고 충격 을 받았고, 의식의 흐름에 가까운 괴이한 전개가 데이비드 린치를 떠올 리게 했다. 영화화에 관심이 있어서 한번 만나 이야기를 나눈 적도 있다. 한국에는 『블랙홀』만 출간돼 있어서 미국에 갔을 때 거의 모든 작품을 사왔다.

한국 만화에 다시 눈길을 돌린 것도 감독으로 데뷔한 이후였다. 2002년부터 발간된 비정기 만화 잡지『새만화책』은 봉준호를 한국의 젊은 만화가들에 대한 관심으로 이끌었다. 통권 6권으로 사실상 폐간되긴 했지만『새만화책』은 길지 않은 시간 동안 한국의 언더그라운드 만화, 대안 만화, 실험 만화 등 개성적인 독립 만화의 성지 역할을 했다.

봉준호는『새만화책』을 애독하다 앙꼬(최경진)를 발견하고 '광팬'이 되었다. 직접 만나서 작품에 대한 이야기를 나눈 적도 있으며, 여러 자리에서『나쁜 친구』를 그의 걸작으로 추천해왔다.『소년의 밤』의 김한조,『영순이 내 사랑』의 권용득도 그가 좋아하는 작가들이다.『습지생태보고서』『송곳』『지옥』의 최규석은 "작화 능력에서 현시대 최고봉"으로 꼽는다.

만화를 오랫동안 탐독해왔지만 웹툰과는 친해지지 못했다. "컴퓨터 화면을 보면 열이 나는데, 열이 오른 뭔가를 보는 게 싫다. 종이의 냉한 느낌이 좋다. 그리고 스크롤은 책장 넘길 때의 긴장이 없다. 예를 들어 우라사와 나오키 만화는 편집이 되게 정교한데, 페이지를 확 넘겼을 때 엄청 충격적인 어떤 모멘텀이 있다. 무슨 웹툰이 좋다고 누가 꼭 보라고 하면,『이끼』처럼 오래 기다렸다가 책 형태로 출간된 다음에 본다."

봉준호 영화는 만화적인가

봉준호 영화를 만화적이라고 힐 수 있는가. 물론 봉준호 영화에 힌트와 영감을 준 개별 만화들을 나열하는 건 어려운 일이 아니다. 그 스스로 갖가지 인터뷰에서 넘칠 만큼 밝혀놓았다. 이미지, 상황, 캐릭터, 구성까지 많은 만화들이 그의 영화에 도움을 주었다. 하지만 우리는 봉준호가 뉴스, 동물 다큐멘터리, 스포츠 중계는 물론 식당 옆자리에 앉은 중년 남자의 궤변에서도 아이디어를 얻는다는 걸 알고 있다.

다시 물어보자. 소설보다 만화를 좋아한 봉준호의 영화에서 만화적인 면을 추출할 수 있을까? 이 문제에 정확히 답하려면 '영화적' '만화적'이라는 단어의 정의 작업이라는 헤어나기 힘든 수렁을 먼저 통과해야 하므로 직접적인 대답은 유보하는 편이 좋겠다. 대신 간접적인 대답은 생각해볼 수 있다.

'만화적'이라는 표현을 '천진난만하고 기발한 상상력'과 연관시키는 통념은 버리기로 하자(〈플란다스의 개〉에서 우비 응원단이 깜짝 등장하는 옥상 장면이 그런 상상력의 예로 여겨져왔다). 이런 점에서라면 21세기에는 봉준호 영화보다, 아니 만화보다 더 만화적인 영화가 즐비하다. 영화 〈해리포터〉(2001~2011)가 우라사와 나오키의 만화 『몬스터』보다 훨씬 만화적이다. 그러니 만화와 영화의 유사성을 먼저 생각해보는 게 생산적일 것 같다. 생각보다 영화와 만화는 아주 가깝다. '실패한 만화가' 봉준호도 그렇게 생각한다.

우리가 보기에 가장 중요한 건 표현 단위의 유사성이다. 영화의 숏과 만화의 프레임(칸 혹은 패널)은 두 매체를 구성하는 가장 기본적인 시각적 표현 단위다. 영화에선 숏이 연결돼 신을 구성하고, 신들이 시퀀스를 형성하며, 시퀀스들이 모여 하나의 서사가 된다. 하나의 숏을 하나의 프레임으로 대체하면 만화도 비슷한 과정을 거쳐 한 편의 작품이 된다. 만화에서 프레임 사이 공간인 홈통(gutter)은 영화에서 편집의 시간 경과를 공간적으로 표현한 것이다.

영화나 만화의 감상자라면 종종 개별적 표현 단위보다는 그 단위들이 모인 덩어리를 특정한 표현이나 의미로 지각한다. 하지만 창작자에게라면 완성된 스토리가 있다 해도, 심지어 정교한 시나리오가 있다 해도 아직 출발선에조차 이른 게 아니다. 이제 덩어리를 쪼갠 다음 붙여야 한다. 시각적 표현 단위(숏, 프레임)의 구상과 그 단위들의 분할(데쿠파주) 혹은 연결(편집) 전략이 불면의 밤을 맞게 하는 숙제가 된다.

물론 시각적 구상과 분할과 연결은 순차적 작업이 아니다. 그것은 창작자에겐 늘 선후를 구분할 수 없는 동시적 작업이 된다. 영화에서 숏의 전략과 편집 전략은 한 몸이며, 만화에서 프레임의 구상과 연결 방식은 한 몸이다.

소설과 연극 같은 여타 서사 양식에는 분할과 편집이 동반된 숏이라는 표현 단위가 없다. 영화를 찍어본 적이 없는 사람이라도, '늙은 광부가 해 질 무렵 탄광 입구에서 찐 감자를 먹고 있다'는 문장에서 수십 가지의 다른 숏-편집 구상을 떠올릴 수 있을 것이다. 영화가 이미지로 표현된 이야기라는 표현은 불충분하다. 영화는 숏의 편집으로 구현된 이야기다. 혹은, 잘 쓰이는 표현은 아니지만, 이미지의 절합(articulation)으로 구현된 이야기다. 장 뤽 고다르는 몽타주(편집)를 '아름다운 근심'이라 불렀는데, 그 근심은 숏에 대한 근심과 분리되지 않는다. 그리고 만화가도 똑같은 근심을 한다.

새삼스러울 수도 있는 말을 늘어놓은 건, 봉준호의 열렬한 만화 탐독과 오랜 만화 습작이 고도로 효과적인 영화 수업이었음을 말하기 위해서다. 만화가의 스토리 구상 및 만화 그리기는, 영화감독의 시나리오 작성 및 스토리보드 작업과 완전히 동질적이다. 만일 당신이 당장 내일 찍을 영화의 장면을 구상하고 있다면, 만화를 그리는 것(머릿속으로라도) 외엔 다른 방법이 있을 수 없음을 인정할 것이다.

"콘티 그리기가 만화가가 되지 못한 것에 대한 보상 행위"라는 봉준호의 말을 다시 떠올려보자. 그림에 지문과 대사가 첨부되고(물론 일반 만화와는 달리 콘티에선 대사가 프레임 밖에 놓이긴 하지만), 그런 그림들의 연쇄로 이야기가 표현되는 스토리보드는, 정의상 만화 혹은 그래픽노블과 거의 일치한다.

잘 그려진 스토리보드는 한 편의 완결된 만화 혹은 그래픽노블이라고 봐도 별다른 문제가 없다. 그러니 스토리보드와 완성된 영화의 관계는 이렇게 말할 수도 있다. '영화는 스토리보드라는 만화의 동영상 버전이다.' 정교한 콘티에 집착하는 봉준호라면 더욱 그럴 것이다. 그는 스스로 한심하기 그지없는 자랑질이라며 "제 영화는 제가 그린 스토리보드와 거의 다를 바가 없습니다"(『기생충 스토리보드북』, 플레인 아카이브)라고 말하곤 했다고 한다.

운동이라는 문제

물론 만화와 영화는 여러 면에서 다르다. (실사) 영화의 포토그래픽 이미지와 만화의 그래픽 이미지의 차이, 영화의 시간성과 만화의 공간성의 차이, 사운드와 음악의 유무, 현장 촬영과 기술적 미학적 협동작업이라는 전혀 다른 종류의 능력이 필요한 영화 창작의 특수성 등등. 이 차이들을 정색하고 논하는 건 이 책의 목적을 벗어난다. 하지만 한 가지 점은 짚고 가고 싶다.

감상자의 자리에서도 창작자의 자리에서도, 영화와 만화의 가장 근본적인 차이 가운데 하나는 운동(움직임)의 표현에 있다. 이 차이는 우리가 이미 잘 알고 있다. 영화에서 운동은 직접 표현되고 감각된다. 만화에서 운동은 간접 표현되며 독자의 '완결성 연상'에 의해 지각된다.(『만화의 이해』, 스콧 맥클라우드 지음, 김낙호 옮김, 비즈앤비즈)

이 차이는 운동이 특정 지점에서 다음 지점으로 가는 단순한 중간 과정일 뿐이라면 거의 지각되지 않는다. 또한 아주 빠른 움직임일 경우,

그래서 고도의 속도감 자체가 중요한 운동일 경우에도 그 차이가 생각보다 크지 않다. 속도감의 표현에서 영화가 훨씬 유능하긴 하지만 만화도 운동의 속도를 강조하는 다양한 시각적 기호를 개발해왔다. 온갖 액션의 난장인 마블코믹스의 독자라면 적어도 네댓 가지의 속도감 표현 기법을 즉각 떠올릴 수 있을 것이다.

그렇다면 영화와 만화에서 움직임의 표현 차이는 언제 문제화하는가. 한 편의 영화에서 움직임의 결과가 아니라 움직임 자체에 거의 모든 게 걸려 있는 경우다. 좀 극단적인 예를 들어보자. 막스 오퓔스의 〈마담 드…〉(1953)는 그것의 만화 버전을 상상조차 할 수 없다. 영화사상 가장 아름다운 춤 장면으로 꼽힐 만한 남녀 주인공의 왈츠는 이 영화의 주제와 감정과 영혼이 담겨 있는 압도적인 움직임이기 때문이다. 이런 장면에 관한 한 영화가 더 유능하다고 말하는 건 정확하지 않다. 이런 표현은 영화만이 할 수 있다.

춤이 예외적인 표현 소재라고 한다면, 다른 사례도 떠올릴 수 있다. 장 르누아르의 〈익사 직전에 구조된 부뒤〉(1932)에서 부랑자 부뒤가 강물 위에 누운 채 태평스레 떠가는 장면, 존 포드의 〈태양은 밝게 빛난다〉(1953)에서 늙은 판사가 모든 소란을 잠재우며 주민들 사이를 천천히 횡단하는 고요한 걸음, 허우샤오시엔의 〈동동의 여름방학〉(1984)에서 강가에 앉은 어린 소녀가 소년들이 벗어놓은 옷을 하나씩 던지는 극히 평이하고 단순한 동작 등등.

걸작이라 불리는 영화들에서 주로 등장하는 이런 움직임의 사례들은 좋은 스토리와 캐릭터는 물론이고 숏의 정교한 분할과 연결만으로는 이를 수 없는, 그것만으로 영화 한 편의 무게에 값하는 영화적 표현의 진수에 해당된다. 결론부터 말하면, 봉준호는 만화를 통해선 배울 수도 느낄 수도 없는 운동감의 표현에 동시대 어떤 감독 못지않게 뛰어나다. 이 것이, 봉준호 영화는 만화적인가, 라는 질문에 대한 간접적 대답이다.

돌이켜보면 장편 데뷔작 〈플란다스의 개〉(2000)는 통념상 '만화적' 으로 보이는 몇몇 장면들과 무관하게, 다양한 영화적 운동감의 실험 같은 영화처럼 느껴진다. 여기엔 배두나와 이성재와 개의 움직임의 파노라마가 펼쳐진다. 봉준호 영화의 빼어난 운동감은 〈살인의 추억〉의 압도적인 심야 추격 장면, 〈괴물〉의 우아함과 무서움과 우스꽝스러움이 교차되는 괴물의 동작들을 거쳐 〈마더〉(2009)의 엄마의 춤에서 절정에 이른다. 그의 필모그래피에서 가장 음악적이라 할 만한 〈기생충〉(2019)의 탁월한 리듬감은 숏들의 시각적 운율, 배우들의 유연한 동작, 그리고 편집과 음악의 정교한 합주에서 비롯된다.

요컨대 봉준호는 만화를 읽고 그리며 영화 창작 기법을 자신도 모르게 훈련했다. 또한 '데생 실력이 모자라' 만화가의 꿈은 접었지만, 카메라를 든 뒤로는 운동의 관능성이라는 영화만의 표현 영역을 자신만의 방식으로 서서히 확장해왔다.

가설

앞선 질문에 대한 직접적인 대답은 못 되더라도, 가설 하나를 덧붙이고 싶다. 반복건대 만화와 영화는 프레임 혹은 숏이라는 기본적 표현 단위에서 유사하다. 하지만 프레임의 형태, 달리 말해 칸의 크기와 모양에선 근본적인 차이가 있다. 만화의 프레임은 작지만 크기와 모양이 다양하다. 영화의 프레임은 크지만 일정 배율의 장방형이라는 하나의 윤곽선으로 고정돼 있다(극소수의 영화가 특정 숏에서 만화처럼 분할 화면을 사용하지만, 이 경우 병렬된 각각의 프레임은 동시에 진행되는 사건을 나타내므로,

만화에서 시간 경과를 암시하는 프레임 병렬과는 다르다).

　물론 동일한 혹은 유사한 크기의 프레임으로만 만들어진 만화도 꽤 있다. 이 경우엔 프레임의 형태가 독자에게 크게 의식되지 않을 것이다. 하지만 그렇지 않은 만화도 많다. 만화 애호가라면 이런 기억을 떠올릴 수 있을지 모르겠다.

　지금, 한 페이지에 많게는 십여 개의 프레임이 등장하는 만화책을 읽고 있다. 그런데 어떤 페이지를 넘겼을 때, 하나의 그림이 두 페이지 전체에 걸쳐 눈앞에 펼쳐진다. 프레임의 윤곽선도 홈통도 사라지고 그림은 두 페이지 전체를 덮고 있다. 그 안에 담긴 내용에 앞서 그 엄청난 상대적 크기가 충격을 준다. 불현듯 시간이 멈추고 순간이 끝없이 지속되는 듯한, 혹은 그 안으로 빨려들어갈 듯한 아득한 느낌. 이런 그림의 크기와 윤곽선 삭제 효과를 잘 활용하는 만화가들이 우라사와 나오키를 비롯한 일본 작가들이다.(『만화의 이해』 111쪽 참조) 한국의 이현세도 그런 작가에 속한다. 이런 프레임 극대화 효과를 영화는 무엇으로 대체할 수 있을까.

　봉준호 영화는 대개 사건 중심적인 서스펜스 스릴러의 외양이지만, 간혹 사건 진행이 멈춘 듯한 롱숏 장면이 불쑥 등장한다. 그리고 그런 장면이 사건이 끝난 다음에도 오랜 이명처럼 뇌리에 남는다. 예컨대 〈마더〉에서 그저 배경을 슬쩍 비추는 것처럼 보이는, 검은 잉크를 퍼부은 듯한 산동네의 아득한 어둠. 혹은 〈괴물〉에서 송강호가 한강을 하염없이 바라보는 모습.

　무엇보다 〈살인의 추억〉은 사건이 벌어지는 장면보다 롱숏으로 오래 비춰지는 평야와 먼 산의 쓸쓸하지만 어딘지 불길한 풍경, 잔혹한 살인과 치명적 오인과 허망한 소동의 흔적을 감추고 무심하게 침묵하며 서서히 어둠 속으로 사라질 듯한 처연한 이미지로 종종 기억되고 있지 않은가.

봉준호의 애호작인 만화 『써니』. 만화 특유의 기법 가운데 하나인, 프레임도 지워진 채 두 페이지에 펼쳐진 하나의 그림. 보육원 아이들의 놀이터이자 아지트인 버려진 고물 자동차 '써니'의 모습이다. 만화의 책장을 넘기는 독자라면 작은 프레임의 연결을 따라오다 이 페이지에서 돌연 등장한 거대한 형상의 고물 자동차에 아름다움과 아득함을 느끼게 된다.

이런 장면들에서 우리는 만화의 극대화된 프레임에서와 비슷한, 손에 잡히지 않고 끝없이 멀어지는 듯한 혹은 바닥없는 심연으로 가라앉는 느낌을 받지 않는가. 물론 이런 장면들의 특별한 감흥은 이 장면 자체의 구상뿐만 아니라, 이 장면에 이르기까지의 시간과 리듬의 특별한 조율에 의해서만 가능했을 것이다.

사건의 서사인 봉준호 영화는 종종 표면상의 사건 해결이 아니라 이런 장면들이 주는 불가지의 아득함을 향하고 있다고 느껴진다. 가설이지

영화 <마더>. 어미가 자식의 오줌 자국을 살펴보다 멀어지는 아들의 뒷모습을 걱정스레 지켜본다. 봉준호 영화에 종종 등장하는 아득한 느낌의 익스트림 롱숏은 행동이 아니라 영화 전반의 정조를 은밀하지만 효과적으로 전달한다. 이런 숏의 정서적 효과는 만화의 거대 프레임의 효과를 연상케 한다.

만, 이런 장면들이 봉준호가 영화의 표현 도구에는 결여된 '프레임도 홈통도 사라진 거대한 페이지'의 감흥을 자신도 의식하지 못한 채 구현하려는 시도는 아니었을까.

소년 봉준호가 좋아한 한국 만화가들

■ 『삼국지』(1978~1980, 『일간스포츠』 연재)

고우영(1938~2005)

대담한 필치, 유머와 해학이 넘치는 대사로 만화 독자를 전 연령층으로 확대시킨 당대의 스타 만화가. 특히 동양 고전을 재해석한 작품에서 타의 추종을 불허했다.

"거장 중의 거장이다. 이분의 『삼국지』 『수호지』 애독자였다. 지금도 새로 발매된 세트를 다 갖고 있다. 고전 『삼국지』를 원전이 아니라 고우영 선생의 『삼국지』 10권짜리로 접했다. 초등학생 때 흥분해서 봤다. 특히 펜으로 그려낸 선의 유니크한 터치. 전 세계 통틀어도 고우영과 비슷한 그림체를 보지 못했다. 그리고 최배달의 일대기를 그린 『대야망』. 그림체도 대사 감각도 기가 막혔다."

길창덕(1930~2010)

'꺼벙이' '쓰리랑 여사'라는 불세출의 캐릭터를 창안한 한국 1세대 만화가의 대표 주자이자, 당대 명랑만화의 최고봉.

"길창덕 선생은 『꺼벙이』로 유명한 명랑만화의 대가지만, 나는 『신

■ 『신판 보물섬』(1975, 『새소년』 연재)　　■ 『타임머쉰』(1976, 『소년중앙』 연재)

판 보물섬』을 제일 좋아했다. 체육과 문화를 아우른 국회 행사 때 이승엽 선수도 있고 가수 윤도현도 있는 자리에 길창덕 선생이 계셔서 먼발치에서 가슴이 두근거렸다. 『신판 보물섬』은 클로버문고 5권짜리였는데, 드럼통 비행기를 만들어서 날아다니는 이미지는 아직도 잊혀지지 않는다. 명랑만화 중에서도 기발한 상상력으로는 으뜸이었다."

방학기(1944~)

개성적 그림체뿐 아니라 영화나 드라마로도 만들어진 『다모』『바람의 파이터』『감격시대』의 드라마틱한 이야기로도 일세를 풍미한 작가.

"방학기 선생도 고우영 선생처럼 펜으로 잉크를 찍어서 그린 것 같은 핸드 터치의 박진감이 좋았지만, 좀 더 걸쭉하고 어두운 느낌이 있다. 『타임머쉰』은 초등학생 때 보고 되게 무서웠다. 약간 호러 같은 느낌이 있었다. 투명인간이 나오는 시퀀스, 고대문명 안으로 들어가는 장면이 특히 그랬다. 주인공과 로봇 캐릭터의 감정적 유대도 가슴 찡했다."

이정문(1941~)

독특한 캐릭터 만화인 '심술 시리즈'로 신문, 잡지, 학습만화까지 장악했고, 『철인 캉타우』로 한국 SF만화의 신경지를 개척한 작가.

"내가 특별히 좋아한 작품인데, 최근에 복간돼서 반가웠다. 이정문 선생은 한국적인 로봇 만화를 그린 분이었는데, 그림체가 아주 독창적이다. 로봇 만화는 일본의 영향을 안 받을 수 없었을 텐데도, 이분의 그림

체는 일본 만화와는 완전히 달랐다. 당시에는 박수동이나, 신문수, 윤승운 선생처럼 꾸불꾸불한 그림체들이 많았는데, 이분은 깔끔하게 딱딱 떨어지는 그림 라인이 독특했다. 뭔가 거칠면서도 따뜻한 느낌이 있었다."

■ 『철인 캉타우』(1976)

110

일본 만화의 매혹

우라사와 나오키(1960~)

사실적이고 정교한 그림체, 영화 연출을 방불케 하는 치밀한 프레임 구성, 장대하고도 긴박감 넘치는 스토리로 당대 최고의 만화가 대열에 오른 거장.

"너무 유명한 슈퍼스타이다. 플롯을 산만하게 흐트러뜨렸다가 다시 수렴하는 방식으로 미스터리를 증폭하는 솜씨에 넋을 잃었던 기억이 난다. 챕터가 바뀌면 또 다른 이야기가 가지를 치면서 사람의 주의를 절묘하게 전환해나가는 능력은 정말 대단했다. 그만큼 영화적인 숏의 배열을 하는 작가다. 노인, 중년 여성을 그릴 때 일본적인 골격과 골상 묘사도 인상 깊었다. 만화가들은 해부학이나 골상학의 전문가인 것 같다. 만화는 역시 그림을 보는 재미가 있어야 한다. 〈살인의 추억〉(2003)은 『몬스터』를 보면서, 〈괴물〉(2006)은 『20세기 소년』을 보면서 시나리오를 썼다."

(2008년 8월, 〈괴물〉이 일본에서 개봉될 무렵, 봉준호는 우라사와 나오키와 공개 대담을 했고, 이후로도 한두 차례 더 만났다. "이분의 눈은 광채가 있다. 표범 같은 눈빛

■ 『20세기 소년』(1999~2007)

이다." 일본 제작사로부터 『20세기 소년』의 영화 연출 제의를 받은 적도 있지만 "시나리오를 원작자와 협의 아래 쓴다"는 조건이 있어서, 성사되지는 못했다.)

마츠모토 타이요(1967~)

빼어난 드로잉 기법, 파격적인 상상력, 다채로운 화면 구성, 어둡지만 호소력 짙은 스토리 등으로 국제적인 명성이 높다.

"어시스턴트 없이 혼자 그리는 느낌, 사람의 손맛이 있는 그림체가 너무 좋다. 흉내 낼 수 없는 그림체다. 특히 작가의 체험이 담긴 『써니』는 고아원 에피소드들이 이어지는 잔잔한 작품인데 소박한 그림체와 어우러져 가슴을 저미게 만든다. 아이들의 감정, 쓸쓸함의 묘사가 뛰어난 걸작이다."

■ 『핑퐁』(1996~1997), 『철콘 근크리트』(1994), 『써니』(2011~2013)

■ 『이나중 탁구부』(1993~1996), 『두더지』(2001~2003), 『심해어』(2006)

후루야 미노루(1972~)

거친 그림 톤과 엽기적 캐릭터들의 난장인 『이나중 탁구부』로 명성을 얻은 뒤, 21세기에 세련된 그림체의 진지한 사회극으로 전환해 높은 평가를 받는 중견 작가.

"『이나중 탁구부』는 변태 만화였다. 거친 불량식품 같은 맛을 좋아했다. 후기로 갈수록 정극이 된다. 더 진지하고 어두워지는데 또 다른 매력이 있다. 『두더지』는 걸작이다. 『심해어』도 그에 못지않다. 거의 실사 영화를 보는 듯한 날카로운 그림체로 일본 사회와 일본 젊은 세대의 폐부를 찌른다."

그래픽노블의 발견

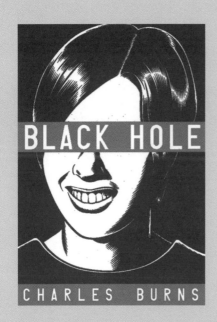

■ 『블랙홀』(1995~2004, 전 12권)

찰스 번즈(1955~)

강렬한 명암대비와 섬뜩한 실루엣의 묘사로 유명하며, 음반 표지, 광고 일러스트 등 다양한 분야에서 활동해온 미국 만화가. 『블랙홀』은 각종 상을 휩쓴 그의 대표작이다.

"이분의 작품세계는 기괴하다 못해, 거의 의식의 흐름대로 그린 듯한 느낌마저 든다. 『블랙홀』에서 섹스를 한 청소년들의 몸이 괴상하게 변형되는 장면은 압도적이고 충격적이다. 데이비드 린치의 더 다크한 버전이랄까. 『번 어게인』이라는 초기작도 재미있다."

토마스 오트(1966~)

스크래치 기법의 대가이자 질식할 듯한 암울한 그림으로 알려진 스위스 만화가. 애니메이션 감독과 가수로도 활동하고 있다.

"2000년대 후반에 그래픽노블에 탐닉했는데 그때 발견한 작품이다. 에칭 판화 같은 강렬한 비주얼에 매혹됐다. 분위기도 어둡고 대사가 거의 없어서 번역할 필요도 없다. 보고 있으면 뼛속까지 어두워질 정도로 우울

한 작품이어서 널리 권하고 싶진 않지만. 본국인 스위스에서도 인기가 없
는지 스위스 영화인한테 토마스 오트의 팬이라고 했더니 잘 몰랐다. 왜 이
런 걸 그렇게 좋아했는지 나도 모르겠다."〔국내엔 「백만장자의 꿈」이라는 단
편이 모음집 『돈의 왕』(현실문화)에 실려 있다.〕

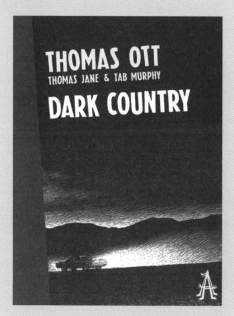

■ 『다크 컨트리』(2013)

한국 만화의 재발견

앙꼬(최경진, 1983~)

"나는 앙꼬의 광팬이다. 만나서 작품 얘기를 나눈 적도 있고, 이런저런 자리에서 그의 작품을 많이 추천하고 있다. 무엇보다 그림체가 특별했다. 뭐랄까, 약간 건강이 안 좋은 사람이 찌그러지는 듯한 느낌. 그런데 그게 너무 정감이 있었다. 그렇다고 아마추어리즘은 아니다. 자세히 보면 아주 잘 그린 그림이다. 그게 일상적이고 리얼한 인물 묘사와 맞물리면서 대단한 만화가 된다."

■『앙꼬의 그림일기 1』(2004)
　『나쁜 친구』(2012)

최규석(1977~)

"최규석은 정말 천재다.『습지생태보고서』는 너무 재미있고『송곳』은 걸작이다. 최규석은 한국인들의 두상 안면 구조라든가 구강 구조를 그려내는 능력이 대단하다. 작화 능력에서 지금 현시대 최고봉인 것 같다. 일본 만화나 다른 나라 만화에서 볼 수 없는, 한국인만의 코, 인중, 구강 구조에 대한 묘사를 볼 수 있다. 스토리텔링도 굉장하다. 연상

■ 『습지생태보고서』(2005), 『송곳』(2013~2017)

호의 애니메이션 〈사이비〉(2013)의 중년 남자 두상이 최규석을 떠올리게 했는데, 알고 보니 캐릭터 디자인을 최규석이 했더라. 두 사람의 파트너십이 이어져서 〈지옥〉(2021)이 나온 것 같다."

권용득(1977~)

"일상 묘사를 정말 잘한다. 꼭 홍상수 영화 같은 느낌도 있고. 이분에게도 내가 좋아하는 선 느낌이 있다. 그림체가 되게 안정적이고 허세가 없다. 장편을 한 적이 없고, 앙꼬 씨처럼 생활적인 만화를 그렸는데, 자신의 얘기를 담기도 했다. 그림도 이야기도 한국 소시민들의 일상의 꼬질꼬질한 느낌이 잘 살아 있다. 발 냄새 나는 느낌의 작품이라고 해야 하나."

■『영순이 내 사랑』(2005)　　　　　　　■『소년의 밤』(2008)

김한조(1974~)

"김한조의 작품은 『소년의 밤』 하나밖에 못 봤다. 그런데 그 느낌이 오래간다. 너무 어둡고, 보면 마음이 너무 이상해진다. 청소년들에게 권할 수 있는 작품인지는 모르겠지만. 무시무시하다. 그림체 독특하고, 유럽 만화 보는 것 같은 느낌도 있다. 이런 어두운 분위기의 만화나 영화에는 내가 유독 약한 것 같긴 하지만."

5장
소설과 불화한 추리광

봉준호의 외할아버지는 『소설가 구보씨의 일일』 『천변풍경』으로 유명한 소설가 박태원이다. 1909년 서울 종로에서 태어나 일제강점기였던 1930년에 첫 소설을 발표한 박태원은 당대 한국문학의 주류였던 좌파적 경향문학과 거리를 둔 모더니스트였다(1950년 한국전쟁 때 월북했지만, 고향도 북한이 아니었고 사상적으로도 북한과 가깝지 않았던 그의 월북 동기는 여전히 미스터리로 남아 있다). 봉준호의 형 봉준수는 서울대 영문과 교수이다.

봉준호는 가족적 배경에 어울리지 않게도 문학, 특히 소설과 사이가 좋지 않았다. 영화의 시대였던 20세기에 소설이 수많은 영화 서사의 원천이었다는 점에서도 다소 뜻밖이다. 여러 인터뷰에서 봉준호는 소설을 별로 읽지 않았다고 밝혀왔다. "어려서부터 만화와 TV를 너무 끼고 살아서 장편소설을 읽을 수 있는 지구력과 맷집이 부족했다"는 게 그가 밝히는 이유다.

어린 시절, 특히 10대 시절의 문화적 경험은 한 사람의 감수성의 중핵을 이룬다. 봉준호의 '소설과의 불화'에 탐색해볼 만한 의미심장한 심리적 원천이 있을까? 혹시 월북한 외할아버지가 한반도의 남쪽에선 오랫동안 금지된 존재였기 때문에(그의 대표작들은 봉준호가 대학생이 된 1980년대 말에야 해금되었다), 그 금지가 소년의 정신세계에 모종의 영향을 미친 건 아닐까?

정신분석학자라면 관심을 가질 수도 있겠지만, 그것이 우리의 관심사는 아니며 능력 밖의 일이기도 하다. 봉준호 스스로도 "문학에 경계심이나 적대감을 가진 적은 없으며 그럴 만큼 알지도 못한다"고 말했다. 우리가 말할 수 있는 건 그 불화의 양상, 수사적으로 포장한다면 불화의 생리학 정도이다.

이야기꾼 vs. 소설가

우리는 봉준호가 "시나리오를 쓸 때 나는 관객 입장이 되지, 한 번도 내 이야기를 영화로 만들어본 적이 없다"고 말했던 것을 기억한다. 그는 이렇게 덧붙였다. "나를 드러내면 불안하고 약간이라도 숨을수록 마음이 편하고 불안감이 적다."

뒤에 다시 말하겠지만, 알프레드 히치콕 역시 자신의 개인사를 영화에 투영한 적이 없으며 상상력으로 빚어낸 허구를 영화 서사의 원천으로 삼았다. 두 사람 모두 영화를 자기표현의 매체라고 생각하지 않았고 창작 과정에서 영화를 보게 될 관객의 눈과 마음을 으뜸가는 기준으로 삼았다.

히치콕 역시 소설과 친하지 않았다. "나는 소설을 잘 읽지 않는다. (……) 문학작품을 읽더라도 이야기가 갑자기 돌변하는 상황 같은 것에만 관심이 집중된다. (……) 내가 일을 하는 방식은 스토리를 한 번만 읽고 그 기본 아이디어가 마음에 들면 그 책에 대해서는 모든 것을 잊어버리고 영화를 만드는 것이다."(『히치콕과의 대화』, 프랑수아 트뤼포, 곽한주·이채훈 옮김, 한나래)

이론적인 논의를 펼칠 생각은 없지만, 여기선 발터 벤야민의 허술하지만 유용한, 소설과 이야기의 구분에서 도움을 다시 좀 얻어보자. 벤야민은 "입에서 입으로 전해지는 경험"이 원천인 이야기와 "고독한 개인"이 산실인 소설을 구분한다. 이야기는 전승되고 공유될 수 있는 경험의 소산이지만, 소설은 "타인과 공유할 수 없는 고유한 것을 극단적으로 끌고 간다."(「이야기꾼: 니콜라이 레스코프의 작품에 대한 고찰」, 『서사·기억·비평의 자리』, 최성만 옮김, 길) 근대 소설은 이야기를 대체했다. 개인의 고유성이 전승과 공유의 공동체성을 대체한 것이다.

이런 의미에서라면 봉준호도 히치콕도 소설가라기보다 이야기꾼에 가깝다. 소설가는 개인의 경험이 지닌 우선권을 토대로 자신을 표현한다. 반면, 이야기꾼은 예전이라면 입에서 입으로 날개를 달고 전달될 만한 이야기, 그러니까 청자들이 손에 땀을 쥐고 호흡을 고르며 몰입할 이야기를 늘어놓는 사람이다.

그렇다면 두 사람뿐만 아니라 대중영화 감독들은 모두 현대의 이야기꾼이 아닌가, 라고 반문할 수 있다. 맞는 말이다. 벤야민도 "사적인 것(소설—인용자)이 뻔뻔스럽게 영역을 확장해가는 현상이야말로 이야기의 정신을 철저하게 파괴하는 주범"이라면서, "이야기 대신 영화가 있지 않은가"라고 덧붙였다(벤야민은 이 대목을 「이야기꾼」의 본문에는 쓰지 않고 관련 노트에만 적어두었다. 정리된 견해가 아닌 잠정적 단상이었을 것이다). 노트의 다른 대목에서는 "이야기는 (……) 우리가 아직 알지 못하는 어떤 뻔뻔스럽고 대담한 형식들로 존속할 것"이라고 적었다.

이쯤에서 거칠게라도 서둘러 매듭짓는 게 좋겠다. 이야기꾼은 사라졌지만 이야기의 정신은 20세기에 영화라는 매체로 계승되었고, 이후 TV와 갖가지 디지털 매체가 그 역할을 분담해왔지만 영화는 여전히 중요한 현대적 이야기꾼으로 영위되고 있다. 봉준호뿐만 아니라 많은 감독들은 벤야민이 말한 이야기로서의 영화를 만들어왔다.

하지만, 소설도 마찬가지일 텐데, 이런 도식으로만 설명하기에 영화는 너무 다양하고 복잡하다. 이야기꾼의 영화뿐만 아니라, 소설에 가까운 영화, 사진에 가까운 영화, 연극에 가까운 영화, 시각 예술에 가까운 영화 등등. 게다가 이런 속성들은 종종 한 편의 영화에서도 뒤섞여 있다. 요점은, 그의 작품에 쏟아지는 진지한 찬사들이 종종 간과하는 점이지만, 봉준호가 듣는 이의 귀를 솔깃하게 만드는 데 탁월한 기예를 가진 옛 이야기꾼에 누구보다 가까운 창작자라는 것이다.

상황과 행동의 서사, 시각적 서사

두 가지 점을 말하기 위해 약간 우회했다.

하나는 봉준호가 대개의 소설에서 중시되는 개인의 내면 풍경에 무관심하다는 점이다. "나는 시나리오를 쓸 때 인물의 역사보다 상황과 행동에 몰두한다. 그러다 보면 인물의 일관성에 문제가 생길 수도 있지만 별로 걱정하진 않는다."

〈기생충〉(2019)의 최우식을 떠올리는 것으로 충분할 것이다. 어수룩하고 유약해 보이는 이 재수생이 첫 과외 시간에 최상위 다단계 판매사원과 같은 기막힌 언변으로 제자와 그 어머니를 홀딱 녹일 거라고 짐작하기란 불가능하다. 잘난 척하는 상류층 인간을 "시험은 기세야!" 같은 몇 마디의 말로 제압하는 가난하고 하찮은 루저의 꾀는 통렬한 관능성을 지니고 있어, 우리는 이런 꾀를 배양한 '인물의 역사'에는 조금의 관심을 가질 틈조차 없이 이 장면에 홀리듯 빠져든다.

두번째 사기꾼 박소담의 장면은 더 극적이어서, 우리는 그녀가 어떤 재주를 발휘했는지 보지 못한 채 과외가 끝나자 버릇없고 난폭한 초등학생 아들이 그녀에게 공손하게 절을 하는 장면에서 너무 통쾌한 나머지 박수를 치고 싶게 된다. 봉준호는 지금 인물의 탐구가 아니라 실패가 예상되는 상황이라는 우리의 짐작을 유희하며 뒤통수를 치고 있다.

인물의 역사, 심리적 탐구는 봉준호의 것이 아니다. 벤야민의 말을 한 번 더 인용해보자. "이야기들을 심리학적 분석에서 벗어나게 하는 정숙한 간결함보다도 더 그 이야기들을 기억에 지속적으로 저장되게끔 도와주는 것도 없다."

다른 하나는, 시각적 표현에 대한 집착이다. 봉준호는 "문학적 대사는 오글거려 듣기 힘들다"고 말했다. 봉준호는 히치콕 영화를 "이미지가 그 자체로 말하는 순수영화에 가깝다"라고 표현했는데, 봉준호가 말하는 '순수영화'는 대사나 연기에 의존하지 않는 시각적 스토리 텔링의 영화를 뜻한다.

히치콕도 이렇게 말했다. "나는 근본적으로 시각적인 인간이기 때문에 도시의 거리나 시골 풍경을 자세하게 묘사한 작품은 끝까지 읽어내지 못합니다. 차라리 내가 카메라로 찍어서 보여주고 싶다는 욕구를 느끼게 됩니다."

봉준호 영화에서 시각적 표현은 대사의 역할을 미장센이나 카메라 워크가 대신하는 것을 훌쩍 넘어선다. 그것은 언어로 표현될 수 없는 무드와 감정의 문제와 연관된다. 이것은 심리적 분석과는 다른 차원의, 미장센의 주관성 혹은 공간의 주관성이라는 문제다. 이것은 히치콕의 영향에 관한 1부 7장에서 다시 말하게 될 것이다.

요컨대, 봉준호가 멀리한 건 소설 일반이 아니라, 개인 경험의 전면적 표현으로서의 소설이며, 단어와 문장에 작가의 세계관이 고스란히 스며 있는, 따라서 영화가 접근하기 어려운 소설이다.

물론 봉준호가 '이야기 뒤로 숨을수록 마음이 편하고 불안이 적다'는 이유로 성공적으로 숨었다고 해서, 그의 영화에서 개인성이 사라지는 건 아니다. 숨었지만 숨었다는 사실마저 숨겨지진 않는다. 그의 이야기에는 소설과는 다른 방식으로 그의 개별성이 새겨진다. 벤야민의 말대로 "이야기에는 옹기그릇에 도공의 손자국이 남아 있듯이 이야기하는 사람의 흔적이 남아 있다."

추리소설의 유혹

우리는 때로는 탐구심과 호기심으로, 때로는 으스대기 위해 혹은 무시당하지 않기 위해 '위대한' 문학작품을 펼쳐 든다. 헤세, 카프카, 도스토옙스키, 카뮈, 모파상, 플로베르, 디킨스, 서머싯 몸 등을 그렇게 접한다. 짐작되듯 소년 봉준호의 기억의 책장에는 이런 작품이 전무하다. 읽었어도 기억에 남아 있지 않은 탓이다.

대신, 역시 짐작되듯, 그 책장에는 '통속적' 추리소설이 꽤 많이 꽂혀 있다. 소위 청소년 필독 교양도서 같은 목록에는 거의 등장하지 않는 책들이다. 동서문화사에서 나온 동서추리문고(1977년에 시작되어 160여 권이 출간되었고, 2003년에 동서미스터리북스로 재출간되었다)는 번역의 질은 들쭉날쭉했지만 한 손에 쥘 수 있는 작은 판형에다 값도 천 원 남짓이어서 학생도 부담 없이 살 수 있었다.

1982년에 중학생이 된 봉준호는 자석에 이끌리듯 동서추리문고에 이끌렸다. 훗날 영화감독이 되어 "살인 장면을 묘사할 때 흥분을 느낀다"고 고백하게 되는 과묵한 소년은 애거서 크리스티, 조르주 심농, G. K. 체스터튼, 엘러리 퀸, 레이먼드 챈들러 등의 음습한 범죄의 뒷골목에 드나들기 시작했다.

주목할 점 하나가 있다. 봉준호는 탐정이나 형사가 범죄의 트릭과 비밀을 천재적으로 풀어나가는 표준적 추리소설에는 몰입하지 못했다. 현란한 지적 게임이 아니라 음울한 무드와 불안이 주조음인 비전형적 추리소설이 10대의 봉준호를 깊이 움직였고, 오늘에도 뇌리에 남아 있다. 그리고 그 기억이 봉준호의 영화 곳곳에 스며 있다. 다음이 그런 작품들이다.

봉준호의 추리소설 베스트

『환상의 여인』(윌리엄 아이리시)

한 남자가 아내 살해 혐의로 체포되어 사형 선고를 받는다. 살인 시점에 카페에 있던 남자가 몇 시간을 함께 보낸 미지의 여인이 그의 알리바이를 입증해줄 수 있는 유일한 인물이다. 하지만 이상하게도 남자는 그녀가 썼던 기묘한 모자 외엔 어떤 것도 기억하지 못하고, 관련 증인 다섯 명도 여인을 보지 못했다고 증언한다. 사형집행일이 다가온다.

'사형 집행 150일 전'이 첫 장의 제목이며 숫자는 차츰 줄어가다 '사형 집행일'까지 이어진다. 독자가 알고 있는 주인공의 결백 입증은 끝없

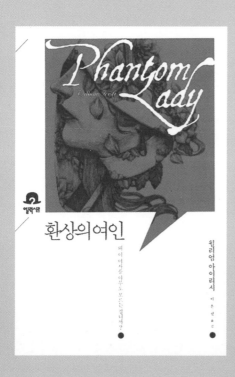

이 유예되며 진범을 포착하는 표준적 추리는 마지막 장에서야 이뤄지는, 서스펜스 서사의 백미로 꼽힌다. 로버트 시오드마크가 1944년에 영화로도 만들었다.

사춘기의 봉준호가 가장 깊이 빠졌던 추리소설 중 하나다. "멜랑콜리한 무드에 먼저 빠졌다. 묘사된 도시의 밤이 너무 매혹적이서 나도 그 가로등 밑에서 담배를 피우고 싶은 충동을 느꼈다." 더 인상적

이었던 건 문제의 여인의 정체가 끝내 밝혀지지 않는다는 점이었다. "추리소설의 쾌감은 무릎을 칠 만큼 창의적이고 정교한 설명인데, 이 소설을 읽고 나서 설명하지 않고 물음표로 남기는 것이 이렇게 특별한 감흥을 줄 수 있다는 게 신기했다. 잊을 수 없는 경험이었다."

이 소설의 '누명 쓴 사나이'는 히치콕 영화의 가장 빈번한 모티브이기도 하며, 작가 아이리시의 단편 「이창」은 히치콕의 걸작 영화로 다시 태어났다.

『그리고 아무도 없었다』(애거서 크리스티)

정체불명의 갑부 부부가 소유한 무인도에 열 명의 인물이 초대된다. 이들을 맞는 건 하인 부부이며 주인은 보이지 않는다. 그리고 하루에 한 명씩 각기 다른 방식으로 죽어나간다. 그렇게 열 명이 모두 죽고 섬엔 이제 아무도 없다.

'고립된 공간으로의 수상쩍은 초대, 그리고 차례로 죽는 방문자들'이라는, 이후의 장르소설과 영화에서 수없이 변형되어 온 모티브의 원형이 된 기념비적 작품이다. 동시에 추리의 지적 과정보다 서스펜스가 중심이 되는, 가장 애거서 크리스티답지 않은 추리소설이다. 여기엔 크리스티의 평생의 주인공인 천재 탐정 에르퀼 푸아로도 마플 여

사도 없다. 경찰도 범인을 밝히지 못한다. "그렇다면…… 누가 그들을 죽였을까?"라는 경찰 간부의 말로 소설의 본편이 끝난다(첨부된 편지로 독자는 범인을 알 수 있다).

고전적 탐정은 어떤 범죄도 풀어내는 천상의 두뇌를 가지고 있으므로 독자는 안락의자에 앉아 그를 따라가며 지적 게임을 즐기면 된다. 하지만 여기엔 그런 안락의자가 없다. 우리는 다음 살인을 기다리면서 동시에 두려워하는 자신을 발견하며 초조하게 페이지를 넘긴다. 범인이 밝혀지는 결말조차 해결이 아니라 암흑이다.

이 소설은 "엄청난 공포감을 안겼다"고 봉준호는 말한다. "중학교 때 수업 시간에 그걸 보다가 영어 선생님한테 들켜서 엄청 구타를 당했다. 심하게 때리셨다. 하지만 책을 손에서 놓을 수가 없었다."

『살의』(프랜시스 아일즈)

"에드먼드 비클리 박사가 아내를 죽이기 위한 계획을 실제 행동으로 옮긴 것은 결심을 한 지 몇 주일 뒤의 일이었다"로 소설은 시작된다. 뒤이은 문장, "살인이니만큼 소홀하게 다룰 수는 없었다." 그리고 마침내 확신한다. "살인은 초인을 위한 예술이다."

열등감에 시달리는 영국 소도시의 보잘것없는 의사가 새로운 연인에 눈멀어 아내를 살해하고 일 년 뒤 배신감과 불안으로 또 다른 살인을 시도한다. 미지의 범죄가 발생하고 탐정이 범죄의 전모를 파헤쳐가는 전통적 미스터리와는 달리, 처음부터 범인을 드러내고 범인의 시점으로 이야기가 전개되는 이른바 '도서(倒敍) 추리소설'의 대표작 가운데 하나.

이 작품이 어린 봉준호를 매혹시킨 이유는 짐작할 수 있다. "여기엔 범죄 밖에서 범죄를 해결하는 사람의 시선이 없다. 범죄를 구상하고 실

행하는 범인의 마음에 끌려갈 수밖에 없다. 주인공은 찌질하고 사악하고 병적인데도 읽는 동안 내가 은밀한 공범이 되어 그 범죄에 동행하고 있다는 느낌, 그의 완전범죄가 성공하기를 나도 모르게 바라게 되는, 되게 끔찍하고 두렵지만 뿌리치기 힘든 마성이 있었다."

전통적 추리소설의 지적 게임에 무관심했던 알프레드 히치콕도 프랜시스 아일즈를 좋아했고, 아일즈의 『범행 이전』을 원작으로 〈의혹〉(1941)을 만들었다. 히치콕은 『살의』 역시 몇 번이나 영화화하려 했으나 주인공 역을 해낼 배우를 찾기 힘들어서 결국 포기했다고 한다.

『나일강의 죽음』(애거서 크리스티)

나일강을 항해하는 호화 유람선 객실에서 젊은 여인이 총을 맞고 살해당한 채 발견된다. 최근에 결혼한 차갑고 매력적인 갑부집 상속녀다. 『오리엔트 특급 살인』과 마찬가지로, 승객 모두에게 살인 동기가 있다.

문제는 가장 강력한 살인 동기를 가진 인물에게 완전한 알리바이가 있다는 것. 그 인물은 피살자의 친구이자, 약혼남을 피살자에게 빼앗긴 또 다른 여인이다. 우리의 천재 탐정 푸아로가 나선다. 하지만 사건 목격자들이 연이어 피살된다.

영화로도 여러 차례 만들어진 크리스티의 대표작 가운데 하나. 봉준호는 코난 도일이 창조한 차갑고 날카롭고 괴팍한 영국인 셜록 홈즈보다, 크리스티가 창조한 뚱뚱하고 의뭉스런 벨기에인 에르퀼 푸아로를 훨씬 좋아했다. 표준적이지 않은 추리소설에 더 끌렸던 봉준호의 뇌리에 매우 애거서 크리스티적인 이 작품이 깊이 남은 건 영화의 기억 때문이기도 하다.

존 길러민이 연출한 영화 〈나일강의 죽음〉(1978)은 1984년 8월, KBS에서 더빙판으로 방영되었고, 푸아로 역을 맡은 명배우 피터 유스티노프를 좋아하던 중학생 봉준호는 이 영화에 매혹되었다. 〈스파타커스〉(스탠리 큐브릭, 1960), 〈롤라 몽테〉(막스 오퓔스, 1955) 등의 명작에서 잊을 수 없는 연기를 선보였던 유스티노프는 〈나일강의 죽음〉 이후 다섯 편의 크리스티 원작 영화에서 푸아로 역을 맡아, 당대의 관객들에게 푸아로=유스티노프라는 등식을 각인시켰다.

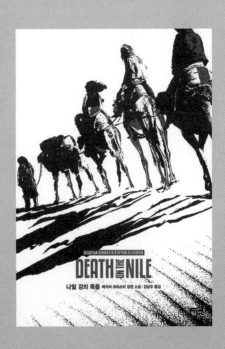

"소설에서 읽은 느낌을 배우가 이렇게 멋지게 살려낸 영화는 드물다. 땅딸막하고 귀여운(유스티노프의 키는 182센티미터이지만 봉준호의 기억에는 이렇게 남아 있다) 그의 유머, 부드러움, 매력을 좋아했다."

6장
시대라는 텍스트 혹은 컨텍스트

봉준호는 한 인터뷰에서 "시대의 부조리가 나를 영화적으로 흥분시킨다"고 말한 적이 있다. 듣기에 따라 좀 이상한 말이다. 상식에 따르면 '도덕적 분노'나 '정의감'이 들어가야 할 자리에 봉준호는 '영화적 흥분'을 기입한다. '영화적'이라는 표현이 필요하다면 '흥분'에 담긴 쾌락의 뉘앙스를 피하기 위해 '자극' 같은 밋밋한 단어를 쓸 수도 있었을 것이다.

인터뷰에 흔히 등장하는 과장되거나 거친 표현의 하나에 불과할까. 그렇지만은 않은 것 같다. 봉준호는 이 표현에 관해 이렇게 덧붙였다. "내가 정의감이 좀 부족한 건지 모르겠다. (……) 〈기생충〉(2019)을 만들 때에도 '가난한 사람들이 왜 더 도덕적이어야 하지?'라고 생각했다. 부조리한 것 자체를 좋아하는 건 맞다."

부조리를 좋아한다? 시대의 '불의'가 아닌 '부조리'라는 표현에 유의하는 게 좋겠다. 불의는 정의의 반대말이며, 시대와 상황에 따라 그 의미가 달라진다 해도 적어도 그 표현을 쓰는 사람에겐 반드시 해소되어야 하는, 결국 정의로 대체되어야 하는 부정적 사태다.

부조리는 모호하고 광범하다. 부조리는 불의뿐만 아니라, 앞뒤가 안 맞는 말, 상식적으로 납득이 안 되는 일, 어울리지 않는 것들의 어울림 등을 모두 포함한다. 끔찍한 시체가 화사한 꽃밭에 놓여 있다면, 잃어버린 것을 찾고 있지만 무엇을 잃어버렸는지 모른다면, 누군가를 기다리고 있는데 그가 누구인지 왜 기다리는지 기억할 수 없다면 그것들은 부조리한 것으로 불린다. 부조리는 입구도 출구도 모호하다.

"모호한 것과 모호한 것을 표현하는 건 다르다. 나는 모호한 것을 표현하려고 한다"고 봉준호가 말할 때, 그는 부조리라는 보이지 않는 피사체를 염두에 두고 있다. 사회적 부조리와 영화적 흥분 사이의 모호한 거리. 상식의 안정적 인과관계를 슬쩍 벗어난 그 거리의 불안정성, 혹은 그 간격의 아이러니가 봉준호 영화 세계의 한 성분이다. 그 간격은 당연히 봉준호의 개성에 속하지만 그가 통과했던 소년기와 청년기의 시대의 성질과 떼놓고 보기도 힘들다.

두 개의 불꽃

봉준호는 1969년에 태어났고 1988년에 대학생이 되었다. 연도만으로 가른다면 그는 이른바 86세대(80년대 학번, 60년대생)와 X세대(90년대 학번) 사이에 놓인 과도적 세대에 속한다. 물론 연대로 구분 짓는 세대론은 인문학자 윤여일의 말대로 "입증하기도 반증하기도 힘든" 성기고 부정확한 담론이다.

그렇다 해도, 봉준호를 말할 때 세대론이 약간의 참고는 될 수 있을 것 같다. 사회과학과 공적인 대의에 골몰하던 86세대에서 대중문화와 사적인 취향을 향유하기 시작한 X세대로의 전환은 한국 문화사의 의미심장한 사건이다. 대학가에서 정치경제학은 영화로, 민중가요는 록으로 서서히 대체되어갔다.

봉준호가 대학생이 된 1988년에 대통령에 취임한 노태우는, 12·12 군사반란을 주도한 전두환의 동지였지만, '보통 사람들의 시대'를 주창하며 강고한 제왕이 아닌 온화한 이웃으로 보이고 싶어 했다. 대학가 주변에는 여전히 최루탄과 화염병이 날아다녔지만 전두환 시대의 전국적 규모의 시위는 사라졌다. 군사정권의 잔혹한 통치와 학생·노동자의 필사적 저항이라는 엄숙한 전선에도 이완과 균열이 번져갔다.

소수의 핵심적 어휘들로 세계를 규명할 수 있다고 믿었던 시대는 가고, 훨씬 더 많은 어휘들이 난무했지만 언어와 세계 사이엔 메울 수 없는 틈이 벌어지기 시작했다. 진리는 어둠을 밝히는 빛이 아니라 꺼질 듯 말 듯 간신히 버티는 '미광'(『반딧불의 잔존』, 조르주 디디-위베르만 지음, 김홍기 옮김, 길)이 되어갔다.

삼십 년 가까이 지속된 군사적 권위주의의 잔재는 여전히 남아 있었지만, 군부독재 대 민주화운동 혹은 좌우의 이분법으로만 더 이상 해명이 되지 않는 시대, 냉혹한 가부장이 유순한 친구의 미소를 지으려 하던 시대, 베를린 장벽과 사회주의 진영이 붕괴하고 정체불명의 '신사고'가 외쳐지던 시대, 자본이 친절한 조력자의 몸짓으로 치장하기 시작한 시대, 정치적 이상에 짓눌려 있던 '욕망'이 당당히 지적 시민권을 주장하기 시작한 시대.

적이 왜소해 보이기 시작하거나 세계 전체로 번져가며 윤곽이 희미해지면, 분노를 채우던 열정은 다른 출구를 찾는다. 이른바 '문화로의 전환'이 시작된다. 1960년대의 정치적 이상주의가 소진된 1970년대의 유럽이 그랬고, 1990년대의 한국이 그랬다. 봉준호의 청년기는 그 전환의 소용돌이를 몸으로 통과한 시기였다.

봉준호는 한 손에는 화염병을 다른 한 손에는 비디오테이프를 든 대학생이었다. 고등학교 3학년이던 1987년에도 친구들과 함께 6월 항쟁에 들떠 참여했지만, 대학생이 된 뒤로는 이른바 '전투조'로 편성되어 화염

대학생이 된 봉준호는 시위에 곧잘 참여했고 학교 신문에 시국 풍자 만평을 게재했다. 하지만 운동권 조직에는 가담하지 않았고, 군 복무 이후에는 영화 동아리 활동에 전념했다. 봉준호가 대학을 다닌 시절은 '대의'와 '욕망'이라는 상반된 시대정신이 뒤엉킨 과도기였다.

병을 들고 시위대의 앞 열에 서기도 했다(비록 〈괴물〉의 박해일처럼 던지기엔 실패하고 경찰에 연행되긴 했지만).

대학가에는 여전히 전 연대의 비장한 언어들이 넘쳤지만, 엄숙하고 장엄한 그 언어들이 시대와 조금씩 어긋나기 시작하고 있음을 예민한 정신이라면 놓치기 힘들었을 것이다. 부조리의 싹이라 할 그 어긋남은 곧 시대를 지배하게 될 것이다. 때마침 광범하게 보급된 비디오는 풍문으로만 듣던 전설의 20세기 영화들을 대면케 함으로써 소년기를 영화광으로 보낸 봉준호를 그리고 비슷한 감수성을 지닌 당대의 청년들을 영화 쪽으로 더 강하게 이끌었다.

봉준호는 결국 화염병을 놓고 영화를 선택했다. 실은 꽤 많은 대학생들이 그랬다. 장산곶매, 청년, 씨앙시에 등의 영화 단체들이, 80년대의 이념 서클들이 젊은 열정을 흡수했듯 새로운 세대의 아직은 시대적 분노와 뒤섞인 문화적 욕구를 고취했다. 봉준호는 '노란문'이라는 작은 영화 동호회에 가입했고(2023년에 나온 이혁래 감독의 〈노란문: 세기말 시네필 다이어리〉가 이 시기에 관한 다큐멘터리다), 영화에 몰두하기 시작했다. 1992년 무렵의 일이다.

"그때만큼 열심히 열정적으로 영화에 미쳐 있었던 적이 없었던 것 같다." 그의 화염병은 과녁에 이르지 못했지만, 대신 영화를 향한 열정이 "불꽃처럼 타올랐던 것 같다"고 그는 회고했다. 하지만 그의 영화적 불꽃에는 미처 타지 못한 화염병의 흔적이 남아 있다. 두 가지 불꽃이 '부조리'한 방식으로 혹은 아이러니의 영화적 수사학으로 그의 영화에 등장하는 건 십여 년이 지나서이다.

고문치사와 성고문의 추악한 이미지를 떨쳐내지 못한 주인공 형사들, 위장취업한 운동권 대학생 이미지의 연쇄살인 용의자(〈살인의 추억〉),

<살인의 추억>. 연쇄살인 용의자가 위장 취업한 운동권 대학생 이미지를 지니고 있다. 이 아이러니에는 부조리의 시대를 지나온 봉준호의 체험이 간접적으로 반영되어 있다.

피폐한 낙오자와도 같은 운동권 '도바리'(<괴물>)가 등장하고, 가난과 욕망이 범벅돼 알 수 없는 공포의 이미지로 변해가며(<마더>), 영악한 빈민과 순진한 상류층이 뒤얽혀 모두 몰락해간다(<기생충>).

그렇게 봉준호는 자기만의 방식으로, 어쩌면 자신도 모르게, 자신의 시대를 쓴다.

6 - 1장
부조리와 욕망의 스승, 김기영과 이마무라 쇼헤이

스승과 교과서는 학생이 선택하는 게 아니다. 그것은 대개 주어진다. 주어진 것들 가운데 유별난 무언가가 불시에 들이닥쳐, 봉준호가 애용하는 표현을 빌리면, "간담을 서늘하게 만든다". 학생이 창작자가 되어서도 그 벼락같은 조우의 순간을 잊지 못할 때, 그 기억이 창작자의 스승과 교과서를 소급적으로 정의한다. 창작자에게라면, 이것이 제도교육의 그것과는 다른, 진정한 스승과 교과서의 의미다.

김기영과 이마무라 쇼헤이는 너무도 적절한 시점에 봉준호를 찾아왔다. 한국의 1990년대라는 시대가 그들을 소환했다. 한국의 젊은 영화광들은 당시로선 뉴미디어였던 비디오테이프의 축복으로 20세기의 마지막 연대에 와서야 풍문으로 떠돌던 20세기 영화의 명작들을 만나기 시작했다.

이는 교과서적인 걸작들의 뒤늦은 학습에 그치지 않았다. 젊은 영화광들은 굶주린 짐승처럼 영화를 탐식했고, 그 과정에서 '신파' '통속'으로 폄하되던 한국 영화의 황무지에서 숨겨진 보석들을 발견했으며, 이른바 B급 영화 혹은 싸구려 장르 영화에서 진정한 스승들과 조우했다. 비디오 가게를 순례하며 찾아낸 희귀 타이틀로, 혹은 복제에 복제를 거듭한 저화질의 테이프로 그들은 자기들만의 리스트를 만들어간 것이다.

새로운 교과서가 씌어지고 있었다. 공인된 한국 영화 리스트에서 수십 년간 정점에 있던 유현목의 〈오발탄〉(1961)이나 임권택의 〈만다라〉(1981) 대신, 김기영의 〈하녀〉(1960), 임권택의 〈짝코〉(1980), 이두용의 〈최후의 증인〉(1980), 이명세의 〈개그맨〉(1989) 등이 젊은 세대가 마련한 권좌에 올랐다. 이 뒤안의 영화 세상에선 외국 영화 중에서도 일본 영화가 압도적인 인기를 얻었다. 구로사와 아키라, 오즈 야스지로, 미조구치 겐지를 필두로 오시마 나기사와 이마무라 쇼헤이가 뒤를 이었고, 미야자키 하야오, 오시이 마모루 등의 일본 애니메이션들도 필견 목록에 올랐다. 그들은 기성의 필독 교과서인 〈시민 케인〉(1941)의 오슨 웰스, 〈게임의 규칙〉(1939)의 장 르누아르만큼, 혹은 그 이상으로 추앙되었다.

청년 봉준호도 전대미문의 폭발적인 영화광 문화의 세례를 받기 시작했다. 늦게나마 순례 행렬에 가담한 20대의 봉준호가 조우한 이 시기의 스승은 단연코 김기영과 이마무라 쇼헤이였다. "두 감독의 영화엔 어디서도 접하지 못한 기괴한 에너지가 들끓었다"고 봉준호는 말했다.

'기괴한 에너지'. 소년 봉준호의 영화 수업에서 불안과 서스펜스가 열쇳말이었다면, 대의와 욕망이 뒤죽박죽된 과도적 시대를 통과하고 있던 청년 봉준호의 영화 수업에선 기괴한 에너지가 열쇳말이 될 것이다.

곤충, 쥐, 인간

김기영(1919~1998)과 이마무라 쇼헤이(1926~2006)는 인텔리 출신이라는 점 말고도 공통점이 꽤 있다. 김기영의 〈충녀(蟲女)〉(1972)와 이마무라의 〈일본 곤충기〉(1963)는 제목에서부터 인간을 곤충에 비유하고 있으며 영어 제목(The Insect Woman)은 똑같다. 김기영은 〈살인 나비를 쫓는 여자〉(1979)와 〈육식동물〉(1984), 이마무라는 〈돼지와 군함〉(1961)

김기영의 <충녀>와 이마무라 쇼헤이의 <일본 곤충기>. 청년 봉준호를 사로잡은 두 거장은 공히 동물적 본능과 인간적 욕망의 혼종에 몰두했다. 중견 감독이 된 봉준호는 두 스승에게 응답이라도 하듯 <기생충>이라는 제목을 제출했다.

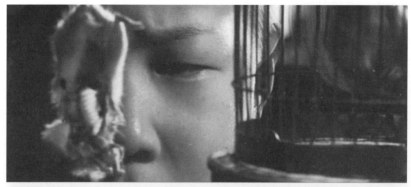

❶ 이마무라 쇼헤이의 <붉은 살의>. "큰 놈이 작은 놈을 먹었네. 배가 고팠나 보다." 아이의 천
연덕스러운 대사가 이어지는 이 징그러운 쥐 시체 장면은 봉준호의 뇌리에 아직도 깊이 박
혀 있다.
❷ 김기영의 <살인 나비를 쫓는 여자>. 부녀가 죽어서 함께 나비 형상이 되어 날아가는 기괴
한 환상적 장면. 김기영은 모든 면에서 한국 영화사의 이단아였고, 충격적인 엉뚱함과 대
담함은 봉준호를 비롯한 한국의 젊은 감독들에게 깊은 영감을 주었다.

과 〈우나기〉(1997)의 제목에서 동물의 비유를 다시 불러들였다.

　　닮은 점은 더 있다. 김기영의 〈고려장〉(1963)과 이마무라의 〈나라야
마 부시코〉(1983)는 쇠약한 노인을 산에 버리는 옛 풍습이라는 같은 소
재를 다루고 있다. 김기영의 〈이어도〉(1977)와 이마무라의 〈신들의 깊은

욕망〉(1968)의 제재는 공히 오지 마을의 괴기스럽고 불가해한 토속신앙이다.

더 중요하게는 두 감독은 욕망, 특히 여성의 동물적 생존본능이라는 평생에 걸친 영화적 주제를 공유했다. 이들만큼 강인한 생명력의 여성을 주인공으로 자주 등장시킨 당대 감독들은 드물었으며, 이들의 영화에 등장하는 갖가지 동물은 그 생존본능의 환유였다.

김기영에게 쥐는 배우만큼이나 중요한 존재였다. 〈하녀〉에서 불길한 불청객으로 등장한 쥐는 이후의 작품들에서 반복 등장하며 〈충녀〉에선 아예 애완동물이 된다. 그가 구상하던 이야기 중에는 뱀장어가 인간을 공격하는 설정도 있으며, 영화화되지 못한 마지막 시나리오 〈악녀〉에는 쥐 만두도 등장한다.

이마무라의 영화에서도 벌레들(〈일본 곤충기〉), 쥐(〈붉은 살의〉, 1964), 죽은 뱀장어(〈복수는 나의 것〉, 1979), 쥐를 먹는 뱀과 사마귀를 먹는 사마귀(〈나라야마 부시코〉)는 잊기 힘든 장면을 남긴다. 물론 〈돼지와 군함〉과 〈우나기〉에서 돼지와 뱀장어는 조연급이다. 〈인간증발〉(1967)의 여주인공의 별명은 '쥐'였다.

검은 피

거칠게 단순화하면 봉준호에게 두 거장과의 만남은 동물적인 것과의 조우라고 우리는 생각한다. 〈플란다스의 개〉(2000)에서부터 〈괴물〉(2006), 〈옥자〉(2017), 〈기생충〉까지, 봉준호가 제목에서부터 빈번히 동물을 앞세운 희귀한 동시대 감독이라는 게 우연일까.

1990년대의 영화광들과 새로운 세대의 감독들이 대부분 김기영과 이마무라를 칭송했지만, 동물 다큐멘터리를 즐겨보던 봉준호는 두 스승에게서 동물적 에너지의 불온한 매혹을 누구보다 깊이 새겼다. 미덕도 악덕도 아닌, 그저 집요하게 존재할 뿐인, 때로는 애처롭고 때로는 추하고 때로는 잔혹한 동물적 생존본능. 소위 '인간적인' 것 사이에 스며들어 그것의 견고함을 내파하는 원초적인 욕구.

하지만 오해하지 않는 게 좋겠다. 비합리적인 건 동물적 욕구가 아니라 인간의 욕망이다. 동물의 행동은 대개 개체 혹은 종의 보존과 번식이라는 목적에 충실하다. 그것은 혐오스런 형상일 때조차 오히려 규칙적이며 합목적적이다. 인간의 욕망은 그렇지 않다. 군이 정신분석학을 빌리지 않더라도, 우리는 통용되는 넓은 의미의 욕망 즉 자신이 마음속 깊이 원하는 것을 돌이켜보는 것만으로도, 그것이 앞뒤가 맞지 않는 정념들의 부조리한 덩어리임을 인정할 수 있다.

김기영은 인간의 욕망이 지닌 비합리적이고 기괴한 본성을 절묘한 수사로 표현했다. "인간의 본능을 해부하면 검은 피가 난다. 그것이 욕망이다." 진지한 인문학자라면 '검은 피'라는 수사만을 두고 긴 논문을 쓸 수도 있겠지만 우리로선 당분간 이 멋진 문장만으로 충분하다. 이마무라 쇼헤이의 말은 극히 간명하지만 여운이 있다. "인간이 재미있다." (『우나기 선생』, 박창학 옮김, 마음산책)

봉준호가 자주 꿨다는 꿈(2부 '봉준호와의 대화' 참조)은 정신분석학에서 말하는 인간의 욕망에 대한 놀라울 만큼 적절한 묘사다. "가방을 A 장소에 놓고 B로 와버렸는데 그 B 장소에서 A 장소로 돌아가는 과정에서 B 장소에 또 딴 걸 놓고 왔어. 어쨌든 A 장소에서 간신히 찾아서 가는데 이번에는 B 장소에 있던 물건이 또 두 개로 나뉘어서 하나가 또 다른 데로 옮겨가고 그게 계속 불어나면서……" 가방은 결코 찾을 수 없을 것이다. 처음부터 그런 게 있었는지조차 알 수 없다. 이것이 인간 욕망의 부

봉준호의 <마더>. 새끼를 위해 살인을 감행한 어미. 어미의 웃는 듯 우는 듯 기묘한 표정에서 동물적 본능과 인간적 욕망을 식별하기는 불가능하다.

조리다.

　김기영과 이마무라 쇼헤이가 탐색한 건 인간에 내재한 동물적 욕구가 아니다. 그것은 인간의 욕망과 동물적 욕구가 식별할 수 없이 뒤엉킨 괴이한 육체, 혹은 그 양자가 뒤섞이며 분비되는 부조리한 액체적 정념이다. 두 거장의 '기괴한 에너지'는 그렇게 체험된다.

　<마더>(2009)의 종결부에서 어미는 고물상 노인을 살해한다. 새끼의 오줌을 걱정스레 살펴보던 모자란 어미의 마지막 발악. 가차 없고 잔인하며 심지어 통렬한 그 행위의 동기는 새끼의 안전(동물적)일까, 아니면 자신의 성적 욕망(동물적)일까, 아니면 평생의 불행에 대한 엉뚱한 화풀이(인간적)일까, 그것도 아니면 밑도 끝도 없는 살의(인간적)일까.

〈기생충〉에서 피투성이가 된 지하실 남자가 저택 주인의 사진이 표지에 실린 잡지 앞에서 눈알을 부라리며 웃는지 우는지 알 수 없는 괴상한 표정으로 "사장님, 리스펙!"이라고 외칠 때, 그것은 더 강한 수컷에 대한 약소한 수컷의 꼬리 감추기(동물적)일까, 아니면 곧 잔혹한 살인 행각으로 폭발하게 될 열등감과 수치심과 결핍감의 위장된 표현(인간적)일까.

애처로운 잔혹함, 섬뜩한 아름다움, 추악한 매혹, 혼돈의 쾌감……
우리의 감정적 반응 자체를 부조리하게 만드는 이 장면의 영화적 유전자 속 어딘가에 김기영과 이마무라 쇼헤이의 그것이 있다고 우리는 느낀다. 그리고 그 유전자는 부조리의 영화적 표현을 탐색하는 봉준호의 영화 곳곳에 스며 있다.

7장
히치콕의 거대한 그림자

　이 장에서는 봉준호의 영화 수업에서 아마도 가장 깊고 오랜 역할을 해온 알프레드 히치콕이라는 교과서를 펼쳐볼 것이다. 봉준호의 히치콕 사랑은 널리 알려져 있고, 많은 인터뷰에서 봉준호는 히치콕으로부터 지속적인 영화적 영감을 얻었다고 고백해왔다. 이 장과 이어질 장들에서는, 교과서로서의 히치콕을 둘러보는 데 그치지 않고 히치콕이라는 유전자가 봉준호의 영화에서 어떤 세포와 기관을 구성하고 있는지의 문제까지 살펴보려 한다.

　봉준호는 여덟 살 때 TV에서 알프레드 히치콕의 〈싸이코〉(1960)를 보고 충격을 받았다. 그리고 영화를 꿈꾸기 시작했다. 50대의 나이에 세계적 거장으로 추앙받는 오늘에도 그는 히치콕을 가장 위대한 감독으로 꼽고 있다. 그는 영화사상 가장 독창적인(original) 감독을 묻는 질문에 "알프레드 히치콕"이라고 답하며 이렇게 덧붙였다. "그는 순수영화에 가장 가까운 작품을 만들면서 자신만의 장르를 창조했는데, 그 작품에서는 이미지가 스스로를 대변한다."(매거진 『W』, 2020년 2월)

　물론 존경심에 그치지 않는다. "자신과 영화적 피가 똑같다고 생각하는 사람이 누구인가"라는 질문에 그는 이렇게 답했다.

당대 최상급의 '대중적' 감독 알프레드 히치콕은 자신을 이용한 마케팅의 천재였다. 마케팅은 성공적이었고 이는 그를 진지한 예술가로 보이지 않게 만든 또 다른 요인이기도 했다. 그의 예술적 재능에 관한 논란은 아직도 끝나지 않았다.

　"히치콕의 발톱의 때만도 못하지만 넓은 의미의 히치코키언이 되고 싶어요. 거대한 히치코키언의 혈통에 들어가고 싶은 마음으로! 거기에 샤브롤도 있고 드 팔마도 있는 거잖아요. 드 팔마는 대놓고 내가 외아들이야 서자들 다 꺼져, 너무 그러니까 안쓰럽기도 한데, 샤브롤 님은 저 위에서 웃고 계시고, 나도 그 혈통에 끼면 좋지 않을까……"(KMDB)

　브라이언 드 팔마, 클로드 샤브롤, 다리오 아르젠토 등은 널리 알려진 히치콕의 후예들이다. 한국 감독 중에서 봉준호는 박찬욱과 함께 자타가 공인하는 히치코키언이다. 봉준호의 영화가 해외에 소개됐을 때 많은 평자들도 히치콕을 떠올렸다. 그렇다면 히치콕적 혹은 히치콕주의자(Hitchicockian)라는 건 무엇을 뜻할까. 간략하게라도 이 문제를 먼저 살펴보는 게 순서일 것이다.

케이크 조각

"많은 감독들은 삶의 단편들로 영화를 만들지만, 나는 케이크 조각들로 영화를 만든다." 히치콕이 즐겨 한 말이다.

'케이크 조각(piece of cake)'. 문자 그대로 케이크 조각을 뜻할 수도 있지만, '쉽게 해치울 수 있는 일', 우리 속담으로 번안하면 '식은 죽 먹기'를 뜻하기도 한다. 중의적이고 과장된 히치콕 특유의 이 수사는, 가벼운 뉘앙스와는 반대로 그의 영화를 진지하게 다루려는 이들의 머리를 무겁게 만드는 난처한 말이다. 삶의 진실과는 무관한, 케이크 조각처럼 일회적인 즐거움의 영화를 만든 감독이 영화사상 최고의 감독이라는 말인가.

영화인들과 평론가들을 대상으로 십 년마다 이뤄지는 영국 영화지『사이트 앤 사운드』의 설문조사에서 히치콕의 〈현기증〉(1958)은 2012년에 영화사 최고작 1위에 올랐다. 2022년 조사에선 〈잔느 딜망〉(1975)에 1위를 내주고 2위로 물러났다. 하지만 히치콕은 〈싸이코〉(31위), 〈이창〉(38위), 〈북북서로 진로를 돌려라〉(43위) 등 50위 안에 네 편의 작품을 올려놓은 유일한 감독이다. 이 명단에 따른다면 적어도 소위 전문가들 사이에서 그는 여전히 영화사의 최고봉이다(봉준호의 〈기생충〉은 90위에 올라, 한국 영화로는 이 명단에 처음 등장했다).

히치콕의 영화는 당대에 대중적 인기와 무관하게 '예술적'이라고 널리 평가받지는 못한 편이었다. 그는 아카데미 감독상을 받은 적이 없고, 그의 폭넓은 예술적 명성은 사후에야 도착했다. 히치콕 스스로도 자신의 영화에 대한 진지한 예술적 접근에 시큰둥했다. 그에 관한 두꺼운 전기에서 패트릭 맥길리건은 루이스 브뉘엘과 알프레드 히치콕을 비교하며 이렇게 썼다. "히치콕이 자신의 영화에 깊은 의미가 있다는 주장을 조롱한 반면, 브뉘엘은 그가 정부와 사회, 교회를 맹렬하게 비난한다는 사실을 자랑스러워하는 지식인이었다."(『히치콕』, 윤철희 옮김, 그책)

　바로 이런 점 때문에, 영화광이나 영화인들이 아니라면 히치콕의 제왕적 지위가 낯설어 보일 수도 있다. 예컨대 문학에서라면 도스토옙스키가 아닌 애거서 크리스티가 왕관을 쓰고 있는 것과 비슷해 보일 수도 있기 때문이다. 실은 소위 영화 전문가들 사이에서도 히치콕의 권좌가 늘 안정적이었던 건 아니다.

　히치콕이 완벽에 가까운 연출 테크닉을 갖고 있지만, 심원함, 경건함, 숭고, 인간과 세계에 대한 남다른 통찰과 같은, 다른 예술 분야의 걸작들에서 기대하는 덕목들을 결여하고 있다는 생각은 걸출한 영화학자, 평론가들의 글에서 어렵지 않게 찾을 수 있다. 지그프리트 크라카우어는 "그의 영화들은 감정을 자극제로 이용하고, 갈등과 문제를 서스펜스를 위해 투입한다. 대개 인간적 관심사를 다루기를 회피하거나 그 관심사를 제대로 다루는 데 실패한다"(『영화의 이론』, 김태환·이경진 옮김, 문학과지성사)고 썼다.

　20세기 영화 비평/이론의 성자로 추앙되는 앙드레 바쟁에게도 히치콕은 비평적으로 골치 아픈 존재였다. "이제까지 나는 나의 동료나 친구들(프랑수아 트뤼포, 클로드 샤브롤, 에릭 로메르를 말한다—인용자)이 히치콕에 바치는 절대적이고 무조건적인 찬사에 동의할 수 없었다. 하지만 그들의 끈질긴 주장과 탁월한 분석력 덕분에 그의 작품을 탐탁지 않게 여기는 내 마음이 어느 정도 누그러진 것이 사실이다."(『잔혹영화』, 성미숙 옮김, 현대미학사) 하지만 바쟁은 "미국으로 건너온 이 악마적인 영국인"의 "곡예적이라 할 만한 빼르고 재기 넘치는 연출"에 감탄하면서도, 끝내 히치콕을 로베르토 로셀리니는 물론이고 윌리엄 와일러보다 우위에 두지 않았다.

　미국에서는 바쟁만큼이나 존중받는 평론가 매니 파버는 1943년 히치콕이 "뛰어난 영화를 만든다"고 반겼지만, 8년 후에 이 감독은 "값싸고 번지르르하며 기계적으로 완벽한 충격"(『미국 영화비평의 혁명가들』, 데이비드 보드웰 지음, 옥미나 옮김, 산지니)의 대가가 되었다. 1970년대 이후 주로 그의 관음증과 여성 혐오증 혐의를 두고 이뤄진 페미니즘 비평가들의 비판과 재비판이 교차하는 재독해 작업 역시 히치콕을 지속적인 논란의 주인공으로 만들어왔다. 〈현기증〉이 〈잔느 딜망〉에 1위 자리를 내준 2022년 『사이트 앤 사운드』의 순위 역시 2032년에 어떻게 바뀔지 알 수 없다.

정확성의 유희

　물론 1960년대 이래 누벨바그 평론가들을 포함한 열렬한 지지자들 역시 광범했고, 오늘까지도 그들의 상찬은 이어지고 있다. 히치콕에 대한 평가는 영화사의 조류와 깊이 연관되어 있다. 도식적으로 말해보자. 영화사는 영화의 발명가 뤼미에르 형제의 기록 영상(〈라 시오타 역에 도착한 기차〉, 1895)이 원조인 리얼리즘 계열, 그리고 최초의 대중적 응용가 멜리에스의 마술적 영상(〈달세계 여행〉, 1902)에서 시작된 표현적 혹은 조형적 계열의 대립과 내통이 뒤얽힌 역사다. 많은 이들은 전자의 태두를 장 르누아르, 후자의 최고봉을 알프레드 히치콕으로 꼽는다.

전자는 삶의 문제를 직접 다룬다는 점 때문에 진지한 예술로 받아들여지기 쉽다. 반면 후자의 예술적 옹호에는 비평적 설득이 필요하다. "값싸고 번지르르하며 기계적으로 완벽한 충격" 이상의 진지한 관심사가 그 기계에 있음을 증명해야 하기 때문이다. 몇 가지 사례만 들어보자.

에릭 로메르와 클로드 샤브롤은 젊은 비평가 시절『알프레드 히치콕』(최윤식 옮김, 현대미학사)이란 저서에서 히치콕의 선(線)이 교환과 전이를, 원(圓)이 고독과 이기주의와 거부를 표현한다고 분석하면서 히치콕을 기술적으로뿐만 아니라 인간적으로 해석하는 데 공을 들였다.

로빈 우드는 1965년『히치콕의 영화들(Hitchcock's Films)』에서 정상성 아래 잠복한 비정상성이라는 인간의 보편적 조건이라는 관점으로 히치콕 영화를 분석했다. 물론 1990년에 나온 개정판에서 인간의 변하지 않는 보편적 조건이란 전제를 버리고 히치콕 영화의 성정치학과 불균질성에 더 집중하긴 했지만.

조너선 로젠봄은 2000년에 쓴〈이창〉(1954) 평에서, 히치콕을 '모럴리스트'(우리 말의 도덕주의자와는 다른, 몽테뉴나 파스칼처럼 인간성과 도덕을 탐구하는 일군의 작가를 일컫는 말이다)로 규정하면서, 이 영화를 "편안한 의자에 앉은 채 살인 이야기나 따라간다는 게 무슨 종류의 일이고, 어떤 의미인지에 대한 도덕적 탐사"(『에센셜 시네마』, 이두희·안건형 옮김, 이모션북스)라고 말했다. 이 구절은 관음증적 영화로 간주되어온〈이창〉을 오히려 관음증에 대한 비판으로 본다는 점, 나아가 히치콕 영화를 아무 생각 없이 즐기는 관객에 대한 도덕적 비판을 히치콕 스스로 은밀히 수행하고 있다고 본다는 점에서 흥미롭다(하지만 이것이 히치콕의 자기비판인지 자기 패러디의 유희인지는 불분명하다. 우리는 후자라고 생각한다).

가장 열렬한 히치콕 지지자인 프랑수아 트뤼포의 말이 아마도 가장 널리 알려져 있을 것이다. 트뤼포는 히치콕을 카프카, 도스토옙스키, 애드거 앨런 포와 함께 '불안의 예술가'로 명명하며 이렇게 썼다.

"이들 불안의 예술가들이 자신들의 의혹의 빛에 의해 우리에게 어떻게 살아야 하는가를 보여주리라고 기대하기는 힘들 것이다. 그들의 사명은 단지 그들을 사로잡는 불안을 우리와 함께 나누는 것이다. 의식을 했든 그렇지 않든, 그것이 우리가 스스로를 이해할 수 있도록 돕는 그들의 방식이다. 인간에 대한 이해를 돕는 것이 결국 모든 예술 작품의 궁극적인 목적이다."(『히치콕과의 대화』)

〈현기증〉을 다수의 평자들이 오랫동안 히치콕의 최고작으로 꼽아온 것은 이 영화가 히치콕의 거의 유일한 비극이라는 점과 무관하지 않을 것이다. 진지한 비극과 저속한 희극(히치콕의 많은 영화는 잔혹 희극이다)의 대비는 아리스토텔레스의 『시학』 이래 아직도 근본적으로 변함없는 보편적 통념이다.

히치콕 영화의 진지한 면을 부각시키기 위한 이런 노력에 공감할 수도, 과잉 해석이라며 시큰둥해할 수도 있다. "관객을 마음껏 연주하는 것"이 최고의 목표라고 공언했던 고약한 노인 히치콕은 아마도 후자일 것이다. 히치콕은 어쩌면 자신을 일관되게 칭송하진 않았던 바쟁의 표현을 더 좋아할지도 모르겠다.

바쟁은 히치콕의 영화에서 어린 시절 상점 유리창에서 본 볼 베어링 광고를 떠올렸다. 운동에너지에 의해서만 움직이는 강철 플라이휠, 구동축 위에서 도르래와 벨트가 믿을 수 없을 정도로 놀랍게 작동하는 그 모습에 그는 매료됐다. "쓰임새가 없는 이 장치는 사람의 조작이 전혀 없어도 며칠씩이나 돌아가곤 했다"고 술회하는 바쟁을 사로잡은 건 '정확성의 유희'였고 히치콕의 영화에서 그 기억을 상기한 것이다. 바쟁은 진지한 주제가 아닌, 그리고 매니 파버가 멸시적으로 표현한 '기계적으로 완벽한 충격'이야말로 히치콕의 진정한 매혹이라고 말하고 있는 것이다.

히치콕 영화가 '이미지가 그 자체로 말하는 순수영화에 가깝다'는 봉준호의 말도 같은 뉘앙스의 표현으로 들린다. 봉준호는 장 르누아르에게는 별다른 감흥을 느끼지 못하는 철저한 히치콕주의자다.

하지만 관객인 우리로선 어느 쪽을 택할지 고민할 필요가 전혀 없다. 각각이 주는 감흥을 즐기기만 해도 충분하다. 바쟁이나 파버가 그랬듯, 비판적인 전문가들조차 히치콕 영화가 주는 즐거움에 못 이겨 오락가락하는 모습을 곧잘 보여주니까 말이다.

7 - 1장
히치콕과 봉준호의 공통 유전자

옹호자든 아니든 모두가 전폭적으로 인정해온 히치콕 영화의 즐거움(종종 냉담하거나 잔혹한)이 예사 즐거움일 리는 없다. 그것은 정교하게 구상되고 천재적으로 실행된 즐거움이다. 이제 봉준호 영화에 새겨진 히치콕의 유전자를 알아볼 차례다.

히치콕적이라는 말은 대개 누명 혹은 오인이라는 모티브, 관객을 스토리에 연루시키는 카메라워크와 편집 방식, 다양한 시각적 효과와 음향을 통한 긴장감의 극대화, 예상치 못한 반전이 있는 서스펜스 기법을 포함한다(부정적 의미로는 얄팍한 캐릭터와 텅 빈 이야기, 우연과 자의적 설정의 과다 등을 뜻할 수도 있다).

하지만 이렇게 소재나 기법으로 설명하면 그 범위가 꽤나 넓어, 잘 만들어진 스릴러 영화의 일반적 특징을 포괄하는 다소 무딘 용어처럼 들릴 수도 있다. 또한 히치콕 부족의 유전자와 부족의 일원인 봉준호의 개별적 특징도 기예의 원천과 변주라는 그다지 흥미롭지 않은 이야기로 흐를 수도 있다. 좀 다르게 말해볼 수는 없을까.

리얼리즘의 논리 vs. 서스펜스의 운율

영화에서 리얼리즘은 문학에서만큼 골치 아픈 단어다. 어쩌면 훨씬 더 골치 아플 수 있다. 문학의 리얼리즘과는 전혀 다른 '사진적 리얼리즘'(혹은 존재론적 리얼리즘)이 영화 이론의 주요 논제이기도 하기 때문이다(영화에서 고전적 리얼리즘과 네오리얼리즘이 거의 미학적 반의어가 된 것도 '사진적 리얼리즘'에 관한 입장과 연관돼 있다. 이런 분류법에 따르면 히치콕도 봉준호도 고전적 리얼리즘에 속한다).

그러니 논문을 쓸 생각이 아니라면 리얼리즘이란 단어는 차라리 피하는 게 좋을 것이다. 존 엘리스의 말대로 "하나의 리얼리즘은 결코 존재하지 않으며 오직 다수의 리얼리즘들이 있을 뿐"(『현대 영화이론의 이해』, 로버트 랩슬리·마이클 웨스틀레이크 지음, 이영재·김소연 옮김, 시각과언어)이다. 하지만 봉준호가 이 단어를 사용하면서 자신의 중요한 방법을 말하고 있고 히치콕도 비슷한 뉘앙스의 말을 했으니, 그들의 용법을 한번 따라가보자.

"나는 리얼리즘에 대한 관심도 없고, 리스펙트도 없다. 만화를 좋아하고 그리면서 컸기 때문인지도 모르겠다."(KMDB)

설명을 좀 보탤 필요가 있겠다. 봉준호가 말하는 리얼리즘은 '충실한 인과관계' 혹은 '개연성 있게 정돈된 현실 재현 방식'을 뜻한다. 그가 거부하는 리얼리즘은 이야기 소재로서의 사회적 현실과 관계된 게 아니라 이야기의 방법인 셈이다. 사실, 인과관계의 충실성이나 개연성을 중시하는 사람에게 봉준호의 영화에서 허점을 찾는 건 어렵지 않다.

〈괴물〉(2006)에서 군대를 동원해 로켓포로 괴물을 죽이지 않는 이유는 답하기 힘들다. 〈기생충〉(2019)에서 최우식이 지하에 갇힌 송강호의 모스 부호를 해독하기 위해선 놀라운 우연들이 중첩되지 않으면 불가능하다. 그보다 먼저 송강호 가족의 천부적인 사기 능력은 믿기 힘들 정도로 뛰어나다. 잘 짜여져 있지만 논리적으로 구성된 이야기가 아닌 것이다.

<기생충>. 지하실에 갇힌 아버지가 저택 외부의 전등을 이용해 아들에게 모스 부호를 보낸다. 아들이 이 신호를 제시간에 보고 영화에서처럼 온전히 해독하기 위해선 수많은 우연이 중첩돼야 하지만 이 영화의 내적 논리와 리듬을 따라온 관객에게는 아무런 문제가 되지 않는다.

사실 이런 지적을 히치콕은 더 많이 들었다. 따지고 보면 히치콕의 영화만큼 거의 믿기 힘든 우연들이 이야기를 밀고 나가는 사례는, 형편없이 만들어진 지루한 영화 외에는, 찾기 힘들다. 〈나는 고백한다〉(1953)의 살인자는 왜 하필 신부복을 입고 살인을 저질렀으며, 그의 고해성사의 대상은 왜 하필 피살자의 죽음으로 혜택을 누릴 수 있는 신부인가. 〈의혹의 그림자〉(1943)의 초반부에 두 형사에게 미행당하던 조셉 코튼이 그들 곁을 지나 불과 몇 초 만에 그들을 높은 곳에서 바라보는 건물 고층에 이르는 건 현실적으로 실현 불가능하다.

리얼리즘에 관한 봉준호의 말과 비슷한 뜻으로, 히치콕은 이렇게 말했다. "나는 그럴듯함에는 신경 쓰지 않는다. 그것은 가장 쉬운 부분인데 왜 신경을 쓰겠는가. 스토리텔러에게 사실에 충실하라고 주장하는 것은 추상화가에게 사물을 정확히 그리라고 요구하는 것만큼이나 웃기는 일이다."

그런데, 영화를 보는 동안 우리에게 이런 대목들이 비현실적이라고 잘 느껴지지 않는다. 정확히 말하면 히치콕은, 봉준호 역시 그러하지만, 관객에게 그렇게 느낄 틈을 주지 않는다. 이 점이 중요하다. 수많은 우연들이 한꺼번에 작동해야 가능한 장면에, 우리가 어떻게 의심도 유보도 없이 몰입하게 만드는가.

히치콕 영화에서 그럴듯함의 빈자리를 대신하는 건, 정교하고도 몰입적인 세부 묘사와 서스펜스와 운율의 논리다. 달리 말해 매 장면들의 풍성한 세부와 폭발 직전의 응축된 긴장, 그리고 장면들이 연결되면서 작동하는 긴박감과 음악적 리듬이다. 이 점이 히치콕의 가장 뛰어난 재능이며, 봉준호는 그런 재능의 드문 계승자다.

[널리 알려져 있지만 서스펜스와 놀라움(충격)에 대한 히치콕의 구분을 짚고 넘어가자. 사람들이 도박에 열중하고 있는 카지노의 한 테이블을 보여주다가 갑자기 폭탄이 터지고 아수라장이 이어진다면 그것은 놀라움이다. 도박이 시작되기 전 수상한 인물이 테이블 밑에 시한폭탄을 설치하는 모습을 보여준 뒤 도박 장면이 이어지면 관객은 저 폭탄이 언제 터질지 몰라 조마조마한 마음으로 지켜본다. 이것이 서스펜스다. 충격은 결과이지만 서스펜스는 유예의 과정이다.]

로빈 우드가 '궁극의 히치콕 영화'라고 부른 〈북북서로 진로를 돌려라〉(1959)의 유명한 한 시퀀스를 떠올려보자. 미국 정보요원으로 오인된 캐리 그랜트가 외국 첩보 조직의 간계로 텅 빈 황무지에 내리고, 곧이어 비료 살포기로 위장한 비행기의 공격을 받지만 겨우 목숨을 건진다. 이 시퀀스의 초반은 거의 7분간 대사 없이 캐리 그랜트가 허허벌판에 홀로 서 있는 모습, 그를 만나러 온 것으로 오인된 한 사내의 등장과 퇴장, 멀

<북북서로 진로를 돌려라>. 주인공 캐리 그랜트가 허허벌판에서 자신을 죽이려는 비행기에 쫓긴다. 가장 히치콕적인 영화의 가장 히치콕적인 장면이지만 동시에 가장 개연성이 없는 장면 가운데 하나다. 왜 굳이 이렇게 어렵게 죽이려는 걸까.

리서 선회하는 비행기의 무심한 듯한 움직임, 그에게 다가오는 듯하다가 지나쳐가는 차량의 숏들로 이뤄져 있다. 그리고 다시 혼자가 된 캐리 그랜트에게 질풍처럼 다가오는 비행기와 기관총 공격, 캐리 그랜트의 피신과 도주로 이어진다.

이야기 전개상 이 시퀀스는 없어도 되는 잉여의 장면이다. 굳이 주인공을 이 먼 황무지로 끌어내, 비행기까지 동원해 살해할 만한 이유는 어디에도 없다(도심에서의 저격수의 총격이 훨씬 더 효율적이고 경제적이었을 것이다). 서스펜스의 논리만이 이 시퀀스를 정당화한다. 이 쓸모없는 시퀀스는 황홀할 만큼 정교하고 아름답고 리드미컬하다. 오인으로 인해 죽음의 위험에 처해 있는 완전한 고립무원의 상태에 빠진 남자, 그리고 위험의 심연으로의 추락과 천신만고 끝의 탈출을 재현하는 교묘한 시각적 장치들과 배열이 우리의 감각을 완전히 사로잡아 거의 넋을 잃게 만든다.

봉준호의 〈기생충〉에는 이에 필적할 만한 시퀀스가 있다. 송강호 가족은 부잣집 가정부 이정은의 복숭아 알레르기 증상을 결핵으로 보이게 만들어 그녀를 내쫓는 목표를 세운다. 병원 장면에서 시작해, 휴지에 뿌린 핫소스 자국을 결핵균이 가득한 피로 보이게 만드는 숏으로 완성되는 이 시퀀스는 한 악장의 협주곡과도 같은 천의무봉의 리듬으로 이어져 있다. 한번 시작되면 곧바로 그 음악에 빠져들어, 우리는 이 무능한 하층민 가족 모두가 이토록 영특하고도 잔인한 사기의 달인이라는 믿을 수 없는 사실에 아무런 의문도 제기하지 못한다. 물론 얼마 뒤에 이어지는 소위 '짜파구리 시퀀스'의 몰입력도 그에 못지않다.

"논리적 허점이나 때로 받아들일 수 없는 부분도 유려한 리듬과 함께 보여주면 의외로 관객들이 쉽게 받아들이는 것 같아요. 물론 이걸 악용하면 영화가 나빠지겠지요. 하지만 때로는 그런 점이 영화를 구제할 수 있다는 생각도 들어요. 왜 우리가 이 장면을 믿게 되지? 왜 우리가 이 시퀀스에 매혹되지? 라고 물어보게 되면 논리 이전에 음악적 리듬이 대답이 되는 경우가 많았어요. 히치콕도 그런 점을 많이 시도했던 것 같고."(『필로』10호)

히치콕도 자신의 영화에 논리적 결함이 있다는 지적에 황당하지만 기묘한 설득력이 있는 답을 한 적이 있다.

"자네는 아이스박스 증후군에 대해선 들어본 적이 없는 게 분명하군…… 나는 내 영화에 일부러 모순을 남겨놓는다네. 수도 없이 많은 가정에서 그다음 시나리오가 펼쳐질 수 있도록 말이네. 한밤중에 남편이 침대에서 나와 계단을 내려가서는 아이스박스에서 닭다리를 꺼내는 거지. 부인이 그를 따라 내려와서는 뭐 하고 있냐고 묻는 거야. 남편이 말하지. '우리가 오늘 밤에 본 영화에 모순이 있어.' 부인이 '아뇨, 그렇지 않아요'라고 대답하면서 두 사람은 논쟁을 벌이게 된다네. 그 결과로 그들은 다시 영화를 보러 가게 되지."

이쯤에서 다음과 같은 진술을 참고해도 좋겠다. "어떠한 사실성 (reality)도 쾌락을 유발하지는 않을 것이다. (……) 관객에게 쾌락을 일으키는 특수한 상황이 영화 텍스트의 경제에 의해 진실하다고 명시될 수 있는 사실성만이 족히 쾌락을 일으킬 것이다."(『현대 영화이론의 이해』)

형상과 동선의 기하학

"위대한 창조자는 훌륭한 기하학자와 같다." 에릭 로메르와 클로드 샤브롤이 히치콕을 두고 한 말이다. 근사해 보이지만, 간단한 반문을 즉각 떠올릴 수 있다. 히치콕의 '훌륭한 기하학'이 '텅 빈 형식주의'와 근본적으로 무엇이 다른가?

실제로도 제기됐던 이 반문에는 까다로운 설명이 필요하다. 그 기하학에서 정신적 차원 혹은 형이상학적 주제를 읽어내야 하기 때문이다(이런 시도 중에서 별로 유용하지 않은 건, 실제로도 많이 이뤄진 정신분석학적 해석이다. 〈싸이코〉에서 분명히 드러나듯, 많은 히치콕 영화에서 프로이트는 주제가 아니라 소재다). 하지만 여기선, 히치콕 영화에서 기하학적 형상이 이야기와 인물만큼 중요한 요소라는 점만 상기하자.

이 이슈에 대해선 에릭 로메르와 클로드 샤브롤이 쓴 『알프레드 히치콕』의 〈열차 안의 낯선 자들〉(1951) 비평, 하스미 시게히코가 쓴 「히치콕 또는 곡선의 승리」(『영화의 맨살』)가 유명하다. 〈열차 안의 낯선 자들〉의 살인자의 원형과 흰색에 대한 집착, 회전목마의 파괴적 원형 운동,

<현기증>. 매혹과 죽음의 나선형 머리. 고소공포증자 남자 주인공에게 이 여인의 형상은 헤어나올 수 없는 기하학적 매혹이다. 동시에, <싸이코>에서 피가 빨려 들어가는 형상과 마찬가지로, 나선형의 추락으로 이끄는 죽음의 징후다.

<현기증>의 나선형의 운동과 추락의 직선적 힘의 교차, <싸이코>의 원형 소품들과 소멸하는 나선 운동의 결합, <북북서로 진로를 돌려라>의 추락 운동의 유희 등은 이 당대의 테크니션이 얼굴과 소품과 운동을 직선과 원과 곡선의 정교한 기하학으로 표현한 대표적 사례다.

트뤼포는 물리적 형상의 차원뿐만 아니라, 서사의 기하학적 경로를 지적한 바 있다.

"히치콕이 특별히 매력을 느낀 것은 특정 기하학적 도형에서 다른 도형으로 이어진 경로였다. 우선, 두 개의 평행적인 이야기들이 소개된다. 그다음에 그들 사이의 간격이 점차 좁아지다가 마침내는 서로 맞물리면서 단일한 이야기로 끝맺는다."

사례를 들어보자. 이것은 한 시퀀스 안에서 이뤄질 수도 있다. 예컨대 〈열차 안의 낯선 자들〉에선 다리만 보이는 두 인물의 걸음을 불연속적으로 담은 기차역 장면 다음, 기차에서의 두 인물의 불길한 만남이 이뤄진다. 혹은 영화 전체에 걸쳐 나타날 수도 있다. 예컨대 〈싸이코〉는 살해당하는 여인의 이야기인 전반부와 그녀를 추적하는 후반부로 나눠지며, 〈현기증〉은 한 여인이 다른 인물을 가장하는 전반부와 본래의 자신으로 등장하는 후반부로 나눠진다. 두 영화 모두 마지막에 맞물리며 하나의 이야기가 된다.

영화광들이 영화에서 기하학적 표현을 발견할 때 유난히 반가워하는 이유는 그것이 대사나 연기로 환원되지 않는 순수한 영화적 기법으로 보이기 때문이다. 봉준호가 히치콕의 기하학을 직접 배웠다고 단언할 수는 없다. 대신 미야자키 하야오의 수직적 공간과 운동에서 영감을 얻었듯(1부 2, 3장 참조) 히치콕의 풍성한 기하학적 미장센으로부터 영감을 얻었다고 말할 수는 있을 것이다. 봉준호 역시 뛰어난 기하학자다.

봉준호 영화의 형상은 비교적 일관되게 수평적 운동과 수직적 형상 혹은 운동의 기하학적 교차와 충돌을 시각화한다. 크기와 방향을 모두 표시하는 수학 용어인 벡터를 사용한다면 수직적 벡터와 수평적 벡터의 교차와 충돌이라고 말할 수도 있겠다.

〈살인의 추억〉(2003)에서 가장 인상적인 장면 가운데 하나를 떠올려 보자. 깊은 밤, 용의자로 오인된 남자를 세 형사가 추격한다. 시골의 골목과 도로를 따라 용의자를 쫓는 세 형사의 각기 다른 경로의 추격은 흩어지고 모이고를 거듭하다 한순간 하나의 길로 모이고, 곧 그들은 공사장의 과도하게 밝은 조명 아래 수십 명의 인부들이 그 앞을 오가는 채석장의 믿을 수 없이 거대하고 하얀 바위벽과 마주한다.

어둡고 좁은 추격의 수평적 동선, 그 운동을 막아서는 채석장의 밝고 거대한 수직 평면의 형상의 충돌은 보는 이에게 아찔한 명암 대조의 효과와 함께 일종의 기하학적 충격을 안긴다(촬영 당시 김형구 촬영감독의 제안은 적절한 높이의 세트로 바위벽을 만드는 것이었으나, 봉준호는 스크린을 뒤덮을 정도로 거대하고 하얀 실제 바위벽이어야 한다고 고집했다. 또한 실제 채석장은 야간작업을 하지 않는다. 이 장면은 오직 시각적 충격을 위해 조성되었다).

기하학적인 면에서 봉준호 영화를 이렇게 도식화해볼 수 있다. 인간적 의지와 이성과 인과론이 지배하는 수평적 형상/운동의 세계가, 거스를 수 없는 중력의 힘과 살의와 귀기가 지배하는 수직적 형상/운동의 세계와 충돌해 파열한다. 봉준호적 미장센의 시그니처로 여겨지는 검은 문의 형상은 대개 이 두 가지 형상과 운동의 접점에 등장한다.

〈기생충〉보다 이런 면이 더 잘 드러난 영화는 없다. 수직적 위계를 넘어서려는 반지하 빈민 가족의 상승을 위한 계획과 행동이 물(홍수)이라는 중력의 절대적 힘에 지배받는 수직적 운동체에 의해 말살된다. 수직적 세계의 최하위에 있어야 할 자가 위로 올라와 평면의 은총을 누리려 한다면, 반드시 도로 굴러떨어져야 한다.

〈플란다스의 개〉(2000)에서 아파트 지하의 노숙자가 징벌을 받는 것은, 개를 잡아먹으려는 행위 자체보다는, 그 행위가 아파트의 최상위 공간인 옥상에서 이뤄졌기 때문일지도 모른다. 그가 지하에서 개를 먹었을 때는 아무 일도 없었기 때문이다. 이성재가 두루마리 화장지의 길이를 재본다며 굳이 도로에 화장지를 굴리는 '쓸모없는' 장면은(그 도로는 수평처럼 보이지만 실은 은밀하게 기울어져 있어 휴지가 계속 굴러간다), 어쩌면 수평처럼 보이는 평면도 수직 방향으로 작용하는 중력의 절대적 힘을 벗어날 수 없음을 시연하는 봉준호의 자기지시적 유희일지도 모르겠다.

<살인의 추억>. 마을 길과 들판을 질주하던 세 형사 앞에 불시에 등장하는 거대한 수직의 채석장. 수평적 운동과 수직적 운동의 교차는 봉준호 영화의 주된 기하학적 모티브다.

〈괴물〉의 양궁선수 배두나가 활을 쏘는 TV 장면은 묘하게 이 두루마리 휴지 장면을 떠올리게 한다. 화살의 궤적은 수평선이 아니라 인간의 수평적 힘과 자연의 수직적 중력이 교차하는 은밀한 포물선이다. 궁사 배두나의 실패는 후자와의 싸움에서의 실패다. 그의 화살이 괴물을 명중하는 후반 장면에서 화살의 궤적은, 선수로서 활을 쏠 때와는 달리 수평선을 가장하지 않는데, 허공을 향해 쏘아 올려졌다가 괴물의 눈을 향해 하강하는 아름다운 포물선을 그리는 것이다. 이 장면은 인간과 달리 수평운동과 수직운동을 자유롭게 구사하는 괴물을 제압하는 은밀한, 그리고 유일한 기하학적 전략처럼 보인다.

포물선의 형상은 〈마더〉에서 살해된 아정의 치매 환자 할머니가 아정의 장례식에서 괴성을 지르며 옥상을 가로질러 막걸리 통을 내던지는,

역시 '쓸모없는' 장면에도 등장한다. 익스트림 롱숏으로 촬영된 이 인상적인 숏에서 하얀 액체는 우아한 포물선을 빚으며 하강한다. 〈괴물〉의 포물선과 달리, 이 포물선은 표적을 잃어버린 채 화살촉 없이 쏘아 올려진 무기력한 화살과도 같다. 그 형상은 빨래처럼 널려 있던, 포물선의 변형이라 할 수 있는 아정의 시신의 형상과도 유사하며, 〈플란다스의 개〉에서 이성재가 옥상에서 던져버린 가련한 개의 동선을 떠올리게 한다. 이런 장면들은 모두 롱숏으로 그 동선과 형상이 화면을 가득 채우도록 촬영되었다.

물론 라울 월시와 같은 고전기 거장의 영화뿐만 아니라 오늘의 많은 액션 영화들에서 수직적 운동 장면은 흔해 빠진 것이 아닌가, 라는 반문이 있을 수 있다. 하지만 수직적 운동이 그 운동 자체의 흥분이나 시각적 쾌감이 아니라, 수평적 운동과의 팽팽한 긴장 속에서, 또한 그 기하학이 주제와 구분될 수 없는 형식미로 표현되는 경우는, 봉준호 영화 외엔 드물다.

그런 면에서 보면, 전방으로의 직선운동만 허용되는 〈설국열차〉(2013)의 공간에서(이 원천적 제한이 도전 욕구를 불러일으켰다고 봉준호는 말했다), 수직운동은 부재한다기보다 억압되어 있는 것처럼 느껴진다. 고도로 억압되어 농축된 수직운동의 에너지를 방출할 수 있는 방법은 열차라는 수평적 운동체의 폭파 외엔 없었을 것이다.

요컨대, 히치콕의 기하학을 봉준호는 자신의 주제와 더 긴밀히 연관시키며 창의적으로 변주했다고 말할 수 있을 것이다.

주관적 카메라
히치콕은 주관적인 클로즈업을 애용했고, 객관적인 롱숏을 최대한 아꼈다. "한 장면이 극적인 절정에 도달하기까지 세팅의 전모를 보여주지 않는다"는 건 그의 작업 원칙 가운데 하나였다. "극적인 순간에 유용하게 쓸 수 있는 롱숏을 낭비할 필요가 있겠는가"라고 히치콕은 반문했다. 하지만 단지 롱숏과 클로즈업의 양적 비중이 중요한 게 아니다.

〈로프〉(1948)의 첫 시퀀스는 고층 건물의 테라스에서 거리를 바라보는 롱숏에서 시작해 테라스로 패닝하는 클로즈업으로 끝나는데, 테라스에는 아무도 없다. 〈이창〉의 첫 시퀀스도 맞은편 아파트의 주민들을 살펴보는 롱숏에서 깁스를 한 채 잠든 제임스 스튜어트로 패닝하는 비슷한 패턴을 따른다. 이 시퀀스들은 카메라가 극중 인물의 시선으로부터 독립해 상황이나 장소를 객관적으로 알려주는 기능을 하는 것처럼 보이지만, 인물의 시선을 모방해 프레임에 기묘한 주관성을 부여하고 있다. 히치콕은 롱숏에서도 종종 주관적이다.

주관적 카메라는 명확한 정의가 있는 용어는 아니지만 히치콕의 영화를 말하는 데 중요한 요소다. 이것은 단순히 한 인물의 시야를 재현하는 시점숏이나 클로즈업만을 의미하지 않는다. 상황을 묘사하고 관찰하는 객관적 시점이 아니라 누구의 시점에 속하는지는 불분명하지만, 인물과 동행하며 인물이나 상황을 한 인물의 시야와 유사한 물리적 제한을 지닌 채 바라보는 카메라의 시야도 함께 뜻한다.

주관적 시점은 관객에게 상황에 대한 판단이나 이해를 제공하기 이전에 은밀한 불안과 같은 감정적 반응을 유발한다. 〈열차 안의 낯선 자들〉의 첫 장면에서 우리가 보는 건 기차역에서 기차를 타기 위해 바삐 움직이는 다리들이다. 그들의 얼굴도 상체도 볼 수 없는, 이 숏들을 보고 있는 우리는 목적지도 모른 채 어디론가 안내되는 듯한 막연한 불안감을 느낀다. 히치콕 자신의 표현을 빌리면 이 장면에서 "카메라는 영화의 흐

❶ <로프>의 첫 장면. 시선의 주체 없는 시점숏. 발코니에서 누군가 거리를 내려다보는 시점 숏처럼 보이지만 발코니에는 아무도 없다. 이 기묘한 주관적 카메라는 관객에게 은밀한 불안감을 각인한다.

❷ <플란다스의 개>의 첫 장면. 누군가와 통화를 하고 있는 남자 주인공. 이곳이 어딘지는 이 장면의 끝에서야 알 수 있다. 봉준호는 객관적 상황을 알려주는 설정숏이 아니라 주관적 상황과 시점에서 영화를 시작하고 있다.

름 내부에 있다."

이런 주관적 카메라가 서스펜스의 운율과 함께 관객을 극중 상황에 연루시키는 것이다. 물론 히치콕은 다르덴 형제처럼 주관적 카메라를 배타적으로 사용하진 않는다. 〈북북서로 진로를 돌려라〉의 들판 장면 혹은 〈새〉(1963)의 창공 시점처럼, 필요하다면 주로 롱숏을 통해 객관적 시점을 보여주지만 이 경우에도 빈 공간 혹은 풍경은 상황과 인물의 무드 및 감정과 내밀하게 조응한다. 많은 히치콕 영화의 폐소공포증적 분위기는 이런 카메라의 방식과 연관되어 있다.

봉준호는 히치콕만큼 근접 숏을 많이 사용하진 않지만 미디엄숏이나 롱숏도 시점숏이나 근접 숏 못지않게 주관적인 느낌을 짙게 자아낸다. 이런 점은 쉽게 학습되거나 모방될 수 없는 봉준호의 뛰어난 연출 역량을 드러낸다.

봉준호 역시 크라카우어의 표현을 빌리면, 히치콕만큼이나 "정신-물리적 상응 관계에 대한 예리한 감각"이 있다. 이 상응 관계의 표현은 직접적일수록 효과가 감퇴한다는 역설 때문에 다양한 시청각적 요소들을 조율하는 영화 창작자의 재능이 고스란히 반영되는 영역이기도 하다.

프레임에 재현된 공간과 피사체들이 특정한 표현을 내세우는 것처럼 보이지 않을 만큼 친숙하고 자연스러운데, 장면들에는 범주화하기 어려운 낯설지만 떨쳐내기 어려운 감정과 분위기가 흐르도록 하는 것. 이것이 히치콕의 비상한 영화적 유전자 가운데 하나이며, 학습에 의해서든 타고난 재능에 의해서든 봉준호가 계승한 '주관적 카메라'의 비의다.

〈마더〉의 김혜자가 한적한 들판에서 이상한 춤을 추는 도입부 장면은, 그렇게 고즈넉하고 아늑한 자연경관이 그토록 어둡고 불길한 기운을 드러낼 수 있을 거라고 관람 전에는 짐작하기 어렵다. 〈살인의 추억〉의 첫 장면과 마지막 장면의 고요한 가을 들녘은 또 어떤가.

〈기생충〉의 폭우가 내린 다음 날 낮, 저택에서의 야외 파티 장면을 떠올려봐도 좋겠다. 청명한 하늘, 말끔하게 조경된 정원, 파티복 차림의 화사한 손님들, 현악 사중주단과 성악가의 우아한 음악. 어디에도 어둠은 없다. 하지만 이 장면은 하층민 가족이 변기에서 역류한 똥물을 뒤집어쓴 작은 재난의 밤 직후에 놓여 있다. 이 파티 공간의 완벽하게 인공적이고 정갈하며 귀족적인 평온함에서 우리는 임박한 재난의 어둠과 불안을 느끼지 않을 도리가 없다. 이 공간의 주인들을 은근히 불편하게 만들었던 반지하 가족의 냄새는 곧 미친 칼로 변할 것이다. 피투성이 칼부림의 도래 이전에 정원의 찬란한 햇살은 이미 불길한 전조를 머금고 있다.

〈마더〉만큼 거의 모든 공간이 기묘한 불안으로 가득한 봉준호 영화도 없다. 한국의 평범한 중소도시 한 곳에서 찍은 것처럼 보이고 어디에나 있을 법하지만, 적어도 전국의 대여섯 군데 장소에서 찍어 조합된 것이 이 영화의 마을이다. 봉준호는 이렇게 말했다. "실제로 있음직한 공간처럼 보이지만, 사실은 심리적 공간이다. 전부 만들어내야 했다."

히치콕과 봉준호는 모두 영화의 프레임은 감정으로 가득 차 있어야 한다고 믿는다. 그들의 카메라는 일관되게 주관적이다.

봉 월드의 또 다른 히치콕 유전자들

디테일에 대한 집착

봉테일 이전에 히테일이 있었다. 둘 다 리얼리즘에는 무관심해도 세부적 리얼리티에는 광적으로 몰두한다. 히치콕 영화의 제작 영상에서는 예컨대 주요 인물 뒤에서 사과를 먹는 단역 여인의 입 모양까지 꼼꼼히 지시하는 감독의 모습을 볼 수 있다. 이런 점은 봉준호가 능가할지도 모른다. 〈기생충〉을 보면서 우리는 '반지하 주민' 송강호의 퀴퀴한 냄새를 맡을 수는 없지만 그의 거무튀튀한 얼굴색과 고르지 못한 피부의 질감만으로 우리는 거의 냄새를 맡고 있는 것처럼 느끼게 되며 이선균의 찌푸린 얼굴에 동조한다. 〈기생충〉 제작 영상을 보면 봉준호가 피부색에 얼마나 공을 들이는지 알 수 있다. 남매로 나오는 최우식과 박소담은 감독의 주문에 따라 입꼬리 모양이 서로 비슷하게 보이도록 하는 연습을 해야 했다.

완벽한 콘티(뉴이티)

널리 알려진 사실이다. 히치콕은 촬영 현장에 가기 전에 이미 머릿속으로 영화를 완성해두었고, 완벽한 콘티에 이를 반영했다. 〈의혹의 그림자〉에서 어린 찰리를 연기한 테레사 라이트는 촬영 전 감독 사무실에서 영화에 관한 히치콕의 설명을 들었다. 완성된 영화의 시사를 한 뒤 이 배우는 감독에게 말했다. "감독님, 이 영화 본 적 있어요. 촬영 전 감독님 사무실에서요."(히치콕은 〈새〉의 한 장면에서 드물게 즉흥 연출을 했다.)

봉준호 역시 완성된 콘티 없이는 촬영장에 가지 않았다. 콘티의 완전성에 대한 집착의 이유를 두 사람 모두 '불안'이라고 말했다. 1부 4장에서도 인용했지만 봉준호는 "제 영화는 제가 그린 스토리보드와 거의 다를 바가 없습니다"라는 '한심한 자랑질'을 하곤 했다고 한다. 다른 점도 있다. 히치콕은 촬영장에서 간혹 졸거나 중요한 저녁 식사를 위해 자리를 비우기도 했으며, 촬영장에 있어도 카메라의 뷰파인더를 거의 들여다보지 않았다. 반면, 봉준호는 촬영의 모든 과정을 쉼 없이 지휘한다. 봉준호가 더 힘들다.

소설과의 거리

두 감독 모두 소설을 별로 읽지 않고 소설을 영화로 옮기는 것에 그다지 관심이 없다. 히치콕은 소설과 연극을 영화화할 때도 자기만의 원칙이 있었다. "내 방식은 스토리를 한 번만 읽고 그 기본 아이디어가 마음에 들면 그 책에 대해서는 모든 것을 잊어버리고 영화를 만드는 것이다." 봉준호와 소설의 인연 혹은 불화는 1부 5장을 참고하시길.

부조리와 유머

이들만 좋아하는 건 아니겠지만, 두 사람의 영화와 인터뷰는 부조리와 유머에 대한 사랑으로 넘친다. 히치콕은 〈해리의 소동〉(1955)과 같은 냉담한 부조리 코미디를 만들 때 가장 즐거웠다고 했다. "시대의 부조리가 나를 영화적으로 흥분시킨다"는 봉준호는 "유머 없이 사는 건 끔찍하다"고 말했고, 즐거이 실행했다. 두 사람의 영화에서 부조리와 유머는 종종 한 몸을 이뤄서 잔혹한 유머를 빚어낸다.

사운드에 대한 집착

히치콕은 콘티와는 별도로 사운드 대본을 만들었다. 음악이 없는 〈새〉는 사운드를 통해 불안과 이완을 리드미컬하게 오가는 히치콕식 사운드 효과의 절정이다. 봉준호는 촬영 후 사운드 스튜디오에 있을 때 가장 즐겁다고 말한다. 〈기생충〉의 음악감독은 "모든 종류의 벨 소리와 문 소리를 봉준호가 직접 정했다"고 말했다. 자신이 무성영화에 끌리지 않는 이유가 사운드 효과가 없기 때문이라고 봉준호는 말한다.

7 - 2장
봉준호의 케이크

물론 봉준호를 충직한 히치콕주의자라고만 말하는 건 부족하다. 진정한 상속자라면 아버지의 유산을 계승하면서도 자신만의 고유한 인장을 지닐 것이다. 봉준호는 그런 의미에서 히치콕의 걸출한 상속자라고 우리는 생각한다.

공통의 유전자가 있다 해도 봉준호 영화가 히치콕 영화와 감각적으로 사뭇 다르다는 건 누구나 느낀다. 〈기생충〉의 송강호 피부에 표현된 거칠고 어두운 질감을 히치콕의 캐리 그랜트나 제임스 스튜어트에게서라면 상상조차 하기 힘들다. 〈마더〉의 김혜자의 텅 빈 얼굴이나 얼빠진 춤과 비슷한 장면을 히치콕 영화에선 찾을 수 없다. 〈괴물〉의 송강호가 연기한 인물은 현실을 볼 능력이 없는 바보지만 끝내 현실을 보려 하는 무능한 리얼리스트이며, 봉준호 고유의 캐릭터다.

농촌 스릴러 혹은 된장 케이크

여기선 봉준호의 특별한 점을 하나씩 나열하기보다, 히치콕이 말한 '케이크 조각'이라는 비유를 좀 비틀어보면 어떨까. 여기서 케이크는 히치콕이 말한 대로, 실제 삶과 무관한 철저히 인공적이며 즐거움을 위해서만 만들어진 무언가를 뜻한다. 그가 인간의 조건과 도덕을 탐사하고

히치콕의 <현기증>에서 남자는 사랑하는 여인의 추락사라는 외상적 사건을 반복 경험한다.

있다는 몇몇 평자들도 그 케이크의 철저한 인공성을 부인하진 않는다.

　여기, 하얀 생크림이 포실한 연노랑 빵을 감싸고 있는 탐스러운 히치콕의 케이크가 있다. 우리는 맛있게 먹기만 하면 된다. 그 옆에 봉준호의 케이크가 있다. 역시 침샘을 자극하는 유혹적인 자태지만, 곰팡이처

봉준호의 <기생충>에서는 아이가 지하실 악령과의 조우라는 외상적 사건을 반복 경험한다.

럼 보이는 부위들이 있어 자세히 보니 이 케이크에는 된장이 들어 있어 곳곳에서 낯선 색과 형상을 드러내고 있다(박찬욱의 케이크라면, 히치콕의 케이크에 핏빛 딸기잼이 섬뜩하고도 아름답게 장식돼 있을 것이다).

'된장 케이크'는 좀 억지스러운 비유로 들릴지 모르겠다. 하지만 이 억지를 조금만 참아주시기 바란다. 〈살인의 추억〉이 소개됐을 때 서구의 영화인들은 이 영화를 무척 낯설어했다. 범인이 잡히기는커녕 누구인지도 밝혀지지 않는 범죄스릴러라니! 대중적 장르에서 예술적 야심을 노골적으로 드러내지 않으면서도 가장 중요한 컨벤션을 태연하게 폐기 처분하는 영화를 상상하기 힘들었을 것이다. 아마도 그건 된장이 첨가된 케이크만큼 이상했을 것이다. 그 색다른 맛에 감탄하면서도 이렇게 물을 수 있다. 이 이상한 재료는 어디서 왔을까. 어떻게 이런 걸 집어넣을 생각을 했을까.

봉준호는 이 특별한 시도에 대해 "미국에서 만들어진 범죄스릴러 장르가 수모를 겪게 하고 싶었다"고 했다. 더 중요한 이유가 있다. 실화가 소재인 〈살인의 추억〉의 구상에 대해 봉준호는 이렇게 말했다. "한국적 상황에는 미국식 범죄스릴러의 관습이 적용될 수 없었다. 당시 한국에는 이런 범죄를 해결할 수 있는 시스템도 인적 자원도 없었다."

그는 스스로 〈살인의 추억〉을 농촌 스릴러라고 칭했고, 〈마더〉는 이 장르의 두번째 봉준호 영화다. 농촌 스릴러의 한 특징을 그는 "서로 어울리지 않는 것들이 한 프레임에 모여 있는 것"이라고 말했다. 우리가 말하는 된장 케이크는 농촌 스릴러라는 조어의 친족이다. 케이크에 함유된 된장이라는 비유에는 두 가지 함의가 있다. 첫째, 범죄스릴러라는 미국적 장르의 관습과 불화하는 이질적 성격. 둘째, 지역 정치학의 작동과 민족지적 질감.

한국의 평자들은 특히 후자에 더 익숙하기 때문에 봉준호 영화에서 '된장'에 더 집중하는 경향이 있다. 그의 영화가 한국 사회의 계급 문제 혹은 지역 정치학 혹은 고장 난 사회 시스템을 묘사하는 데 초점을 맞추는 것이다. 그럼에도 봉준호 영화가 특출한 케이크라는 점 역시 중요하다. 아니, 두 가지 성격이 뒤엉킨 부조리가 더 중요하다. 비약을 무릅쓰자면, 이 부조리가 봉준호의 특별한 리얼리즘이다.

하지만 봉준호가 한국 사회의 지역적 현실을 다루고 있다고 말하는

히치콕의 <프렌지>. 살인마가 여인의 아파트로 들어가 두번째 살인을 저지르려 한다. 하지만 살인 장면은 묘사되지 않고, 카메라는 오히려 거리로 도망치듯 물러난다. 봉준호는 이 장면을 "영화사상 가장 아름다운 살인 장면"이라고 말했다.

건 정확하지 않다. 예컨대 켄 로치 영화는 대개 영국 사회의 빈민 문제와 사회제도의 오작동을 다룬다. 그는 지금 여기의 현실 문제가 적나라하고 전형적으로 드러나는 인물과 상황을 포착하고 그것을 정확히 작동하는 사실주의적 이야기로 빚어낸다. 상황도 이슈도 이야기도 명료하다.

또 다른 영국인 히치콕은 정반대의 자리에 있다. 히치콕의 영화에 간혹 등장하는 시대적 소재, 즉 〈오명〉(1946)의 우라늄, 〈구명보트〉(1944)의 나치 장교, 〈해외특파원〉(1940)의 2차대전 발발 직전의 정보전쟁은 다른 시대, 다른 지역의 비슷한 상황과 대체 가능한 소재들이며, 〈북북서로 진로를 돌려라〉의 밀반출 화합물처럼 대개 맥거핀에 가깝다.

켄 로치 영화의 '현실'은 성찰과 숙고를 요청하지만, 히치콕 영화의 '현실'은 즐거움을 위한 도구로 쓰였다가 증발한다. 많은 대중영화들은 전자의 시늉을 내며 짐짓 심각한 표정을 짓지만, 또한 히치콕 영화처럼 자신이 날조된 허구이자 유머에 지나지 않는다는 자의식의 각인도 없지만, 실은 대개 후자에 속한다. 봉준호는 어느 쪽인가?

점액질의 혼합물

그의 작품을 분석하는 자리가 아니니, 짧게 말하는 게 좋겠다. 봉준호 영화는 어느 쪽도 아니다. 그의 영화는 한국 사회의 예민한 정치 사회적 '현실'을 우리에게 다짜고짜 들이민다. 〈살인의 추억〉은 실재한 연쇄살인 사건을 다루며 군사독재의 환부를 등장시키고, 〈괴물〉은 주한 미군의 만행과 환경 문제를 소재로 끌어들이며, 〈마더〉와 〈기생충〉은 빈부와 계급의 문제를 주된 그리고 명백한 모티브로 삼는다.

하지만 봉준호는 이 현실의 문제들을 탐사하고 있는 게 아니다. 우리는 봉준호의 영화를 보고 현실을 더 깊이 알게 되었다고 말할 수 없다.

봉준호의 리얼리즘은 소재나 사건에 있지 않다. 너무 노골적으로 재현된 시대적인 무언가가 혹은 지역적인 무언가가 끌려들어와 우리가 의식하지 못하는 동안, 정돈할 수 없는 어둠과 혼돈의 진창 속으로 흘러 들어간다.

봉준호 영화에서 '현실'은 잘 구성된 극적 사건과 상황으로 자신을 드러내는 게 아니라, 봉준호가 채용한 장르 안에 용해되어 장르의 속성을 근본적으로 변질시킨다. 고체적 현실은 명료한 형태도 윤곽도 의미도 잃어버린 채 젤처럼 변한 뒤 점액질의 욕망 혹은 불안과 뒤섞여, 양자는 식별 불가능해진다. 결과는 정당한 분노와 음습한 욕정, 낮의 분별과 밤의 불안, 소망과 악몽, 피와 정액의 그로테스크한 혼합물이다.

우리는 〈마더〉의 김혜자에게서 그녀가 처한 사회적 현실과 그녀의 욕망을 더 이상 구분할 수 없다. 그녀의 괴이한 무표정을 우리가 읽어낼 수 없다는 뜻이다. 〈괴물〉의 괴물에게서 끔찍한 잔혹성과 기이한 애처로움을 분별할 수 없듯이 말이다. 된장 케이크라는 어색한 비유를 이런 점에서 이해해주시기 바란다.

봉준호는 리얼리즘에 대한 무관심을 강조했다. 그의 영화는 그의 말과 다르다. 리얼리즘은, 더 정확하게는 주로 문학에서 말해지는 사회적 리얼리즘은, 뒷문을 열고 틈입해 봉준호 영화를 이질적인 것들의 아이러니한 조합으로 만든다. 이것이 봉준호의 영화에서 히치콕의 영화에선 거의 볼 수 없는 음울한 비극성 혹은 불길한 점액질의 질감을 낳는다. 봉준호는 케이크와 된장의 경계, 혹은 리얼리즘과 오락적 서스펜스의 경계에서 그 경계선을 뒤죽박죽으로 만들어버리는 점이지대의 작가다.

이 모든 건 봉준호의 계획일까? 어쩌면 봉준호는 이렇게 말하려는 건지도 모르겠다. 내 속에 나도 모르는 지진계 같은 게 있어서 내 밖의 충격이 거기에 계속 새겨져 왔는지는 나도 알 수 없다. 그건 내 책임이 아니다. 내가 살아온 이 땅, 한반도라는 지역의 책임이다. 그 속에서 살아온 나는 그저 개인적인 영화를 만들었을 뿐이다……

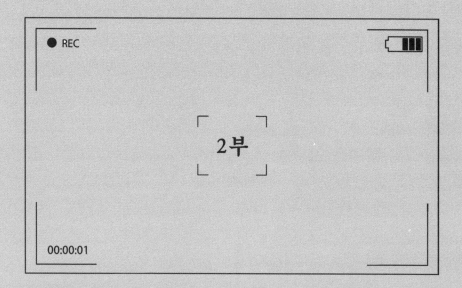

봉준호와의 대화
'나'라는 텍스트를 말한다

창작자의 가장 원초적이고 일관된 교과서는 물론 자기 자신이다. 같은 교과서로 같은 스승 밑에서 공부해도 학생들은 서로 다른 각자의 정신성과 감수성을 키워나간다. 하지만 '나'는 고정된 것도 아니며, 자신조차 온전히 알 수 있는 게 아닐 것이다. 타인으로선, 솔직한 대화를 통해서 상대방을 조금 더 알 수 있을 뿐이다.

우리는 이 책을 위해서 봉준호와 네 차례의 대화를 가졌다. 그의 영화적 교과서들뿐만 아니라 구체적 텍스트로 환원될 수 없는 환경과 기질과 취향의 변화도 물었고, 그는 언제나처럼 세심하게 답해주었다. 다음은 모두 여덟 시간에 이르는 대화 중 후자에 해당되는 내용을 정리한 것이다.

조용한 가족

가족 이야기부터 좀 들려주세요.

2남 2녀의 막내였어요. 아들, 딸, 딸, 아들. 아버지(봉상균, 2017년 작고)는 산업 디자인을 전공하고 대구 효성여자대학교(현 대구가톨릭대학교)에서 디자인 전공 교수를 지내셨어요. 그러다가 서울에 있는 당시 디자인포장센터(현 한국디자인진흥원)라고, 무슨 국가기관 같은 거였는데, 영화로 치면 영화진흥위원회 같은 곳인가, 하여튼 거기에 근무하시다가 다시 또 대학으로 돌아가셔서 계속 디자인을 가르치셨어요. 엄마는 초등학교 교사를 하다가 전업주부로 전환을 했고요. 형(봉준수)은 영문학을 전공해서 교수가 됐죠. 누나(봉지희)도 패션디자이너예요. 어쨌든 집에 미술책이 많이 있었어요. 아버지 덕분에 외국 여러 나라의 디자인과 일러스트레이션, 사진집, 화집 같은 걸 많이 접했어요.

집안 분위기는 자유로운 편이었나요?

어떻게 설명해야 할지 모르겠어요. 저희 집에 왔던 친구들은 집 분위기 되게 이상하다, 특이하다 그랬는데, 권위적이고 뭐 이런 건 전혀 없었어요. 우리 아버지가 돌아가신 지 벌써 한 7년 됐으니까 편하게 얘기하자면 좀 귀여우신 분, 권위적이지 않고 고함 한 번 치신 적이 없어요. 근데 집에서 아이 컨택 같은 걸 잘 못했어요. 가족들하고도 딴 데 보고 얘기하고 그랬어요. 아버지가 나를 앉혀놓고 마주 보고 길게 얘기하신 적이 없어요. 같이 뭐 먹으러 가고 이런 건 되게 좋아하셨지만, 정색하고 얘기하는 걸 잘 못하시는…… 아버지는 대구분이었지만 어머니는 서울분인데 되게 좀 깔끔하세요. 제가 정리 강박 같은 게 좀 있는데 그건 엄마한테 배운 것 같아요.

아버지의 취향에 영향을 받기도 했나요?

모르겠어요. 아버지 서재가 있었어요. 초등학교 1, 2학년 때 네 시간 수업하고 집에 오면 아버지 서재에서 이것저것 보고. 재밌잖아요. 외국 미술 디자인 서적 같은 비주얼한 책들이 많았는데 언어를 몰라도 되잖아요. 그러니까 막 계속 보는 거지. 신기한 것들이 많았어요. 아버지가 순수미술 하시는 분이었다면 거기 무슨 고흐나 피카소 화집 같은 것들로 꽉 차 있었을 테지만 아버지는 산업 디자인, 시각 디자인을 하셨기 때문에 책들이 다행스럽게 좀 버라이어티하게 있었죠.

아버지와 창작이나 예술에 대해 얘기를 나눠본 적은 단 한 번도 없는 것 같아요. 다른 대화도 없었으니까. 대화가 별로 없었어요. 저희 식구들이 지금도 그런데 별로 대화를 안 해요. 조용히 따로따로 움직여. 그렇다고 치고받고 싸우고 이러지도 않는데 대화를 안 해. 그리고 다 같이 먹는 거에 집중한다거나 다 같이 집중해서 TV를 본다거나.

가족끼리 여행 간 적이 거의 없어요. 가족들끼리 집 밖이나 길에서 마주치면 어색해하는 거 있잖아요. 이거 어떻게 행동해야 하지, 무슨 말을 해야 하지, 길에서 만나면 약간 어색해하는 가족. 약간 이상한 분위기인데 그렇다고 무슨 사건이나 트라우마가 있는 건 아니고 그냥 분위기가 좀 그랬어요. 온 가족이 3박 4일간 캠핑을 간다거나 이런 건 전혀 없었어요. 집에서 계속 TV 보는 거야. 드라마 홍보면서.

"가족끼리 여행 간 적이 거의 없어요.
가족들끼리 집 밖이나 길에서 마주치면 어색해하는 거 있잖아요.
이거 어떻게 행동해야 하지, 무슨 말을 해야 하지,
길에서 만나면 약간 어색해하는 가족."

가족이 다 같이 보셨어요?

같이 볼 때도 많았어요. 아무 말 없이. 아버지도 드라마광이었어요. MBC나 KBS 그러니까 양사 주말 연속극을 다 너무 좋아하셔서 보통은 둘 중 하나를 선택하시는데, 비디오가 나온 후에는 어떤 시즌에는 MBC 드라마를 라이브로 보면서 KBS 드라마를 나보고 비디오로 녹화하라고 하고선 바로 녹화된 KBS 걸 보시고 그랬죠.

형이 1990년대에 영화 개론서로 거의 유일했던 『영화의 이해』(루이스 자네 티)를 일부 번역하셨잖아요. 형의 영향을 좀 받은 편이었나요?

봉준수 선생. 형이 문학 전공자지만 영화팬이기도 했어요. 덕후까지는 아니었지만. 당시에 귀한 책을 형이 모아놓은 게 있었어요. 영화 서적이 아니라 잡지 부록이야. 『소년중앙』 부록으로 나온 '할리우드 영화 100선' 이런 거 있잖아요. 김홍준 감독님의 『영화에 대하여 알고 싶은 두세 가지 것들』 나오기 전까지는 내용은 좀 부실해도 리스트를 볼 수 있는 게 그런 거밖에 없었어요. 『학생중앙』 부록으로 나온 70년대 베스트 명작 몇 선, 그런 데 보면 〈대부〉(1973)나 시드니 루멧의 〈뜨거운 오후〉(1975) 이런 것들이 리스트에 있었죠. 그런 걸 보고 적어놓았다가 신문에 공중파 영화 편성표에 나오면 이거 그거다, 라며 내 시간표를 짜는 거죠. 비디오 시대 이전이라 녹화를 할 수도 없었고 시간대를 놓치면 못 보는 거니까.

『영화의 이해』 메인 번역을 김진해 선생이 하셨는데, 후배인 우리 형한테 일부를 분담시킨 거였어요. 그런데 형이 번역을 하면서 자꾸 나한테 자랑을 하는 거야. 준호, 너 왜 카메라를 이렇게 밑에서 찍는지 아나, 로 앵글이라고 아나, 너는 모르지? 이러면서. 번역하면서 자기도 재밌으니까 자꾸 옆방에 있던 나한테 와서 자랑을 하는 거야. 그래서 뭘 하길래 저러는 건가 싶었는데, 몇 달 지나고서 현암사에서 번역서가 나왔어요. 당시로서는 센세이셔널했죠. 공식적으로 판권 계약을 해서 제대로 출간된 최초의 영화 개론서였던 것 같아요. 그래서 열심히 봤죠.

감독님 영화에서는 아파트가 중요한 공간으로 자주 등장합니다. 유년기에서 청년기까지 집에 대한 기억이 궁금합니다.

1978년, 초등학교 3학년 때까지 대구에서 살다 4학년 때 아버지가 직장을 옮기시면서 서울로 올라왔죠. 대구에선 일반 주택이었고, 서울에 올라와서부터는 쭉 아파트 생활이었어요. 서울에 오면서 2호선 성내역이 뭘로 바뀌었지(잠실나루역), 거기 잠실 장미아파트라고 있어요. 롯데월드 있는 쪽에. 거기서 한강이 보이는데, 고등학교 때 한강 다리에서 괴물을 봤다는 둥 이상한 헛소리도 하고 그랬죠. 초등학교 4학년 때부터 중학교 고등학교 대학교까지 잠실에 있는 잠실 아파트 단지에서 자란 거죠.

잠실 장미아파트가 뭘로 유명한지 혹시 아세요? 거기가 바퀴벌레로 유명해요. 아무리 소독을 해도 안 될 정도로 많아서 주민들이 그냥 아예 체념하고 자포자기하고 사는 아파트. 장미아파트에서 79년부터 대학교 2학년 때인 85년까지 십여 년을 살았는데 정말 바퀴벌레와 함께한 청소년기였어요. 너무 많았어요. 저는 바퀴벌레가 너무 무섭고 싫었거든요. 쥐보다 더 무서웠어요. 쥐는 덜 무서운데. 너무 끔찍하고 무섭고 항상 그것 때문에 신경이 곤두서 있고 초조하고…… 아침에 일어나 보면 막 이불 속에서 나랑 같이 잔 거야, 바퀴가. 시체가 돼 있고.

무시무시한 일들이 많았어요. 집에서는 바퀴벌레와 관련해 서스펜스가 항상 있었어요. 바퀴벌레를 팍 쳐서 이렇게 잡으면 벽에 막…… 너무 끔찍하잖아요. 지저분하고요. 그래서 어떻게 하면 이 바퀴를 깔끔하게 잡을 수 있을까. 유리병으로 탁 덮어서 병 안으로 기어오르면 뚜껑을 닫아가지고 화장실에 가서 변기에 탁 털어서 내보내고…… 이런 걸로 고민하고. 이건 전혀 영화적이지 않은 얘기지만 하여튼 서울에서는 공동주택에 계속 살았던 거죠.

그런 경험 일부가 〈플란다스의 개〉(2000)에 좀 녹아 있어요. 이성재와 배두나 캐릭터가 추격전 할 때 아주 멀리서 찍은 와이드 숏이 있거든요. 두 사람이 점처럼 섞인 장면은 제가 어렸을 때, 중학교 때인가 고등학교 때 실제로 비슷한 걸 목격했던 거예요. 어떤 학생이 겨울이었는데 장미아파트 옥상에서 눈사람을 만들고 장난치고 놀다가 농구공만큼 크게 뭉친 눈 덩어리를 지상으로 던졌어요, 행인들을 향해서. 너무 위험한 장난이죠. 그거 머리통에 맞았으면 아마 사람 죽을 수도 있는데 다행히 사람 옆에 떨어졌어요. 그 눈 폭탄을 맞을 뻔했던 아저씨가 화가 나서 뛰어 올라온 거예요. 근데 또 운 나쁘게 얘가 어디 중간에 계단에서 마주쳐서 그 아저씨랑 학생이 막 쫓고 쫓기기 시작한 거야. 비상계단 그 비주얼 정말 그대로예요.

저는 건너편 동에서 그걸 목격했기 때문에 넓은 복도식 아파트가 플랫하게 된 비주얼에서 눈 폭탄을 맞을 뻔한 아저씨와 그걸 던진 학생이 막 쫓고 쫓기는 걸 봤는데 그게 기가 막혔거든요. 요즘 같았으면 아마 핸드폰을 꺼내서 찍었겠죠. 그때는 그런 시절이 아니었으니까 머릿속에만 각인시켰는데 그게 〈플란다스의 개〉에 나오게 된 거예요. 집에 대한 기억이라기보다는 넓게 봐서 아파트 단지, 아파트 동에 대한 기억들이 영화에 많이 녹아 들어가 있는 것 같아요.

"아파트 지하실에서 관리실 직원들이 탁구를 쳤어요.
그렇게 컴컴하고 먼지 가득한 곳에서.
데이비드 린치 영화 같았어요."

아파트 지하실도 그때의 기억에 남은 건가요.

그렇죠. 아파트 지하실도 그즈음 처음 내려갔는데, 되게 이상한 공간이잖아요. 경비 아저씨들, 청소하는 아주머니들에게는 공식적으로 휴식 공간이 없잖아요. 요즘도 그런 경우가 많으니 예전에는 더 그랬지. 그러니까 주민들이 버린 침대나 소파, 가구 같은 걸 얼기설기 모아서 휴게 공간 같은 걸 만들어놓은 거예요. 근데 컴컴하고 먼지 쌓인 곳에 햇빛도 들지 않는데 그 느낌이 되게 기괴하거든요. 콘크리트 노출벽이라고 해야 되나, 그런 거친 질감에 파이프라인들이 오가고. 그런 곳이 침대, 헬스기구, 주민들이 버린 텔레비전, 옷장 이런 것들로 구성이 되는 거예요. 본인들이 거기서 쉬기도 하고 TV를 보기도 하고요. 컴컴한 공간에 작은 백열등 하나로 그런 것들이 보이는데, 그 비주얼이 너무 인상적이었어요. 그리고 탁구대도 있어서 아파트 관리실 직원들이 탁구 치는 걸 본 적도 있어요. 그 모습도 기괴했어요. 그렇게 컴컴하고 먼지가 가득한 곳에서 백열등 밑에서 탁구를 치고 있는 거예요. 지금 같았으면 아마 무슨 데이비드 린치 영화 장면 같다고 생각했을지도 몰라요. 그때는 그냥 그 자체로 생생하고 이상했어요. 그래서 〈지리멸렬〉(1994)이나 〈플란다스의 개〉를 아파트 지하실에서 찍게 된 거죠. 제가 살던 아파트 지하실이죠.

혹시 방이동 대림아파트인가요?

세트 지을 돈이 없었기 때문에 〈지리멸렬〉이나 〈플란다스의 개〉는 대림아파트 지하실에서 찍었어요. 거기서 고릴라 인형 가지고 이상한 애니메이션을 찍기도 했는데, 〈루킹 포 파라다이스〉(1992)라고 다큐 〈노란문〉(2023)에 나와요. 제가 지하실에서 특별한 영화적 사건을 겪었거나 트라우마가 있거나 그런 건 전혀 아니지만, 그냥 중산층 아파트 지하에 그런 공간이 있다는 게 재미있었던 것 같아요. 그곳의 비주얼에 좀 많이 끌리기도 했었고요.

보통은 아파트에 살더라도 지하실에 내려갈 생각을 잘 안 하지 않나요.

거기 내려갈 일이 없잖아요. 약간 무섭기도 하고. 거기가 직원들만 가는 공간이기도 하고. 중학교 때였던 것 같아요. 같은 단지에 살던 학교 친구가 탁구 치러 가자고 해서 나는 탁구장에 가는 줄 알았더니 지하실에 탁구대가 있다는 거예요. 공짜로 실컷 칠 수 있다고요. 그래서 내려갔더니 마침 관리실 직원이 치고 있어서 좀 기다렸다가 탁구를 쳤어요. 그때 처음 내려가본 거예요. 그날 비주얼이나 이런 게 너무 신기하고 거기 매혹돼버려서 그 이후에는 나 혼자도 계속 내려가보고 그랬죠.

지하실에 계시는 분들과 대화도 나누고 어울리셨어요?

그런 건 전혀 없었어요. 가족끼리도 밖에서 만나면 어색한데 모르는 사람에게 어떻게 말을 걸겠어요. 저는 오히려 숨어서 이렇게 있다가 경비 아저씨가 들어오면 안 걸리려고 피하고. 소통보다 저는 그런 쪽이죠. 들키지 않으려고 하고 숨고 뭐 이런 체질이었죠.

아파트 사실 때 자기만의 방이 따로 있었나요?

대구 살 때, 초등학교 4학년 때까지는 형이랑 방을 같이 썼었고요. 서울 아파트에 와서 형은 되게 큰 방을 차지하고 처음으로 제 방이 생겼어요. 부엌에 딸린 되게 작은 방이었어요. 부엌과 다용도실 사이에 이렇게 기역자로 끼어 있는 방, 바깥 풍경이 보이지 않는 제 방 창문을 열면 다용도실에 세탁기 빨래가 이렇게 걸려 있어요. 그래도 형이랑 같은 방 쓰기는 싫은 거야. 그래서 조그만 방을 아기자기하게 꾸며놓고 지냈었죠. 침대가 들어갈 만한 방이 아니에요. 이불을 한쪽에 개놨다가 잘 때는 쫙 펴고 자고 그랬죠. 거기서 만화도 그리고, 새 TV가 거실에 들어온 뒤에는 그 방에서 옛날 TV와 대형 볼록렌즈로 영사기도 만들고 그랬죠. 행복했어요.

<설국열차>(2013)에서 복면 쓴 남자들이 죽은 생선을 들고 있는 장면, 그걸 제작자인 하비 와인스타인이 자르라고 했을 때 우리 아버지를 위한 장면이라면서 지키셨죠?

거짓말이었어요. 나나 홍경표 감독이 제일 좋아하는 신이거든요. 죽은 생선 딱 나오고 조명도 신경 써서 하고. 근데 와인스타인 아저씨가, 지금 감옥에 있지만, 저거 관객들은 절대 이해 못하니까 잘라야 한다고 했어요. 그래서, 내가 그랬지. 사실 내 가족에게 의미가 있다. 뭐냐 물어서, "마이 파더 이즈 피셔맨, 데디케이티드 투 마이 파더" 했더니 갑자기 놀라면서 왜 진작 말 안 했냐, 가족은 제일 소중해, 이러면서 젊은 편집 기사한테 너 그 컷 절대 손대지 마! 그러면서 또 허세를 부리는 거야. 속으로 좀 약간 미안했어요.

예전에 어느 인터뷰에서 "나는 모범생의 탈을 쓴 변태"였다 하신 적 있어요. 어떤 면에서 그렇게 생각하셨는지, 그리고 또래 집단에서는 어떤 이미지의 사람이었는지도 궁금해요. 영화 얘기를 친구들하고도 많이 나누셨는지도요.

친구들과 영화 얘기를 나누거나 같이 영화를 보러 가자고 한 적은 없었어요. 극장은 혼자 간 적이 많았어요. 사람들은 그걸 이해를 못하더라고요. 나와 영화의 만남이라서 나는 혼자 가는 게 되게 자연스러운데. 영화에 더 빨려들 수도 있고요. 변태 수준까지 될 처지도 못 되고, 근데 모범생 콤플렉스 때문에 괜히 변태라고 얘기한 거 아닐까요? 내가 그렇게 반듯한 사람만은 아니라는 점을 강조하고 싶은 모범생 콤플렉스 때문에 많이 시달렸어요. 거칠거나 이상한 짓거리를 하고 다녀야 예술가이고 감독이라는, 지금 생각하면 되게 촌스러운 멘탈리티가 1990년대에서 2000년대 초반까지만 해도 있었거든요. 그래서 괜히 조감독 생활하던 선배가 감독 입봉한다고 그러면 막 수염 기르고 괜히 이런 분위기 있잖아요. 썰렁하지만, 그런 게 좀 있었던 시절이에요.

당시 제작자들이 쓰던 일본말로, 감독 무끼라는 게 있었어요. 사람의 분위기나 말하는 투나 제스처나 담배를 피우는 꼬라지나 이런 것들이 사실 말도 안 되는 거고 허세인데 그때는 그런 허세를 강요받는 그런 분위기가 좀 있었어요. 그러니까 쟤는 감독 무끼야, 그런 분위기가 있어, 쟤는 조감독 무끼야, 일만 열심히 해, 이런 식이었는데, 저는 항상 후자 쪽으로 분류가 되는 거예요. 모범생 느낌의 조감독. 성장 환경도 그냥 평범하고 얌전한 중산층 가정 출신. 어렸을 때 무슨 양부모의 학대를 당해야 더 센 영화가 나올 수 있을 것 같은 이런 이상한 분위기가 은연중에 있었는데, 그런 분위기에 많이 시달렸어요. 제가 그 발언('모범생의 탈을 쓴 변태')을 언제 했는지 모르겠지만 그런 잔재가 남아 있었던 것 같아요.

그래서 모범생이었던 것만은 아니에요, 라고 말하고 싶었던 것 같아요. 어떻게 보면 약간 한심한 건데 그랬던 것 같아요.

불안과 강박, 그리고 악몽

열 살 이전에 본 <싸이코>(1960)와 <공포의 보수>(1953)를 강한 원초적 체험으로 얘기를 해오셨어요. 왜 어린 시절부터 잔인한 범죄와 스릴러에 끌렸을까요.

글쎄요. 사람마다 끌리는 감정이나 정서가 있을 텐데 저는 그런 서스펜스 쪽에 많이 끌렸던 것 같아요. 조마조마하고 불안한 그런 것들에요. AFKN에서 매주 목요일 저녁 8시에 〈미션 임파서블〉(1966) 시리즈를 했었어요. 성냥불 쫙 켜지면서 그 유명한 음악 나오는. 드 팔마가 1996년에 영화를 만들기까지는 긴 세월 되게 유명한 시리즈였잖아요. 어렸을 때 저나 우리 형이 그 유명한 테마 음악과 함께 〈미션 임파서블〉 보는 걸 좋아했었어요. 주인공이 이렇게 복도 코너를 쫙 돌면 저쪽에서 나쁜 놈이 계단으로 쫙 올라오고. 손에 땀을 쥐게 하는 상황들의 연속인데 그런 정서나 긴박감으로 보는 사람을 불안하게 하는 거에 항상 끌렸던 것 같아요. 드 팔마 영화도 그렇고 히치콕 영화도 그렇고. 왜 그런 걸 그렇게 좋아했는지는 어릴 때는 생각 못해봤고, 50대가 넘은 지금 괜히 분석적인 척하면서 얘기해볼 수는 있겠지만, 사실 그 근원은 잘 모르겠어요. 제게 불안 강박 증세가 있긴 있었어요. 그 증세 관련해서 약을 먹은 적도 있고요. 근데 그러면 오히려 이런 영화가 싫어야 하는 건 아닌가…… 모르겠어요.

"의사 선생님이
'명백한 불안 증세와 강박 증세다, 어떻게 사회생활을 했는지 모르겠다'
하길래 나는 문제없이 잘했다고 했어요."

정신과 상담을 받으신 건가요.

불안 증세랑 강박 증세는 공식적으로 진단을 받은 거예요. 의사 선생님이 "명백한 불안 증세와 강박 증세다, 어떻게 사회생활을 했는지 모르겠다" 하길래 나는 문제없이 잘했다고 했어요. 선생님은 "영화적으로 해소하는 거라면 다행인데 어쨌든 이 진단 결과로 봤을 때는 사회생활이 불가능한데 어떻게 하는지 모르겠다"고 하더라고요. 그래서 "불안하니까 나는 또 열심히 일을 한다, 열심히 콘티를 그린다" 이런 식으로 대답하면서 웃고 말았어요. 약도 처방을 해주시더라고요. 근데 약을 조금 먹다 말았지, 약을 먹으니까 일이 잘 안 되더라고요. 느슨해지고 그래서 약을 끊어버렸죠.

그게 언제쯤인가요.

〈옥자〉(2017) 준비할 때였나. 2014년경에 너무 힘들고 심적으로 종잡을 수가 없었어요. 〈설국열차〉 때 프로덕션 과정에서 여러 가지 고충이 많았어요. 처음 외국 나가 찍는 영화여서 그런지 이미 번아웃 상태였어요. 의사가 〈설국열차〉 끝나고 일을 하지 말라 그랬어요. 그런데 〈옥자〉로 이미 벌여놓은 일들이 많고 연관된 사람들, 기다리고 있는 사람들이 많다 보니까 그 책임감에 안식년 같은 걸 할 수가 없었어요. 그러면서 상태가 악화됐던 것 같아.

내가 항상 겹쳐서 준비하는 경우가 많잖아요. 〈괴물〉(2006) 찍을 때 이미 〈마더〉(2009)를 준비하고 있었고. 계속 디졸브되니까 그게 내 건강에 안 좋았나 봐. 딱 끝내고 쉬고 다시 하고 그래야 되는데 계속 겹쳐 있었잖아요. 지금도 또 그런 상태예요. 〈미키 17〉(2025) 하기 전부터 애니메이션을 준비하고 있었고. 그래서 이번 애니메이션 끝나면 좀 그렇게 안 하려고 해요. 아무튼 그때 번아웃 상태였는데, 그런 상태에서 〈옥자〉는 복잡하게 준비가 막 시작되고 있었던 거죠. 예산도 크고 CG 돼지가 나와야 해서 거기에 대한 불안감과 압박감도 많아서 상태가 많이 안 좋아졌던 것 같아. 우선 몇 개월 약을 먹었어요. 약 먹고 했던 콘티가 별로 안 좋았던 것 같아. 약을 먹다가 나 스스로 끊었어요. 이걸 의존하면 안되겠다 싶어서.

악몽을 지속적으로 반복적으로 꾸는 거, 그게 증상이에요. 정신과 가 봐야 돼요. 제가 연쇄살인마 공부를 많이 했잖아요. 〈마인드헌터〉(2017)에 나온 그 에드 캠퍼라는 무시무시한 연쇄살인마, 이들은 스스로 멈추지 못해요. 대부분 체포돼서 감옥에 가거나 아니면 본인이 죽거나 그래야 이게 멈춰지는데 간혹 드물게 스스로 멈춰지는 경우가 있어. 본인의 뭔가 핵심적인 게 해소됐기 때문에. 에드 캠퍼는 열몇 명의 여자를 죽였는데 제일 마지막 죽인 게 자기 엄마야. 자기 엄마의 목을 자른 다음에 엄마의 입을 벌리고 지금 말로 표현하기 힘든 어떤 짓을 해요. 그리고 딱 멈췄어요. 이 사람이 죽이고 싶었던 건 원래부터 엄마였던 거예요. 차마 그거를 처음부터 시도를 못했기 때문에 애먼, 다른 대상을 계속 죽이다가 결국은 거기에 도착한 거예요.

<옥자> 이후로는 괜찮아지셨나요.

그 후에 다시 약을 먹지 않았어요. 우울감이야 누구나 있을 정도의 우울감 아닐까 싶어요. 그리고 불안 강박 증세는 나 스스로 생각해도 좀 줄어든 거 같아요. 옛날보다 여유가 좀 생긴 것 같아. 옛날에는 내가 찍고 싶은 거나 내가 해야 되는 거에 바둥바둥하는 집착이 많다 보니까, 보통 집착이 강할수록 불안해지는 거잖아요. 근데 이제 집착이 좀 약해졌나 봐. 〈기생충〉(2019) 때부터 그런 느낌이에요. 〈기생충〉이 한 숏을 얻는 데 촬영한 테이크 수가 되게 적어요. 〈살인의 추억〉(2003) 때는 기본 테이크 수가 15개, 많을 때는 20~25개였거든요. 그런데 정작 편집실에서 보면 뭐야 이거 똑같잖아, 왜 또 찍었지, 이러니까. 이제 알게 된 거지. 그런 경험이 쌓여서 그런지 이건 이렇게 하면 된다, 같은 게 생겼어요. 테이크 수도 점점 줄어들고. 〈미키 17〉도 비슷했던 것 같아요. 이러다가 다시 어떻게 될지는 모르지만. 나이를 먹어서 그런 건지는 모르겠어요. 어쨌든 불안은 조금 줄어든 것 같아요.

많은 예술가들에게는 페티시즘이 있습니다.

타란티노 형, 발 같은 거요?

루이스 브뉘엘의 쥐도 있고요. 감독님의 경우는 어떤가요.

페티시보다는…… 피하고 싶은 게 있어요. 붙는 의상 너무 싫어요. 미국에서도 인터뷰 때 얘기한 적 있는데 누가 나보고 슈퍼히어로 마블 영화 찍을 생각 없냐고 물어보는 거야. 나는 히어로 영화고 뭐고 그거 절대 못 찍는다, 왜냐하면 그 히어로들, 캡틴 아메리카도 그렇고 대부분 몸에 딱 붙는 거 입는데 몸에 붙는 옷이 너무 싫다, 그랬어요. 영화에서도 그렇고 나도 물론 입을 일이 없지만 실생활에서도 보는 게 싫어요. 난 의상도 주로 박시한 걸 고른다, 그랬어요. 그러니까 페티시가 아니라 포비아, 딱 붙는 옷 포비아가 있어요.

여성 남성 모두요?

다 너무 싫어요. 여성 캐릭터도 헐렁한 옷을 입었을 때 오히려 그게 매력적으로 느껴져요. 더 섹시하게 느껴지고. 왜 그런지 모르겠어요.

작업하실 때 강박 같은 것도 있나요? 이를테면 잉마르 베리만 같은 사람들은 맨날 똑같은 종이에 뭘 써야 된다고 합니다. 감독님의 경우는 어떤가요? 같은 펜을 써야 된다거나 같은 장소에 가야 한다거나……

아이패드? 2010년도에 아이패드를 선물 받았는데 그 당시 아이패드는 진짜 초창기였어요. 성능도 지금에 비하면 정말 형편없었어요. 〈설국열차〉 준비할 때였는데, 쓰자마자 되게 매혹되어서 바로 노트북 생활을 청산하고 14년째 모든 일을 다 아이패드로 하고 있어요. 시나리오도 이걸로 쓰고 콘티도 여기에 그려요. 〈기생충〉 콘티 출간됐잖아요. 그것도 다 아이패드에 그린 거야. 그래서 모든 일을 여기다 병적으로 하는 편이에요. 이걸로 음악 듣고 동영상 보고 편집본 넣어서 보고. 〈미키 17〉 스토리보드도 여기다 다 그린 거고, 〈미키 17〉 영화 전편도 있어요. 〈기생충〉도 200페이지가 넘는데 어쨌든 여기다 그렸어요.

"지금도 촬영장에 좀 되도록 일찍 가려고 해요.
다 나를 기다리고 있는 상태에서
내가 들어가는 상황에 대한 공포가 있어요."

오래된 공포나 두려움의 존재나 대상 같은 게 있나요?

많죠. 예를 들면 이런 거지. 조감독 때 그런 공포감을 느꼈는데 사람들과 같이 들어가면 괜찮은데, 넓은 삼겹살집이고 스태프들이 한 오륙십 명이 앉아서 밥을 먹는데 이미 사람들이 다 앉아 있는 상태에서 내가 들어가려면 너무 싫고 무서운 거야. 사실 막상 들어가면 아무도 나를 보지도 않는데. 사실은 지금도 촬영장에 좀 되도록 일찍 가려고 해요. 다 나를 기다리고 있는 상태에서 내가 들어가려면 되게 싫고 뻘쭘해요. 대학생 때도 그랬어요. 도서관에 공부하는 사람들이 죽 앉아 있잖아요. 그럼 내가 혼자 일어나서 가로질러 가야 되잖아요. 화장실 갔다가 다시 돌아올 때면 그게 너무 부담스러운 거야. 왜 그랬지? 그래서 화장실 가는 걸 참은 적도 있어요. 사실 아무도 나를 안 보잖아. 관심도 없고. 그렇다고 내가 군중을 무서워하거나 광장을 무서워하는 건 아닌 것 같아요. 길에 사람들 많으면 오히려 편하게 움직이니까. 근데 모두가 딱 자리를 잡고 있는데 혼자 움직이려면 되게 부담스러워요.

또 다른 건 이런 거예요. 감독이 되고 난 후에도 회식을 하면 연출부들에게 이상한 부탁을 할 때가 있어요. 한 명이 얘기하고 모두가 듣는 상황 있잖아요. 그걸 되게 못 견뎌요. 그래서 최대한 둘씩 셋씩 산만하게 소리 섞이게 막 떠들라고, 내가 얘기하면 다 듣고 배우가 얘기하면 다 듣고 그런 걸 깨뜨리라고 그래요. 그 상황이 너무 싫은 거야. 민망하고 불편하고 그래서 어떻게든 산만한 회식을 만들려고 애를 써요. 자꾸 누가 좀 지방 방송을 켰으면 좋겠어요. 근데 문제가 뭐냐 하면, 미국 애들은 스피치를 되게 좋아하잖아요. 밥만 먹어도 괜히 이거(포크로 잔 치는 소리를 내며) 하고 별 하나 마나 한 소리를 일어나서 계속하잖아요. 그러면 와아 하면서 감동하고…… 오스카 캠페인 기간에 그런 상황이 많아서 너무 힘들었고 그게 견딜 수가 없는 거예요. 그게 너무 싫었고요. 특히 미국 영화에 스피치 장면 많이 있잖아요. 집에서든 학교에서든 군대에서든. 〈인디펜던스 데이〉(2016)에서 빌 풀만 대통령의 연설 같은…… 한 명이 여러 명한테 말하는 그 상황 자체도 못 견디겠는데 심지어 그 내용, 그 스피치에 감동 받아서 사람들이 이렇게 우와! 하면 그냥 거의 죽고 싶어지지. 못 견뎌요.

근데 그런 스피치 장면 중에 유일하게 좀 손발이 안 오그라들고 약간 감동했던 건 〈반지의 제왕〉 3편(2003)의 마지막 클라이맥스에서 아라곤이, 비고 모텐슨이 마지막에 사우론 앞에서 연설하거든. 피터 잭슨이 하도 연출을 잘해서 그런 거겠지. 마지막에 '프로도를 위하여'라고 할 때 뭉클했어요. 기름진 연설 마지막에 기름기를 싹 걷어내면서. 그래서, 역시 피터 잭슨이다, 했죠. 〈반지의 제왕〉이니까 저런 스피치 장면을 피할 수 없었을 텐데 또 이 양반이 연출하니까 저렇게 좀 다르구나…… 스피치는 미국인들의 특징이지. 미국 애들은 왜 그런지 모르겠어요. 하라고 막 시키기도 하고. 되게 곤란함을 많이 겪었어요. 스피치 공포가 있어요. 한 명이 말하고 여러 명이 듣는 거 너무 싫어요. 일어나서 해도 싫고, 앉아서 해도 싫고. 다 그냥 산만했으면 좋겠어요. 그리고 뾰족한 거? 우리 아이 키울 때 더 그랬는데 뾰족한 물체에 대한 공포. 이런 게 있으면 그냥 괜히 잡고 있어요. 계속. 우리 애가 그 장소에 없어도 잡고. 누가 이렇

게 뒤통수를 찍히는 상상을 하고. 공포까지는 아닌데 자꾸 신경에 거슬
려요.

**감독님 영화에는 진지한 상황에서 딴소리하는 인물들이 있어요. 그런 점에
관해 물으면 기질적으로 심각한 순간이나 팽팽한 긴장이 계속되면, 그걸 못 견뎌
서 그 순간에 다른 생각을 자주 한다고 말하신 적이 있어요.**

지금은 많이 발전했는데 옛날에는 아이 컨택을 못했어요. 아버지도
그랬어요. 자녀들을 똑바로 보고 얘기를 못했어요. 아버지와 그나마 대
화한 건 운전할 때. 서로 안 봐도 되잖아. 함께 앞을 보니까. 그럴 땐 얘
기를 좀 해요. 아버지 성격이 특이해서 나도 그 영향인지 아이 컨택을 잘
못해왔고 그걸 개선하려고 많이 노력했죠. 그래도 정색하고 서로 마주
보면서 심각한 얘기 하는 걸 견디기가 되게 힘든 거야. 그럴 때 이렇게
옆으로 새서 도망가면 너무 마음이 편한 거죠. 그러다 보니까 그런 신들
이 많은 것 같아요. 엉뚱하게 확 낚아채버리는 그 방면의 대가는 역시 코
엔 형제인 것 같아요. 영화 전체를 아예 그렇게 구성해버리는 배짱이 있
으니까 이 사람들은. 어떤 의미를 남기려고 하지도 않고 헛소동 끝에 교
훈을 주려고도 안 하고. 어이없지, 하고 그냥 영화를 끝내버리는 거잖아.
대단한 배짱이지. 그 허무함에 대한 두려움도 없는 것 같고.

"이삼 년간 지속적으로 꿨던 꿈이 있었는데 힘들었어요.
꿈속에서 내가 이미 살인을 한 상태고
그 건 때문에 자꾸 집 주변에 형사가 찾아와요."

자주 꾸는 악몽이 있나요?

대학교 때 많이 꿨어요. 지하철 안이고 사람들이 많은데 내가 바지를 안 입은 거야. 이거 어떻게 해야 되지? 근데 2분 후면 다음 역에 도착하는데 다음 역이 안 와. 거의 한 시간째 계속 가. 지하철인데 문이 안 열리고 나는 너무 괴로워하고…… 그리고 물건 놓고 오는 꿈. 가방을 A 장소에 놓고 B로 와버렸는데 그 B 장소에서 A 장소로 돌아가는 과정에서 B 장소에 또 딴 걸 놓고 왔어. 어쨌든 A 장소에서 간신히 찾아서 가는데 이번에는 B 장소에 있던 물건이 또 두 개로 나뉘어서 하나가 또 다른 데로 옮겨가고 그게 계속 불어나면서…… 그런 악몽도 많이 꿨었죠.

그리고 방위 마치고 복학해서 한 이삼 년간 지속적으로 꿨던 꿈이 있었는데 힘들었어요. 꿈속에서 내가 이미 살인을 한 상태고 그 건 때문에 자꾸 집 주변에 형사가 찾아와요. 형사가 나를 잡아가거나 신문하는 건 아니고 뒷짐 지고 슬슬 와서 괜히 현관 앞에서 쓱 들여다보고 씩 웃고 계속 불안하게 만드는 거야. 꿈속에선 내가 너무나 명백하게 살인을 했고 그걸 완벽하게 감췄다고 생각하고 있는데 그중 몇 가지 것들이 하나씩 노출되면서 공개되기 시작하는 단계 같은 거죠. 그 상태에서 자꾸 경찰서에서 집으로 전화가 오고. 근데 엄마가 전화를 받으면 막상 딴 얘기를 해요. 교통 범칙금 같은. 경찰서로 와주시면 좋겠는데, 바쁘시면 아들내미 보내도 된다고 하고. 결국 나를 노리는 건데…… 그게 너무 현실적이어서 씻고 밥 먹고 학교 가서도 애들 앞에서도 계속 이렇게 얼굴 표정이 안 좋게 있다가 오후 두세시쯤 돼서 꿈이지, 형사 안 왔지, 이랬어요. 그걸 무슨 미니시리즈처럼 거의 매주 꿨어요. 근데 어느 시기가 지나니까 그게 없어졌어요.

꿈을 영화에 반영한 적은 없으세요?

〈기생충〉 시나리오 쓸 때, 영화 내용하고는 상관이 없는데, 인덕션 앞에서 내가 뭘 부글부글 끓이고 있는 꿈인데, 너무 기분이 좋은 거예요. 옆에 출력된 완성된 시나리오가 있어요. 완성돼서 표지까지 출력한 시나리오가 딱 있고 너무 기분이 편안하고 좋고. 꿈에서 늘 무섭거나 쫓겼는데 그때 너무 기분이 좋았어요. 서양 음식에 쓰는 세로로 긴 냄비 있잖아요. 계속 휘저으면서 기분이 좋았어요. 냄새도 좋고. 그런 꿈을 꾼 적이 있었어요.

영화인이나 영화에 관한 꿈을 꾼 적도 있나요?

돌아가신 장진영 씨 꿈 얘기했었나요? 장진영 씨는 개인적으로는 만난 적이 없어요. 『키노』에서 대담을 해달라고 그래서 엉겁결에 한 게 전부인데, 안타깝게 죽었잖아요. 너무 아름다운 젊은 나이에 그분이 죽고 나서 한 삼사 년 후에 꾼 꿈이에요. 무슨 영화인 행사 같은 거였어요. 햇살이 좋은 낮에 한 야외 행사인데 그게 장진영 씨 추모 행사였어요. 야외 공간에 영화인들이 다 모였어. 부산영화제나 청룡 시상식 같은 데서 볼 것 같은 멤버들이 쫙 모였어요. 사회자가 나오더니 오늘 장진영 씨 몇 주기를 맞이해서 특별히 주최 측이 장진영 씨랑 가장 닮은 사람을 뽑는 그런 콘테스트를 했다면서 똑같이 닮은 분이 저기 오셨다는 거예요. 그러더니 그분을 무대 위로 불러내요. 사람들이 전부 벙찐 거지. 이게 뭐하는 짓이냐고. 제작자 중에 이유진 대표라는 분이 있어요. 그분이 벌떡 일어나서 막 고성을 지르면서, 야 너희들 그게 뭐 개 같은 짓이야, 그러고. 나도 일어나서 옳소, 하고. 막 우는 사람도 있고. 근데 정작 장진영과 닮았다고 해서 뽑힌 사람은 정말 장진영 씨 같은데 너무 밝게 웃으면서 무대 위로 나가고 있는 거야. 사람들은 대부분 분노하고 슬퍼하며 여자 영화인들은 울고, 저거 말리라고 못하게 하라고 소리치고. 그러다가 꿈에서 깼어요. 너무 이상하지 않아요? 모욕이지, 그런 행사를 한다는 건. 추모제를 하면서 닮은 사람을 뽑았다는 건. 꿈속에서 너무 분노했어요. 주최 측이 미쳤구나…… 장진영 씨랑 딱히 잘 알거나 작업을 했던 사이도 아닌데 왜 그런 꿈을 꿨는지 모르겠어요.

1980년대에 실제로 이런 일이 있었어요. 남양주에 종합촬영소가 있잖아요. 세트장 기공식인가, 삽 꽂아놓고 한 사람씩 한 삽 뜨고 테이프 끊고 사진 찍고 하는 거. TV에서 그걸 봤어요. '연예가중계'인가에 나왔어요. 87년이나 88년이었나 봐요. 고인이 되신 강수연 누나가 〈씨받이〉(1987)로 베니스에서 여우주연상을 받았을 때였어. 최초의 월드 스타라고 난리가 났을 때였는데 당연히 그 기공식에 온 거야. 영화감독들, 제작자들, 관료들이 있고 유일하게 배우로 강수연 씨가 있었던 거예요. 근데 거기 작은 무대가 있었어요. 지금 생각해도 황당한데, 무대 이벤트로 거기 헬스 기구를 갖다 놓고 헝겊 끈을 묶은 다음에 〈씨받이〉 출산 장면을 강수연 씨보고 거기서 재현하라는 거예요. 벌건 대낮에 흙바닥에 공사 포클레인 있는 데서. 강수연 씨가 너무 하기 싫을 거 아니야. 근데 관계자들이 있으니까 화를 내진 않고. 또 관계자들은 대부분 또 남자들, 아저씨들이야. 정말 최악의 상황이었어요.

내가 고3 때, 한창 영화 공부하고 이럴 때인데 저런 게 한국 영화계라면 나는 영화감독 하기 싫다! 그랬죠. 너무 충격을 받았어요. 강수연 씨가 안 하려고 하는데, 사람들이 박수 치면서 하라고 강요하는 거예요. TV로 보는 내가 완전 악몽인 거야. 강수연 씨가 그걸 어찌어찌 잘 넘기더라고요. 아무리 정신 나간 아저씨들이라도 그걸 계속하라고 강요하지는 못했을 거예요. 강수연 씨가 얼마나 기가 센 분인데. 어떻게 잘 넘어간 것 같아. 요즘 같으면 고소 고발이지. 아까 얘기했다시피 한 명이 얘기하고 다 듣는 것조차 싫은데 모여 있는 군중 앞에서 그 출산 장면을…… 정말 내가 당한 일이 아닌데도 악몽 같았어요. 그래서 장진영 씨 꿈을 꾼 건가? 장진영 씨 꿈도 이상하잖아요. 왜 닮은 사람을…… 약간 데이비드 린치 영화 같기도 하고. 〈멀홀랜드 드라이브〉(2001)나 〈로스트 하이웨이〉(1997) 같은 데서 이상한 꿈 나오잖아. 근데 장진영 씨 닮았다고 뽑혀서 무대로 나간 아가씨는 너무 해맑고 즐거운데 내 가까이 이렇게 지나가. 근데 정말 장진영 씨였어. 나는 분노하면서도 속으로 정말 똑같네, 장진영 씨 아닌가, 막 혼동이 올 정도로. 너무 똑같은 사람이 해맑게 웃으면서 무대 위로 가고 있었고 영화인들은 되게 분노한 상태였어요. 이걸 딱히 어떻게 해석해야 될지 모르겠어요.

시대는 소년을 잠식한다

사춘기를 어떻게 보내셨는지요.

흔히 소설에 나오는 식으로 사춘기를 앓는다거나 첫사랑의 풋풋한 무슨 드라마가 있었다거나 그런 건 없었어요. 그냥 어린 오타쿠로 살았어요. 사춘기에 부모에게 심하게 반항을 하거나 가족 내에서 갈등을 일으켜 가출을 하거나, 여자 친구와 도주를 한다거나, 이런 사건들은 전혀 없었어요.

하지만 청소년기에 억압과 권위주의의 시대적 영향을 벗어나긴 힘들었을 텐데, 어떻게 그 스트레스를 견디셨나요.

제 사춘기가 전두환 시대였잖아요. 전두환과 함께한 사춘기, 이게 정말 끔찍한 거라고 생각해요. 집에서도 학교에서도. 아버지가 정치적인 사람은 아니었어요. 그때 서울의 디자인포장센터라는 디자인 기관에서 일을 하셨어요. 그 디자인포장센터의 대표에 낙하산 인사로 육사 장성 출신이 온 거예요. 디자인에 완전 문외한인 사람이 낙하산으로 와서 이사장으로 앉게 된 거예요. 아버지는 디자인밖에 모르는 사람인데 그 사람 밑에서 일하는 스트레스가 얼마나 어마어마하겠어요. 퇴근해서 돌아오면 종일 그 이사장 욕을 하는 거예요. 특정인을 비난하고 싶은 건 아니지만 어쨌든 상황 자체가 그랬으니까. 이름도 기억나요. 아버지가 원래 욕도 잘 안 하고 싸움도 안 하고 고운 성격의 사람인데 스트레스가 너무 많으니까 집에 와서 계속 그 사람 욕을 하는 거예요. '무식한 새끼가……' '디자인의 디 자도 모르는 개자식……' 저도 자연적으로 학습이 되어서 군사정권에 대한 반발심, 군인들에 대한 반발심이 생겼죠.

학교에선 어땠나요.

비슷했죠. 잠실고등학교를 다녔던 85년도에 거기도 공립고등학교의 교장으로 새로운 사람이 왔는데 그 사람도 육사 장성 출신이에요. 얼굴이 시커멓고 목 뒤가 새까만…… 그 사람이 교장으로 온 다음 주부터 교실 뒷문에다가 정사각형을 뚫어가지고 거기 유리창을 넣었어요. 그 유리창 높이가 교장 키에 맞춰져 있어요. 그래서 수업하고 있는데 와서 이렇게 들여다보는 거야, 그 시커먼 얼굴로.

그런 교장이 와서 맨날 그런 짓들을 하고 교련을 너무 많이 했고요. 학교가 완전 병영화됐었어요. 교련복 입고 플라스틱 총으로 훈련하고. 군사훈련 사열하면 교장한테 일제히 경례하고…… 국군의 날 행사 때 하는 걸 고등학생들이 다 했어요. 수업 끝나고 한 시간씩. 그런 훈련을 너무 싫어했거든요. 운동장에 줄 서 있는 게 체질적으로 제일 싫었어요. 햇볕도 별로 안 좋아하고 비 오는 날 좋아하는데, 땡볕 아래 운동장에서 군사훈련을 받고 있었으니까. 그 교장 때문에…… 얘기하다 보니까 열받네. 그 교장이 온 후로 군사훈련 시간이 엄청나게 늘어난 거야. 어쨌든 그러면서 자연스럽게 정치 성향이 생겼고, 대학에서 사회학과 가면서 그렇게 이어진 것 같아요.

당시에 모범생답지 않게 문제를 좀 일으켰다고 들었어요.

제가 너무 열 받아가지고 딱 세 번인가 만들고 폐간된 학급 신문을 만들었어요. 최병선이라고 약간 반골 기질이 있는 애랑 같이요. 뭐 거창하게 군사 독재에 저항한 건 아니지만 교장을 엿먹이려는 마음으로 학급 신문을 만들어서 100원씩 받고 애들한테 팔았어요. 거기에 약간 야한 신문 소설 같은 것도 넣어놓고 기사 같은 것도 써놓고. 거기에 제가 풍자만화를 그렸어요. 교장이 교실 뒷문에서 이렇게 우리를 감시하며 들여다보는 유리창에 근조 장례식장 검은 띠를 그리니까 들여볼 때마다 그게 영정 사진이 되는 거죠. 그게 교무실에서 약간 이슈가 됐었나 봐요. 1학년 5반 어떤 애가 신문을 만들었는데 거기에 이런 풍자만화가 있는데, 이 얼

굴이 누가 봐도 교장이다, 그렇게 된 거죠. 우리 담임선생이 불려가서 뭔
가 심한 소리를 들었나 봐요. 담임선생이 그걸로 저를 불러다 야단치거
나 하진 않았어요. 그 사람도 교장을 좋아하지 않았기 때문에. 이런 거
열심히 만들었고 수고했어, 고등학생으로서 이런 거 만들어보고 다 좋은
거야, 좋은 체험이고. 근데 계속하지는 마라. 그러면서 폐간됐지. 근데
옆 반에 불어를 가르치던 이동진 선생이라는 분이 있었는데 그 선생님이
나랑 신문 제작진 세 명을 불렀어요. 우리를 격려해줬어. 칭찬해주고. 너
무 잘했고, 니네 할 수 있으면 이런 거 계속해야 된다, 그리고 풍자만화
이것도 너무 좋았다. 그러면서 우리한테 책을 선물로 주더라고. 그게『세
계사 편력』이라고 네루가 딸한테 보낸 편지였어요. 대학의 운동권들 학
회에서 세미나 할 때 항상 제일 첫 교재로 나오는 책이었죠. 나중에 대학
가고 나서 그 이동진이라는 불어 선생님을 다시 TV에서 보게 됐는데 전
교조 무슨 간부가 돼 계시더라고요.

그런 선생님만 계셨던 건 아니었죠?

그럼요. 그때 국민윤리 선생이 되게 보수 성향인 사람이었는데, 이
름도 기억이 나네. 아주 안 좋은 선생님이 있었어요. 그때 권인숙 씨 부
천서 성고문 사건이 있었는데 그 얘기를 하다가 그 사람이, 근데 그 권
인숙이라는 사람은 순수한 대학생이 아니다, 좌경화되어 있고 정치적으
로 안 좋은 활동을 했기 때문에 그런 사건도 난 거다, 라고 해서 제가 즉
각적으로 손을 들고, 그 어떤 이유로도 성고문이 정당화될 수는 없잖아
요, 라고 했다가 그 선생이 나를 지긋이 보더니 때리지는 않았는데 분위
기가 이상하게 되면서 교무실로 오라고 해서 야단맞았죠. 애들은 나보고
막 웃으면서 야, 그거 그냥 가만히 넘어가지 군이 그런 얘기를 했냐, 하

는데, 못 참겠더라고요.

고등학생 때 시위에도 참여하셨죠.

87년 6월 항쟁이 고3 때였어요. 그때 성향이 맞는 친구들과 지하철 2호선을 타고 시내로 진출했죠. 6월 항쟁 때 대학생들 틈에 섞여서 대학생인 척하면서 같이 구호 외치고 최루탄 맞고. 분위기가 어마어마했어요. 전경한테 쫓겨서 구멍가게로 숨으면 가게 아줌마들이 딸기우유 주고 보름달 빵 주고 막 이러는 거예요. 힘내라 그러고 막 응원하고, 그러니까 어린 마음에 얼마나 신나요. 집에서 『중앙일보』를 봤었는데 신문을 딱 폈더니 1면에 이한열 사진이 있었어요. 그 유명한 사진, 뒤에 다른 학생이 껴안고 있고 이한열이 이렇게 귀 옆으로 피를 흘리면서 몸을 늘어뜨리는…… 〈1987〉(2017) 영화에서 강동원 씨가 그걸 재현했죠. 사춘기에 집에서 부모님과 무슨 텐션이 있거나 반항하거나 이런 건 없었는데 군사독재 스트레스는 실질적으로 많이 받았어요.

그런 성향에다 영화광이었다면 대학 시절에 장산곶매 같은 영화운동 단체에 가입할 생각은 안 했나요.

거긴 쉽게 들어갈 수 있는 데가 아니었죠. 맨체스터 유나이티드 같은 데인데. 제가 참여한 영화동호인 모임인 '노란문'이야 동네 조기축구회 같은 데라 누구든 왔다 갔다 했지만요. 장산곶매는 그 당시 정말 영화운동의 최전선에 있었고 그렇게 16mm지만 장편을 만들어서 배급까지 했잖아요. 〈파업전야〉(1990)는 전국적인 대흥행까지 했었어요. 정말 불가능에 가까운 일을 했던 분들인 거고 대단한 거죠. 〈파업전야〉는 저도 각목 들고 봤어요.

실제로 상영 행사 때 공권력과의 충돌도 있었죠.

제가 프린트 사수조를 맡았어요. 그때 전남대였나 조선대에서 〈파업전야〉 상영 때 경찰 헬기가 뜨고 프린트를 압수하기 위해서 경찰들이 출동한 적이 있어요. 근데 딱 한 번 그랬어요. 사실 그 뒤에는 다 그냥 틀었어요. 근데 그런 사건이 있으면 괜히 분위기가 상승되잖아요. 연세대학교에서 상영회를 열 때, 서대문서에서 출동한다 이러면서 〈파업전야〉 사수대를 모집하는 거야. 경찰들은 바빠서 오지도 않는데, 괜히 거기서 한 사오십 명이 비장하게 각목을 들고 영사기와 프린트를 둘러싸고 있는 거죠. 그런 상황에서 영화를 보니까 더 가슴이 뭉클하죠. 장윤현 장동홍 이런 감독님들이 만든 건데, 지금 생각해봐도 영화가 오밀조밀하게 내러티브가 잘 구축돼 있어요. 캐릭터도 잘 묘사되어 있고. 연세대 대강당에서 봤었는데 엄청난 눈물바다야. 영화 끝나고 막 함성이 터져 나오고. 경찰서에서는 전혀 오지 않았고 우리끼리 각목 들고 봤죠. 〈파업전야〉 열풍은 당시 대단했어요.

그때는 〈오! 꿈의 나라〉(1989)라는 광주항쟁 영화도 있었고 〈파업전야〉 다음 해에 전교조 영화 〈닫힌 교문을 열며〉(1991)도 있었죠. 정진영 씨가 나와요. 어쨌든 그런 장편을 연이어 만들어냈다는 것도 놀랍고 그걸 그렇게 대중적으로 배급하고 이슈까지 만들었다는 것도 놀랍죠. 그걸 일이 년 간격으로 지속적으로 한 거예요. 정말 대단한 거죠. 한국 영화 역사상 거의 유례가 없는 그런 일이었죠.

"저는 체질적으로 고등학교 때부터 군사정권이 너무 싫었지만 조직화되는 걸 못 견뎌요."

그러다가 학생운동과 거리를 두게 된 계기가 있었나요.

제가 88학번이잖아요. 88, 89학번의 특수성이 있는 것 같아요. 전두환 시대에는 학생운동이 전체 운동의 거의 핵심에 있었고 또 정말 비장했죠. 희생된 분들도 너무 많았고. 그런 사투를 벌인 결과 이제 87년 6월 항쟁에까지 이르렀던 거잖아요. 전두환 시절에는 교내에서 시위를 하려고 해도 무조건 구속될 각오를 하지 않으면 하기가 힘들었어요. 교내에 곰, 짭새라고 부르기도 했던 사복형사들, 사복경찰들이 상주하고 있었으니까. 몸에 밧줄을 묶고 도서관 유리창을 깨고 뛰어내려 밧줄에 매달린 상태에서 유인물을 뿌리고 구호를 외치고 그랬잖아요. 그래야 시간을 벌 수 있으니까. 짭새들이 도서관 4층까지 올라와서 밧줄로 힘겹게 끌어올려야 그제서야 제압을 하고 입을 막을 수 있기 때문에 그 시간 동안 구호 외칠 거 다 외치고 유인물 뿌리고 하는 거죠. 그만큼 처절했던 거죠.

그리고 박종철 권인숙 사건처럼 고문치사나 성고문, 잡혀가서 어떻게 됐는지 모르는 의문사도 많았잖아요. 군대에서 또 그렇게 되신 분들도 많았어요. 훨씬 살벌하고 훨씬 무서웠죠. 정말 목숨 걸고 하는 그런 거였죠. 80년부터 87년까지는. 근데 87년 6월 항쟁이 있고 나서는 상황이 변했죠. 물론 교내 프락치들은 있었다고 보지만 공식적으로 경찰들이 배치되지 않았으니까 캠퍼스 안에서 시위는 자유롭게 할 수 있었고 교문 밖으로 진출하면 교문에서 전경들과 대치하게 되는 그런 구조였죠, 제 학번 때부터. 그래서 아까 얘기한 대로 일상적으로 수업 듣다가 시위했다가 다시 와서 리포트 쓰다가 구내식당에서 밥 먹다가 또 시위가 있다고 해서 가보거나 그런 시대였던 거죠. 노태우 시대, 그러니까 군사정권인 건 여전했지만 좀 연성 군사정권이라고 할 수 있었죠. 전두환 시대, 목숨 걸고 운동했던 시절 분들이 보기에는 우리는 좀 덜떨어지거나 편하게 했네, 뭐 이렇게 보일 수도 있어요. 그렇지만 여전히 또 많은 텐션이 있었죠. 강경대 씨처럼 희생된 분들도 있었고, 분신자살을 했던 분들도 있었고.

　저는 체질적으로 고등학교 때부터 군사정권이 너무 싫었지만 조직화되는 걸 못 견뎌요. 학생운동을 제대로 하려면 조직에 들어가서 활동해야 되잖아요. 저는 그런 걸 너무 못하는 거예요. 싫어하고 못하고 멋대로 혼자 다녀야만 되는 체질이다 보니까. 운동하는 형들 중에는 되게 존경하는 사람도 있었고 너무 매력적이고 정말 인간적으로 좋은 형이나 누나나 동기들이나 후배들이 있었기 때문에 항상 뭔가 서포트하는 느낌이었던 것 같아요. 운동의 중심에 있거나 리드한 적은 없었어요. 학회지 같은 데 만화 그려주고 교내 신문의 풍자만화도 그렸었거든요. 물론 시위에도 열심히 참여했지만, 제가 조직의 어떤 한 섹터를 맡거나 학생회의 간부를 하거나 그랬던 적은 없었어요. 저는 그냥 그나마 조금 있는 재주로 사람들 하는 거 도와주고 홍보물 같은 거 만들 때 그림 그려주고 그랬던 거죠.

대학교 때 학교 신문 『연세춘추』에 만평 그린 걸 말씀하시는 거죠.
　그렇죠. 복학해서 한 학기 동안, 92년 2학기에 열심히 했어요. 벌이가 쏠쏠했었어요. 일주일에 네 컷짜리 하나 그리고 정사각형으로 만평하나 그리는 건데 그걸 하는 게 물론 압박감은 꽤 컸지만, 고료는 꽤 좋

봉준호의 만화 그리기는 자기만의 방식으로 수행한 현실 참여였지만 동시에 고도로 효과적인 영화 수업이기도 했다.

았어요. 그거 두 번 하면 웬만한 부잣집에 가서 한 달 과외를 한 정도의 고료가 나왔어요. 금요일 오후 한시까지 그려줘야 하니 목요일 오후가 되면 마감 시간 때문에 압박감이 밀려오죠. 영화 포스터 패러디한 것도 하나의 코너였어요. 그 당시 신한국당이었나, 어쨌든 보수 정치인들을 코폴라의 〈브램 스토커의 드라큘라〉(1992) 포스터에 집어넣어서 무슨 비리 관련 풍자한 것도 있었고. 그 당시가 김영삼 정권이 출범했던 시점이어서 김영삼 관련 만평이 많이 나왔었어요.

취향의 발견, 재발견

복학하고 '노란문'이라는 영화 모임에 참여합니다. 본격적인 영화 공부를 그때 처음 시작하신 건가요.

방위병 생활하면서 아르바이트로 동네 독서실 총무를 할 때부터였던 것 같아요. 얌전한 동네여서 총무가 할 일이 없어요. 그냥 앉아 있기만 하면 돼요. 그러니까 거기서 무슨 미학책 같은 거 읽고 그랬어요. 옛날 '이론과실천'에서 나온 루카치 책 같은 거. 하나도 기억도 안 나는데 뭐 하러 읽었나 몰라. 읽자마자 다 휘발됐을 거야. 제가 사회과학 책을 잘 흡수할 수 있는 머리가 아니에요. 영화 관련 서적이나 에세이 같은 걸 읽어야 잘 흡수가 되지. 근데 그래도 왠지 인문학, 사회과학을 공부해야 된다는 강박이 있었는지 그런 거 읽고 그다음에 영화 서적도 봤었던 것 같고. 방위병 생활할 때쯤인데, 제가 영화 전공자가 아니니까 그게 항상 콤플렉스였어요. 항상 영화 수업을 듣고 싶은 갈망이 있었어요. 근데 1990년이었나, 돌아가신 이언경 씨라고 옛날 영화운동 쪽에서 유명한

미켈란젤로 안토니오니의 <욕망(블로우업)>(1966). 이 평화로운 사진에는 살인의 순간이 숨겨져 있다. 봉준호는 영화사의 거장 가운데 그다지 영감을 얻지 못한 감독으로 안토니오니를 첫손에 꼽았다. 하지만 안토니오니 자신의 <정사>(1960)와 히치콕의 <이창>(1954)을 합쳐놓은 듯한 이 영화만은 좋아한다고 밝혔다.

분인데, 그분이 '영화 공간 1895'란 걸 처음 마포에 오픈했어요. 누구나 신청하고 수강료를 내면 수업을 들을 수 있었죠. 거기서 전양준, 주진숙 선생님의 수업이 열렸어요. 제가 주진숙 선생님 수업을 방위병 신분으로 가서 들었어요. 데이비드 보드웰의 『필름 아트』를 해적판 카피본으로 공부하는 수업이었어요.

한참 뒤에 보드웰을 홍콩 영화제나 밴쿠버 영화제에서 만났을 때, 당신 책으로 공부했다는 얘기를 했더니 되게 좋아하더라고요. 내 책을 갖고 이런 아시아 감독이 공부를 했단 말이야, 싶었던 거지. 『필름 아트』에서 많은 걸 배웠던 것 같아요. 루이스 자네티의 『영화의 이해』보다 더 실용적인 책이었던 것 같아요. 플롯 듀레이션, 스크린 듀레이션처럼 시나리오를 쓰거나 영화를 찍을 때 실질적으로 뭔가 길잡이가 될 만한 개념들이 거기 좀 있거든요. '영화공간 1895'에 영화사적으로 유명한 영화들이 많이 복제돼 있었어요. 그래서 로셀리니 영화, 트뤼포 영화 이런 것들을 수업과 별개로 틀어주기도 했는데, 방위병 생활하다가 퇴근해서 마포까지 가서 그걸 보니까 몸이 얼마나 힘들겠어요. 보다가 심하게 졸았던 기억이 나요. 그래도 봐야 된다는 의무감으로 많이 봤죠. 화질도 안 좋은 비디오테이프로. 그러다가 최종태 선배와 같은 분들을 만나면서 '노란문'을 시작하게 된 거죠.

"누벨바그 감독 중에는 클로드 샤브롤만 좋아했어요. 트뤼포의 일부 영화하고요."

프랑스 누벨바그를 비롯한 유럽 예술영화를 그때 처음 접하셨다고 알고 있습니다. 당시 젊은 영화광들에겐 누벨바그가 일종의 우상이기도 했는데, 감독님은 이후에 <400번의 구타>(1959) 외엔 누벨바그 영화들을 별로 언급하지 않습니다. 큰 감흥이 없었던 건가요.

클로드 샤브롤 영화만 좋아했어요. 고다르는 내가 잘 이해를 못해서…… 노란문에서 인기를 끌었던 고다르 영화는 <비브르 사 비>(1962)였어요. 특히 여성 회원들이 되게 좋아했어요. 최근에 그걸 다시 볼 기회가 있었는데 촬영을 맡은 라울 쿠타르의 찍는 솜씨 같은 게 대단하더라고. 또 브리지트 바르도가 나오는 컬러 영화 있잖아요, <경멸>(1963)인가? 그 영화를 좋아하는 사람들이 좀 있었는데, 나는 체질적으로 잘 받아들이지 못했어요.

샤브롤 영화하고 일부 프랑수아 트뤼포 영화를 좋아했어요. 트뤼포의 〈피아니스트를 쏴라〉(1960) 되게 좋아했어요. 이 영화에 여러 개의 장르가 섞여 있잖아요. 장르에서 장르로 시프트 할 때도 그냥 가차 없이 확 가잖아요. 그게 너무 통쾌하고 재밌었던 것 같아요. 조나단 드미의 영화 〈썸씽 와일드〉(1986)도 약간 그런 느낌이었죠.

어쨌든 누벨바그 영화 중에는 클로드 샤브롤 범죄 영화를 제일 좋아했어요.

클로드 샤브롤도 히치코키언에 속하니까, 결국 범죄스릴러로 돌아온 거군요.

그런 셈이죠. 2008년도엔가 부산 시네마테크 초청 강연을 할 때 샤브롤 영화 가운데 제일 좋아했던 것 중 하나인 〈야수는 죽어야 한다〉(1969)를 골랐어요. 영화 도입부에 귀여운 애가 차에 치여서 죽고 뺑소니 당해요. 아버지가 자기 아들을 누가 죽였나 찾아가는 과정이에요. 뺑소니범이 중상류층 프티부르주아 가정의 가장인데 죽은 아이의 아버지가 그 집안에 기묘한 방법으로 침투해요. 〈기생충〉처럼.

지금 와서 생각해보면 이 영화가 〈마더〉와 〈기생충〉과 꽤 연관성이 있는 것 같아요. 시나리오를 쓸 때 그 영화를 다시 떠올리지는 않았는데……

샤브롤 후기 영화도 좋아해요. 초기에 나온 〈붉은 결혼식〉(1973) 〈야수는 죽어야 한다〉 이런 것들도 좋지만, 후기에 이자벨 위페르 나온 영화, 〈기생충〉 얘기할 때 많이 언급했었는데, 파펭 자매 사건에서 영감받아 만든 거. 이자벨 위페르가 문맹인 우체국 직원으로 나오죠. 그리고 〈방랑자〉(아녜스 바르다, 1985)에 나온 배우(상드린 보네르)가 새 가정부가 돼서 둘이 그 집에 들어가서 난장을 벌이다가 결국 사냥총으로 가족들을 다 쏴 죽여요. 그 영화도 되게 재밌었어요. 그 영화 제목이 〈의식〉(1995) 맞죠?

〈악의 꽃〉(2003)이라는 영화도 있어요. 그건 좀 덜 알려지긴 했는데 그것도 꽤 재밌었고요. 샤브롤은 돌아가시기 전에 실제 한 번 봤어요. 스페인 산세바스찬 영화제에서 개인적으로 만난 건 아니지만, 관객과의 대화를 하시는 걸 봤죠. 불어로 얘기하고 스페인어로 통역하니까 나는 무슨 얘기인지 못 알아듣겠는데 되게 유머러스하신가 봐. 관객들이 많이 웃더라고. 계속 웃고 재밌다고 하며 너무 좋아하더라고. 난 그냥 분위기에 취해서 봤지.

"사람마다 다를 텐데
앙겔로풀로스를 '노란문' 시절을 지나서
훗날 다시 봤을 때는 좀 답답한 느낌,
관자놀이에 나사를 박고서 이렇게 계속 쪼이는 느낌……"

1996년 『키노』(11호)와의 인터뷰에서, 봉준호의 '텐 베스트' 중의 하나로 앙겔로풀로스의 〈안개 속의 풍경〉(1988)을 꼽았습니다. 그런데 십여 년 뒤에 "한창 공부할 때 보고 좋다고 생각했지만, 나중에 다시 보니 허세가 느껴졌다"고 말한 적이 있습니다. 그런 느낌을 준 영화들이 궁금합니다.

허세라고 하기는 좀 실례인 것 같고, 나의 취향이나 체질이 많이 바뀌었구나 느껴요. 앙겔로풀로스 〈안개 속의 풍경〉이나 〈비키퍼〉(1986)는 물론 아름다운 영화들인데 다시 보니까 좀 답답하게 느껴지는 것들이 있어요. 〈비정성시〉(1989) 같은 영화를 다시 봤을 때는 그런 느낌이 전혀 없어요. 다시 봤을 때 오히려 더 깊이 녹차가 우려져 나오는 것 같은 느낌이 드는데…… 모르겠어요. 사람마다 다를 텐데 앙겔로풀로스를 '노란문' 시절을 지나서 훗날 다시 봤을 때는 좀 답답한 느낌, 관자놀이에 나사를 박고서 이렇게 계속 쪼이는 느낌……

그리고 에밀 쿠스트리차 영화도 어느 시기에 되게 좋아했었는데 지금은 싫어한다, 이런 건 아닌데 이상하게 잊혔어요, 개인적으로. 다시 꺼내서 보게 되지도 않고. 그때는 늘 좋았어요. 그 양반의 카메라 움직임이라든가, 짠내 나는 캐릭터들 느낌들도 너무 좋았고. 그런데 이상하게 쏙 잊혔어요. 〈아빠는 출장 중〉(1985)은 피카디리 극장에서 개봉할 때 봤어요. 그게 그 당시에 되게 화제가 됐어요. 1987년에 민주화되고 나서 최초의 동구권 영화를 개봉한다고 그래서. 공산권 동구권 영화를 당당히 개봉한다고 화제가 된 건 좀 황당하죠. 무슨 새 시대의 영화처럼. 그런데 영화가 너무 재미있었어요. 꼬마애가 몽유병 걸려 공중을 날면서…… 음악도 되게 좋고. 그리고 〈집시의 시간〉(1988)도 난리가 났었지. 『키노』에서 그런 걸 또 막 부추겼던 것 같아요. 왠지 이거 안 보면 막 쪽팔린 것처럼 분위기를 조장하면서. 〈집시의 시간〉이 아트하우스 극장에서 난리가 났었죠. 쿠스트리차 영화는 이상하게 한국에서 개봉을 많이 했어요. 〈언더그라운드〉(1995)가 황금종려상을 받고 나서, 95년인가 96년에 조감독 하던 시절인데 그때 대한극장에서 봤어요. 스크린이 엄청 큰 대한극장 단관에서 〈언더그라운드〉를 했어요. 지금 생각해보면 진귀한 체험이야. 당시 한국에서 제일 큰 스크린에서 쿠스트리차 영화를 빵 튼 거죠, 세 시간도 넘는 거를. 압도되는 느낌을 받았어요. 영화가 너무 강렬

치였어요. 그게 원작 희곡이 있나 그래요. 그 원작 보고 싶어서 사놓고 이십 년째 안 읽고 있어요.

쿠스트리차를 2011년에 마침내 실제 만나게 됐어요. 내가 그때 칸에서 황금카메라상, 그러니까 신인감독상 심사위원이었고 쿠스트리차가 '주목할 만한 시선' 심사위원장이었고 그랬어. 심사위원들끼리 모이는 디너 자리에서 만나기도 했어요. 나보고, 야, 너는 좋구나, 젊어서. 젊을 때 영화 많이 찍으라고 그러더라고요. 자기는 나이 들어서 영화 안 찍겠다는 거야. 왜요? 찍으셔야죠, 그랬더니, 나이 들수록 영화 다 후져진다, 우리가 클린트 이스트우드처럼 될 수는 없다, 늙어서 영화 찍고 망신당하면 안 된다고 하더라고요. 그 양반이 축구를 되게 좋아해요. 마라도나 다큐도 찍었어요. 결국 그러다가 둘이서 막 축구 얘기했어. 축구 얘기하다 끝났어요. 영화에 대해 물어보고 싶은 게 한 보따리인데 또 감독들끼리 만나서 이렇게 서로 영화 물어보면 대화가 이상해지잖아요. 축구 얘기만 하다 끝난 그런 기억이 나고.

쿠스트리차 영화에서 음악을 한 고란 브레고비치라고, 그분과 음악을 해보려고 시도했던 적도 있었어요. 근데 좀 뭔가 커뮤니케이션이 쉽지 않더라고요. 동유럽의 스타잖아요. 그 사람이 한국에 공연도 한번 하러 왔을 거예요. 〈괴물〉 때 이병우 음악감독한테 고란 브레고비치 음악을 레퍼런스로 들어보시라고 권했어요. 쿵짝쿵짝 하면서 약간 펠리니 음악 뽕짝 느낌도 있고 서커스 유랑극단 느낌도 있고. 영화에 집시들이 막 연주하면서 뛰어가고 이런 거 많이 나오잖아요.

이병우 감독님에게 그 정서를 많이 얘기했지. 그래서 〈괴물〉 음악을 보면 그런 정서가 좀 있어요. 그런 걸 좋아했어요. 이병우 감독님도 그걸 자기식으로 소화해서 또 표현을 한 거죠. 고란 브레고비치 〈집시의 시

간〉이나 〈언더그라운드〉 이런 거 CD도 따로 사서 듣고 그랬어요. 그 양
반 OST 참 좋았어요. 되게 다르지, 일반적인 영화 음악과 다르고 드물게
관악기예요. 한국의 오케스트라에서 잘하는 연주자 층이 얇은데, 동유럽
이 관악기 전통이 세요. 〈옥자〉 때 내가 정재일 음악감독한테 고란 브레
고비치 얘기를 했어요. 〈옥자〉를 헝가리랑 마케도니아에서 녹음해 왔는
데 마케도니아의 유명한 그 뿡빵뿡빵 브라스 밴드를 정재일 씨가 고용해
서 직접 거기서 녹음을 해왔어요. 〈옥자〉 보면 약간 고란 브레고비치 같
은 음악이 나와요. 추격전 할 때.

어쨌든 쿠스트리차는 DVD나 블루레이 세트가 안 나와서기도 하지
만, 다시 보게 되지가 않아요. 이유는 잘 모르겠지만……

**"무성영화에 매혹된 적이 없어요.
사운드 스튜디오 갈 때가 제일 좋아요.
무성영화를 만들게 되면 그걸 못할 거 같아."**

감독님은 무성영화에 대한 언급도 거의 한 적이 없습니다.

무성영화는 본 게 별로 없어요. 거의. 조금 보다가 답답해서 못 보겠
다, 그러고. '노란문' 때도 선배가 무르나우의 〈노스페라투〉(1922)를 틀
었는데, 다 술 먹으러 가고 몇 명 남지 않더라고요. 무성영화에 매혹돼본
적은 없어요. 전 사운드를 좋아해요. 영화 만드는 전 과정 중에 유일하게
행복할 때가 마지막 단계인 사운드 작업하고 사운드 믹스할 때예요. 눈
을 주로 쓰다가 귀를 쓰면서 믹싱할 때, 이제 영화가 거의 완성됐다는 안

도감도 있고 소리에 퍼즐을 딱 맞출 때가 제일 기분이 좋죠. 또 잘 만들어 온 음악을 딱 넣어주니까 못 찍은 장면도 왠지 괜찮은 것 같고. 사운드 스튜디오 갔을 때가 제일 좋아요. 무성영화를 만들게 되면 그걸 못할 거 같아. 영화 보기가 너무 싫을 것 같아.

혹시 듣기 좋은 소리와 듣기 싫은 음색이나 발성이 있나요?

그렇지 않아도 최근 한 달 반 동안 애니메이션 목소리 녹음을 하다 와서 그게 되게 사무치는데…… 여러 가지 생각이 들고. 배우에게 아주 중요한 거라고 생각해요, 발음이나 발성이나 목소리 음색 같은 게. 좋은 배우들은 다 그래요. 작게 말해도 귀에 팍팍 꽂히는 사람들이 있거든요. 제 입장에서는 목소리가 너무 중요해요. 돌아가신 변희봉 선생님의 음성이 좋아요. 그분은 성우 출신이기도 해요. 박해일 씨 목소리도 좋아하고. 고인이 된 배우 중에 일본의 할머니 키키 키린, 꼭 일해보고 싶었어요. 그분도 일본에서 〈마더〉 개봉할 때 어느 인터뷰에서 일본에서 이거 리메이크하면 엄마 역할을 자기가 해보고 싶다고 하셨어요. 그분도 목소리가 되게 인상적이죠. 〈걸어도 걸어도〉(2008), 특히 좋아하는 작품이에요. 좋은 배우들은 보이스가 좋은 것 같아요. 잭 니콜슨 목소리도 참 독특하죠. 배우들의 목소리를 사운드 스튜디오에서 조금씩 가공할 때가 많이 있어요. 그런 작업도 되게 재밌죠. 배우들 본인도 눈치 못 챌 정도로 자연스럽게 가공하는데, 나중에 시사할 때 보면 본인들도 몰라요. 사실은 몰래몰래 이렇게 저렇게 손대고 그런 게 많거든요. 조절하고 깎고 뭉툭한 발음을 더 잘 들리게 만들고 막 여러 가지 가공을 티 안 나게 하죠. 본인들도 몰라, 잘해놓으면.

감독님 세대 시네필들에게는 홍콩 영화의 기억이 강합니다. 그런데 감독님은 홍콩 영화에 대한 언급도 거의 하지 않습니다.

홍콩 영화를 별로 안 봤어요. 뭔가 바이브가 안 맞았나. 친구들이 〈영웅본색〉(1986) 얘기만 한 적이 있어요. 저는 뒤늦게 대학 가고 나서 재개봉관에서 봤어요. 이상한 사각지대가 있어요. 영화를 많이 봤는데 이상하게 안 본 부류의 영화들. 성룡 영화, 홍콩 영화가 그래요. 〈영웅본색〉〈천녀유혼〉(1987) 이런 건 나중에 가서야 봤으니까. 007도 단 한 편도 안 봤어요. 그러다가 로저 디킨스가 찍은 〈스카이폴〉(2012) 때 처음 본 거야. 우리 아들이 재밌다고 해서. 일부러 피한 건 아닌데, 다들 007 얘기 많이 했는데, 왜 안 봤지? 일부러 안 본 것도 아닌데…… 이상하게 그런 사각지대가…… 어쨌든 홍콩 영화가 나한테 좀 안 맞는 느낌이 있었어요.

어떤 점이 그런가요.

이것도 일종의 차별로 생각될지 몰라서 조심스럽긴 한데…… 광둥어건, 만다린어건 그 언어를 듣고 있으면 내가 좀 부담스러워요. 속삭이는 게 안 되잖아요, 성조 때문에. 기본적으로 목소리가 크잖아요? 아무리 자막으로 보는 거지만 일본어나 독일어나 스페인어나 이런 거는 별 부담 없는데 이 언어는 듣다 보면 왠지 내가 위축되는 거야. 〈영웅본색〉에서 복도에서 슬로모션 이런 건 멋있고 좋았는데, 별로 반복해서 본 기억은 없어요. 허장성세가 좀 많은 것 같았어요. 그러다가 프루트 첸이 나타나서 〈메이드 인 홍콩〉(1997)이라는 영화를 봤는데 그건 좀 감동적이었어요. 어린애들 캐릭터도 그렇고 결이 조금 달랐잖아요. 관금붕 영화도 아름다운 것 같긴 한데, 기본적으로 멜로드라마적 성향이 강해서 많이 끌리지는 않았던 것 같아요. 왕가위 영화 중에는 〈아비정전〉(1990) 〈화양연화〉(2000)가 제일 좋았고 두 작품을 많이 반복해서 본 것 같아요.

"90년대 초중반에 대만 영화에 많이들 꽂혔어요.
어릴 때 장르 영화 보면서 흥분하는 거랑은 좀 결이 다르게,
공부하는 마음으로 이런 걸 봐야 한다는 관점에서 본 거지만
그래도 되게 좋았던 것 같아요. 정서적으로도요."

대만 영화는 어땠나요. 특히 <비정성시>는 여러 번 언급하셨습니다만, 혹시 홍콩 영화로 알고 보셨나요.

전혀 아니었고 대만 영화라고 인식하고 '노란문'에서 봤어요. 비디오테이프로 출시됐었잖아요. 상, 하로 나왔죠. 하루에 집중도 높게, 다들 감명받으며 봤어요. 양조위의 슬픈 눈망울에 롱숏인데도 빨려들 듯이 보면서 되게 슬펐어요.

그 시기에 제가 에드워드 양의 〈고령가 소년 살인 사건〉(1991)을 두 개의 공테이프로 일본 위성방송에서 녹화 뜨는 데 성공을 했어요. 일본 위성방송 방영 스케줄까지 나온 TV 잡지가 있었는데 거기 〈고령가 소년 살인 사건〉이 있는 거예요. 금요일에 하는 영화로. 그래서 테이프를 준비해서 갈아 끼우는데 한 20~30초 손실이 있었어요. 데크가 두 개였으면 연이어서 했을 텐데…… 영화 후반으로 가면서 위성 상태가 나빠져서 노이즈가 많아지는데도 촬영이 너무 아름다워서 이 테이프가 '노란문'에서 히트를 했죠. 이 테이프를 아직도 갖고 있어요. 자막이 한자가 섞여 있는 일본어였어요. 당시에 아시아 영화 관련 서적에 나온 스토리라인

같은 거 참고해서 대략 보는데도 다들 좋아했었죠. 90년대 초중반에 대만 영화에 많이들 꽂혔어요. 어릴 때 장르 영화 보면서 흥분하는 거랑은 좀 결이 다르게, 공부하는 마음으로 이런 걸 봐야 한다는 관점에서 본 거지만 그래도 되게 좋았던 것 같아요. 정서적으로도요.

그 뒤로 허우샤오시엔 영화 테이프들도 다 구해다 '노란문'에서 봤었고요. 최종태 형이 동국대 대학원 출신이라 그 형이 민병록 교수한테 도움을 받았어요. 민 교수님이 사놓고 안 뜯은 LD 이런 것도 많아서 자료를 많이 가져왔어요. 〈동년왕사〉(1985) 〈펑쿠이에서 온 소년〉(1983) 〈동동의 여름방학〉(1984) 이런 것들, 초기작들을 쫙 구해서 봤어요. 저나 동아리 멤버들이나 〈동년왕사〉 되게 좋아했어요. 할머니가 저글링 하는 게 나오잖아요. 큰 나무도 나오고. 거기 로케이션이나 풍광의 분위기 자체에 매혹됐어요. 어쨌든 그 시절에 약간은 의무감으로 본 영화 중에는 허우샤오시엔, 에드워드 양 영화가 제일 깊이 마음에 남아 있어요.

같이 일하고 싶다고 느낀 외국 배우는 누구였나요.

돌아가셨지만, 스티브 맥퀸. 초중학교 때, 명절마다 유난히 재방송을 자주 한 존 스터지스의 〈대탈주〉(1963)라고, 2차대전 포로수용소 영화의 명작이 있어요. 거기 보면 여러 인물 군상이 있는데 오토바이 타고 고독하게 질주하는 스티브 맥퀸이 나와요. 너무 멋있는 거예요. 사나운 고양이, 약간 치타 같은 그 고독한 눈빛과 특유의 까칠까칠한 느낌. 할리우드 스타인데도 반질반질한 느낌이 전혀 아니고 특유의 약간 푸석푸석하면서 꺼칠한 느낌이 너무 좋은 거예요. 의외로 그 양반 영화를 극장에서 본 게 없네. 〈산 파블로〉(1966), 〈겟어웨이〉(1972)도 다 TV에서 봤고. 〈빠삐용〉(1973)도 TV에서 여러 번 했었는데 보고 또 보고 했었죠. 스티브 맥퀸이 억울한 느낌이랑 되게 잘 어울려. 억울하면 빨리 말을 해야 하는데, 이 사람이 말을 거의 안 해. 그래서 억울한 걸 억누르다가 확 폭발하고. 거기에 매혹됐어요. 〈내일을 향해 쏴라〉(1969) 〈스팅〉(1973) 이런거 보면서 이상하게 로버트 레드포드에게는 정이 안 갔고 폴 뉴먼 좋아한 것도 비슷한 이유였던 것 같아요. 그리고 샐리 필드라는 미국 배우가 있어요. 한국에서는 좀 덜 유명한데 미국에서 되게 유명한 분이에요. 그분한테 반했어요. 영화가 아니라 〈사이빌〉(1976)이라는 4부작 심리 드라마를 보고. 실제 사건을 바탕으로 16개의 인격으로 분열됐던 어떤 여인에 관한 이야기예요. 어릴 때 TV에서 봤는데, 스토리는 무시무시해요. 엄마의 학대를 받아서 주인공이 심각한 인격 분열에 이르게 되는 거예요. 샐리 필드가 주인공을 맡았는데, 그 평범한 얼굴을 읽을 수 없어서 더 무서웠어요. 그러니까 더 반했던 것 같아요.

아 그리고, 시드니 루멧의 〈뜨거운 오후〉의 존 카제일과 알 파치노한테도 되게 끌렸어요. 존 카제일은 일찍 세상을 떠났죠. 필모그래피가 몇개 안 되는데 다 명작이잖아요. 〈대부〉〈디어 헌터〉(1978)…… 찌질한 캐릭터 연기로는 따라올 자가 없지. 또, 이안 감독 대만 영화 시절에 계속 나온 배우 랑웅. 〈결혼 피로연〉(1993)과 〈음식 남녀〉(1995)의 주책맞은 아버지, 〈쿵푸 선생〉(1992)의 그 할아버지. 돌아가셨죠?(2002년 별세) 그분도 참 매력 있었어요. 같이 해보고 싶었어요.

현역 배우 중에는요?
잭 니콜슨도 한번 해보고 싶었는데, 돌아가시지는 않았지만 은퇴했지. 〈설국열차〉 때 에드 해리스 역할에 처음엔 잭 니콜슨을 한번 시도해보려고 했어요. 오퍼 자체가 되게 힘들더라고. 일단 돈 액수만 보고 그냥

다 잘라버린다고. 에이전트가 되게 비정하대요. 잭 니콜슨한테 시나리오를 읽히는 것 자체가 쉬운 일은 아닐 거라고 하더라고요.

그래서 다음에 더스틴 호프만을 만났어요. 더스틴 호프만은 되게 친절하고 자기가 〈괴물〉 봤다면서 블루레이도 보여주고 우리 앞에서 막 연기까지 보여줬어요. 직접 일어나서 액션을 하면서. 나 같은 하찮은 놈 앞에서 이분이 왜 이러시지, 나도 일어나야 하나, 이랬어요. 자기가 그 역할을 너무 하고 싶다고 했어요. 근데 계약된 TV 시리즈가 있어서 스케줄이 안 맞았어요.

그래서 결렬이 되고 에드 해리스를 찾아간 거죠. 에드 해리스 님 너무 좋죠. 인품도 좋으시고 사람이 매력적이고. 더스틴 호프만이었으면 더 좀 약간 다른 윌포드가 됐겠지만, 에드 해리스는 특유의 약간 건조한 맛을 살리면서 절제된 톤으로 하는데 역시 노련하고 좋으시더라고. 요즘도 미국 갈 때 만나고 그래요. 〈기생충〉 때도 시사회 보러 오시고. 토니 콜렛도 꼭 일해보고 싶었어요. 〈식스 센스〉(1999)랑 〈뮤리엘의 웨딩〉(1994) 같은 좋은 작품 너무 많지. 〈유전〉(2018)에서도 끝내줬고. 이번에 〈미키 17〉에서 마크 러팔로의 부인으로 나와요. 정치인 부부인데, 둘 다 되게 어이없는 캐릭터예요. 토니 콜렛은 이제 소원 성취를 했죠.

촬영, 미술, 음악 쪽은 어떤가요.

타크 후지모토라고 일본계 미국인 촬영감독이 있어요. 조나단 드미의 〈양들의 침묵〉(1991), 나이트 샤말란의 〈싸인〉(2002)도 찍었어요. 절제된 라이팅을 하는 사람인데, 내가 샤말란 〈싸인〉을 좋아해요. 이분이 〈식스 센스〉와 〈맨츄리안 캔디데이트〉(2004)도 했어요. 70년대 빌모스 지그몬드라고 동유럽 촬영감독인데 할리우드에 와서 〈미지와의 조우〉(1977) 〈디어 헌터〉 같은 명작을 찍었어요. 시네마스코프 렌즈의 느낌을 진짜 잘 살리는 분인데, 2016년에 돌아가셨네요. 음악은 에밀 쿠스트리차 영화 음악 만든 고란 브레고비치와 해보고 싶었고 그다음에는 마이클 니만. 그분은 영화 음악을 떠나서 되게 유명한 현대 음악가이기도 하죠. 〈피아노〉(1993) 음악 너무 좋잖아요. 마이클 니만 미팅도 한 번 했어요. 〈옥자〉였나, 〈설국열차〉였나. 근데 의사소통하는 데 좀 복잡한 문제가 있었고 이분이랑 작업하면 나 되게 고생하겠구나 이런 직감이 있었어요. 내가 원하는 거를 안 해줄 것 같은 느낌. 정재일도 자존심 강하고 섬세하지만 감독이 원하는 거 다 수용해주거든요. 심지어 내가 폭력적으로 여기를 이렇게 잘라내자고 해도 다 들어줘서 고맙죠. 마이클 니만은 그렇게 할 수 없겠다는 생각이 들었어요. 만들어서 나한테 건네주면 나는 그걸 그냥 고스란히 써야 돼, 그런 느낌 있잖아요. 그래서 존경심만 표하고 안 했지.

〈살인의 추억〉 음악을 히사이시 조가 할 뻔했던 거 알아요? 그때 일본 영화 음악가를 해보자고 해서 일본 쪽 코디네이터가 주선해서 일본의 주요 음악가들 한 8, 9명을 만났어요. 히사이시 조야 슈퍼스타니까. 시나리오를 보내긴 했어요. 나는 그때 〈플란다스의 개〉밖에 필모도 없었으니까 전혀 기대는 안 했지. 근데 결국 이와시로 타로라는 사람이랑 하고 싶어서 하루인가 이틀 뒤에 계약하기로 결정했는데 히사이시 조가 하겠다고 연락이 왔어요. 깜짝 놀랐고, 너무 부담스러운 거야. 논두렁에서 배바지 입은 형사가 뒹굴고 그러는데 도저히 감당할 자신이 없는 거야. 어쨌든 어떻게든 결례를 범하지 않으면서 잘 빠져나왔어요. 나중에 그분과 같이 작업한 한 일본 감독이 하는 얘기가, 히사이시 상은 감독이 해달라는 거 쉽게 안 해준다는 거예요. 함께 작업할 때 "너무너무 힘들었다. 죽고 싶었다"고 그러더라고요. 〈살인의 추억〉 때 같이 했더라면 난 아마 자해했을 것 같아요.

> "시나리오 쓰는 과정에서 가장 사랑했던 디테일,
> 가장 집착했던 디테일을 눈물을 머금고 버려야
> 영화가 불사조가 되어 날아간다는 말이 깊이 남았어요."

기억에 남은 말들

아카데미 시상식장에서 마틴 스콜세지의 말을 인용하셨습니다. "가장 개인적인 것이 가장 창의적인 것이다." 감독이나 작가나 비평가가 한 말 중 창작자 입장에서 기억에 남는 게 있나요?

영화에 관한 책들을 제일 많이 읽었던 때가 '노란문' 시절이었어요. 스콜세지의 말도 그때 읽었던 같고 저자가 데이비드 톰슨이었나(『비열한 거리—마틴 스콜세지: 영화로서의 삶』을 말한다), 정확하진 않은데 굳이 요약하면 그런 내용이었어요.

'노란문' 때 리처드 라우드가 쓴 『장 뤽 고다르』라는 책의 한 대목도 기억나요. 〈비브르 사 비〉 찍을 때 길에서 한 장면을 촬영하고 있었는데 제작부가 도로 통제를 잘못해서 큰 트럭이 안나 카리나 옆으로 확 지나가서 굉음과 먼지가 일어났어요. 그 타이밍이 마치 일부러 그렇게 연출을 하려고 해도 쉽지 않을 정도로 너무 아름다웠다고, 그 신의 분위기와 주인공의 마음 상태가 딱 맞아떨어졌다는 거죠. 그래서 그걸 두고, "신이 예술에 준 선물이다"라고 말해요. 고다르의 말인지, 그 상황에 대해서 라우드가 그렇게 쓴 건지 모르겠어요(리처드 라우드의 말이며, 정확한 문구는 "인생이 예술에 부여한 선물"이다). 어린 마음에 그걸 읽으면서 너무 멋있다고 생각했어요. 극영화를 찍을 때 자세히 준비하고 세팅하고 계획하지만, 필름을 돌리다 보면 그 순간에 어떤 작은 다큐멘터리들, 사실은 통제하지 않았던 것들이 들어가잖아요. 그게 최종 영화에 남게 되는 경우들이 있는데 자주는 아니어도 그런 선물을 받고 싶을 때가 있는 거지. 그리고 〈사랑과 영혼〉(1990)을 쓴 작가(브루스 조엘 루빈)의 시나리오 작법서가 있는데 책은 별로 인상적이지 않고 기억도 안 나는데 거기에 그런 표현이 있었어요. 시나리오 쓰는 과정에서 가장 사랑했던 디테일, 가장 집착했던 디테일을 눈물을 머금고 버려야 될 때가 있다는 거예요. 영화의 전체 구조와 큰 틀이 잡혀감에 따라서 자기가 가장 사랑하는 어떤 디테일을 과감히 버릴 때 전체 시나리오 또는 영화가 불사조가 되어 날개를 퍼덕이며 날아간다는 표현이었죠. 유치하지만 되게 와닿았어요. 시나리오를 직접 쓰는 입장에서는 쓰다 보면 알게 모르게 계획에 없던 집착이 생기거든요. 하늘이 무너져도 전체 스토리가 어디로 가든 이 장면은 꼭 넣을 거야, 아니면 이 주인공이 이런 행동을 꼭 하게 할 거야 하는 집착이 생기거든요. 시나리오 쓸 때뿐 아니라 촬영할 때도 그게 형성이 돼요. 꼭 이렇게 찍어야 한다…… 훗날 돌이켜보거나 후반 작업할 때 보면 아무것도 아닌데. 그런 집착을 버렸을 때 시나리오가 불사조가 되어 이렇게 하늘로 날아간다는 표현이 되게 짜릿했어요.

"앞으로는 좀 이러지 않으려고요.
나 이런 것만 찍다가 죽을 수는 없잖아요.
정말 사람들에게 마음의 평화를 주는 영화도 좀 찍고 싶어요.
너무 괴로운 것 같아요. 돌이켜보면."

감독님 영화에는 어긋남과 헛소동에 대한 집착이나 애착이 있습니다.

시나리오 써놓고 보면 저도 많이 느끼는데 인물들이 서로 대부분 다 오해를 해요. 진정한 교감이나 소통에 이르는 경우가 단 한 번도 없어요. 〈기생충〉의 클라이맥스도 오해의 극에 달해 있죠. 부잣집 잔디밭에서 벌어진 마지막 유혈극에 대해서 누구도 이해를 못하잖아. 그 상황이 어떻게 된 일인지, 못 보던 사람이 와서 칼부림하고, 송강호는 또 지하로 들어가서 숨고…… 오로지 관객만이 이해하는 거잖아요. 왜 그런지 모르는데, 항상 시나리오 쓰면 그렇게 되는 것 같아. 내 영화 속 인물들이 교감할 때 서로 백 퍼센트 이해한 경우가 있었나?

교감은 〈괴물〉의 현서랑 세주밖에 없죠.

애라서 가능했던 것 같아요. 〈괴물〉도 따지고 보면 되게 잔인해요. 고아성이 가족들이 자기를 찾으려고 그렇게 미친 듯이 뛰어다닌 걸 결국 모르고 죽는 거잖아요. 편지라도 도착하거나 뭐 그런 것도 아니고. 〈기생충〉은 그게 극에 달해 있고 〈마더〉도 되게 잔인하죠. 아들이 침통을 버스 터미널에서 줄 때 애가 도대체 어디까지 알고 있는 건지에 대해서 엄마는 모르죠. 엄마가 아들을 컨트롤한다고 믿었던 것이 붕괴되는 순간인데 그게 붕괴된 건지 아닌지조차도 모호하게 만드는 상태에서 결국 발작하

미국 사진작가 샐리 만의 기묘한 가족사진은 가족 이야기를 다루려는 봉준호에게 특별한 정
서적 영감을 주었다.

듯이 춤을 추면서 그냥 끝나버리는 거죠. 설명해주지 않고. 그러니까 되
게 잔인하죠. 그리고 쌀떡 소녀와 관련된 진실도 은폐되는 거잖아요. 이
런 게 다 헛소동인 건가. 어떻게 보면 다들 동분서주하고 고군분투하고
여러 가지를 했는데 결국 목적지에 도달하는 사람이 없잖아요. 그리고
실패는 했지만, 대신 인물들끼리 교감하고 사랑에 빠진다거나 아니면 친
구를 얻거나 이런 것도 아니고. 앞으로는 좀 이러지 않으려고요. 나 이런
것만 찍다가 죽을 수는 없잖아요. 정말 사람들에게 마음의 평화를 주는
영화도 좀 찍고 싶어요. 너무 괴로운 것 같아요. 돌이켜보면.

기억에 남은 사진 이미지가 있나요.

사진집을 뒤지고 다니던 시기가 몇 년 있었어요. 〈괴물〉 준비할 때, 샐리 만이라는 미국 작가의 사진을 많이 봤어요. 『이미디어트 패밀리 (*Immediate Family*)』라는 사진집은 자기 가족을 찍은 건데, 되게 이상해요. 아이들이 다친 것 같은 이미지들이 많았어요. 그게 좀 섬뜩한데 되게 아름다워요. 자세히 보면 심각하게 다친 게 아니라 진흙이 묻은 거죠. 되게 육체적인 사진들이에요. 애가 갑자기 코피를 흘리고 있는 사진, 죽은 동물을 갖고 놀고 있는 사진도 기억나요. 대부분 흙과 모래와 강 같은 자연과 섞여 있어요. 그렇게 살지 않으면 나올 수 없는 사진들이죠. 〈괴물〉에 많은 도움이 됐어요. 현서랑 어린 남자애가 하수구에 있는 장면에서 그런 위태로운 느낌, 금방 다칠 것 같은 느낌을 나도 살려보려 했어요.

아름답지만 위태로운 느낌, 누군가 다칠 것 같은 느낌은 감독님 영화의 이미지를 관통하는 느낌이라고 말할 수도 있겠군요. 오랜 시간 말씀 감사합니다.

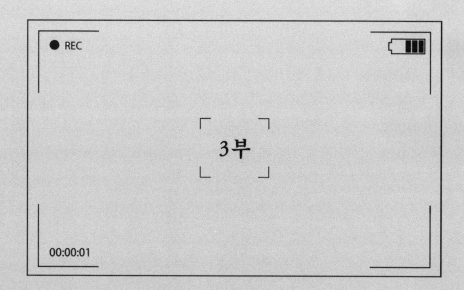

● REC

3부

00:00:01

1장
원초적 흥분, 잊혀진 장르 영화의 기억

2020년 아카데미 시상식장으로 잠시만 다시 돌아가보자. 감독상을 수상하며 마틴 스콜세지에게 헌사를 바친 봉준호는 이런 말도 덧붙인다. "오스카에서 허락한다면 이 트로피를 텍사스 전기톱으로 다섯 등분해서 (다른 후보자들과) 나누고 싶은 마음이다." 이 소감이 화제가 되자 발언의 소재가 된 토브 후퍼의 공포 영화 〈텍사스 전기톱 학살〉(1974)이 며칠 간 각종 지면에 오르내렸다. 며칠 뒤 봉준호는 미국의 한 강연 자리에서 "텍사스 전기톱 이야기를 왜 한 건지 아직도 모르겠다"고 했지만, 우린 그가 기회 있을 때마다 밝혀왔던 다음과 같은 말을 기억한다. "나의 혈관에는 미국 장르 영화의 피가 흐르고 있다."

"미국 영화를 좋아하는 건 사실이에요. 브라이언 드 팔머도 좋아했고요. 물론 영화를 만들 때 그걸 의식했던 적은 없어요. 근데 70년대 미국 영화들을 많이 좋아했지요. 거장의 영화들이 아니더라도 죽이는 영화들 있잖아요. 어렸을 때 〈마라톤 맨〉(1976) 같은 거 보고 열광했으니까요. (……) 알란 파큘라나 시드니 루멧을 작가라고 하진 않지만 파워풀하고 근사하잖아요. 제가 소위 공중파 시네마테크에서 맨날 봤던 것도 그런 거였고. 샘 페킨파의 영화도 텔레비전에서 잘려나간 버전으로 봤고. 〈어둠의 표적〉(1971)도 그렇고, 〈겟어웨이〉(1972)도 그렇고. 몸에 스

며들어 있었던 건 사실인 것 같아요."(『씨네21』 800호)

봉준호가 유년기와 청소년기를 보내던 1970년대와 80년대, 제한적이기는 했지만 미국 장르 영화들이 국내 개봉작의 주를 이루고 있었으므로 그의 말은 너무 당연한 것처럼 들릴 수 있다. 하지만 여기에는 봉준호만의 몇 가지 배제와 집착이 있다. 가령 당시의 영화광들에게 성전과도 같았던 홍콩 장르 영화들은 봉준호의 어느 목록에서도 찾아보기 어렵다. 이소룡이 가고 있었고, 성룡이 왔으며, 서극, 홍금보, 원표 등이 함께 왔고, 뒤이어 오우삼과 주윤발과 임청하가 오고 있었다. 같은 시네필 출신이고 몇 년 터울의 선배와 후배 감독인 오승욱과 류승완의 혈관에는 홍콩 장르 영화의 피가 유유히 흐르지만 봉준호는 그렇지 않다.

미국 장르 영화라고 통칭했지만 사실 종류는 다양했다. 코미디(〈실버 스트릭〉, 1976), 멜로드라마(〈러브 스토리〉, 1970), 웨스턴(〈내일을 향해 쏴라〉, 1970), 재난물(〈포세이돈 어드벤처〉, 1972 ; 〈타워링〉, 1974), 서사극(〈벤허〉, 1959 ; 〈십계〉, 1956), 뮤지컬(〈왕과 나〉, 1956 ; 〈사운드 오브 뮤직〉, 1965) 등 신작과 구작이 뒤섞여 극장과 TV의 단골 메뉴로 반복 상영 및 방영됐다. 봉준호는 이 모든 미국 장르 영화를 고루 섭렵했을 것이 분명하지만 주로 특정 성향의 장르만을 자신의 영화 육체에 새긴다.

소년 봉준호가 본능적으로 매혹된 것은 미국 장르 영화 전체가 아니라, 대체로는 할리우드 스튜디오 장인들이 연출해낸 서스펜스 장르물이다. 봉준호는 SF물과 호러물에도 기본적으로 호의를 갖고 있지만, 그 경우에도 불안, 공포, 히스테리, 분열증 등이 서스펜스 형식과 동행하며 불균형과 불균질의 상태로 강조될 때 더 원초적인 흥분을 느낀다. 그는 대화 도중 문득 이렇게 자문했다. "어릴 때부터 나는 좀 서스펜스 중독자였나?"

서스펜스 중독자가 히치콕을 경외하거나 스필버그의 〈죠스〉(1975)에 홀려서 무언가를 배웠다고 말하는 것은 자연스러운 일이다. 물론 히치콕도 초기의 스필버그도 당시에는 늘 어떤 논란을 이끌고 다녔지만, 그들의 작품은 이른바 영화사의 걸작이 되었고 오늘날 관객의 눈에도 여전히 새롭게 보일 만큼 탁월하다. 그런데 봉준호는 공인된 걸작만을 기억하거나 호명하지 않는다. 봉준호는 히치콕이나 스필버그가 되지 못한, 심지어 어떤 필요에 의해서만 가끔씩 떠올려지게 되는 혹은 이제는 아무도 기억하지 않는 '구닥다리' 작품에서도 배움을 말한다. 그들의 작품이 졸작이고 그 창작자가 위대하지 않은 것이 영화적 영감을 구하는 봉준호에게는 아무런 장애가 되지 않는다. 영감은 어디에나 있는 것이다. 봉준호는 기질적 예민함을 과시하거나 지적 성취감을 드러내기 위해 자신의 원초적 체험을 꾸미는 일이 없다. 혹은 철모르는 어린아이의 눈으로 보아서 좋아 보였던 것일 뿐이라고 스스로의 체험을 평가 절하하지도 않는다. 그렇다면 〈지옥의 7인〉(1983)이나 〈카프리콘 원〉(1977) 같은 허술한 작품에서 영감을 얻었다고 당당하게 말할 수 없다. 봉준호에게는 철저히 그만의 중대한 영화사적 체험이 존재한다.

　이 체험과 영감의 관계를 결정짓는 무엇이 있다면 그건 한 작품의 공인된 작품성이 아니라 그 작품으로부터 혹은 어떤 장면으로부터 봉준호가 겪었을 충격의 강도다. 그는 종종 "좋은 의미에서의 정신적 외상" "좋은 의미에서의 영화적 외상" 등으로 자신의 서스펜스 체험을 표현하고 있는데, 그건 적어도 봉준호의 경우에는 형용 모순이 아니라 사실이다. 정신적 외상은 외부로부터 받은 충격 때문에 발생한 병적 상태여서 반드시 치유되어야 하는 부정적인 것일 텐데, 봉준호의 서스펜스 체험의 경우에는 그 반대여서, 얼마나 강한 충격을 받아 얼마나 큰 외상을 입었는가의 순서에 따라 이로운 영감의 원천이 될 자격을 갖게 되는 것이다.

　"장르를 의식하면서 그것을 바꾸고 섞으려 노력한 것이 아니라, 캐릭터와 상황에 몰입해서 따라가다 보니 장르가 이질적으로 혼합되고 비틀려 있는 특이한 결과에 이르렀다"(『괴물 메이킹 북』, 21세기북스)고 봉준호는 자신의 영화가 지닌 장르성에 관하여 설명했다. 봉준호의 표현을 빌려 말해보자. 그가 좋은 의미의 영화적 외상을 입은 것이라면, 그의 영화는 좋은 의미에서의 변질된 장르다. 서스펜스에 빠진 불안의 소년은 훗날 그 불안과 서스펜스를 자신의 영화에 무의식적으로 때로는 의식적으로 새기지만, 애초에 그를 두렵게 만들었던 외상의 컨벤션은 영감이 실제의 결과물이 되는 과정 속에서 몰라보게 변질되어 완전히 다른 무언가로 변화된다. 낡고 평범한 컨벤션이라 해도 봉준호의 영화 안으로 들어오면 획기적으로 변질되어 강력한 힘을 발휘한다. "미국 장르가 한국에 와서 고생하는 〈살인의 추억〉" "미국 장르로 미국을 풍자하는 영화 〈괴물〉" 같은, 좋은 의미에서의 변질된 장르는 그렇게 만들어진 것이다. 다음이 바로 그 영감의 목록들이다.

〈대탈주〉(존 스터지스, 1963)

　봉준호가 좋아하는 배우 스티브 맥퀸의 출세작이며 2차대전 당시 독일 포로수용소에 갇혔던 연합군 포로들의 실제 탈출을 소재로 한 역사물이자 액션물이다. 포로들의 끈질긴 탈출 준비와 실행 그리고 스티브 맥퀸의 오토바이 액션 신이 유명하다. 세월이 지나면서 영화보다는 행진곡 풍의 경쾌한 주제곡으로 더 잘 기억되고 있기도 하다. 감독 존 스터지스는 구로사와 아키라의 〈7인의 사무라이〉(1954)를 리메이크한 서부극 〈황야의 7인〉(1960)의 감독으로 우리에게 더 친숙하다.

스터지스는 그의 경력 후반부에 이르러서까지도 특별한 존중을 받진 못했다. 특히 60~70년대 영미권의 영향력 있는 평론가들에게는 지나친 테크니션 혹은 과대평가 받아온 액션 영화감독으로 인식되었던 것 같다. 영국의 대표적인 평론가 데이비드 톰슨은 1975년 발간된 『영화 인명사전(*A Biographical Dictionary of Film*)』에서 "기술과 힘의 공허한 묘기에 집착하는 운동선수"로 그를 비유한다. 미국의 유력 평론가 앤드류 새리스도 1968년 발간된 그의 유명한 저서 『아메리칸 시네마(*American Cinema*)』에서 유사한 평가를 내린다. 미국의 구로사와를 꿈꾸며 쌓아온 스터지스의 경력과 명성에 강력한 의구심을 표하는 동시에 그의 영화적 인장 중 하나로 말해지는 와이드 스크린 상의 패닝 기법에 대해서도 피상적이고 낭비적이라고 지적한다. 그나마도 〈대탈주〉는 성공작이라 인정하면서도 "장엄함까지는 아니더라도 진지한 액션 장르에 치중해야 한다"는 충고를 잊지 않는다.

봉준호가 존경하는 미국의 장르 영화감독 존 카펜터는 그런 시각들에 반대한다. "존 스터지스는 가장 뛰어난 액션 영화감독 중 한 명이었다. 와이드 스크린 사용에 있어 그의 선구적 완숙함이란 타의 추종을 불허한다. 내 생각에 그는 지난 세기의 가장 과소평가 받은 감독 중 한 명이다"라고 그는 말한다. 〈대탈주〉의 명예를 드높이기 위해 작성된 에세이에서 동시대의 평론가 셰일라 오말리도 로버트 알트만의 〈매시〉(1970), 브라이언 G. 휴튼의 〈켈리의 영웅들〉(1970), 노먼 주이슨의 〈러시아인들이 온다, 러시아인들이 온다〉(1966) 등과 같은 영화들보다 앞서 나온, "해체적이고 탈신화적인 전쟁 영화들의 선구자"로 이 작품을 승격시키고자 시도한다.

어릴 때 TV를 통해 이 작품을 접했던 봉준호는 2020년 『베니티 페

<대탈주>. 기나긴 탈출 준비와 허망한 실패들. 어린 봉준호는 이 영화를 보며 긴장감에 식은 땀을 흘렸다.

어』와의 인터뷰에서 당시를 이렇게 회상한다. "이 영화를 보는 동안 온 몸에 식은땀이 흘렀던 걸 기억한다. 2차대전 기간 동안 포로수용소를 탈 출하는 이들에 대한 이야기였지만, 영화에는 로맨스에 대한 기이한 느낌 이 있었고, 나는 그런 걸 좋아했다." 봉준호는 2013년 부산국제영화에서 만난 쿠엔틴 타란티노와의 대담 중에도 "포로수용소를 탈출하는 영화를 만들어보고 싶다"고 말했다.

소년의 온몸을 적신 식은땀의 동기는 쉽게 짐작할 수 있다. 스터지 스가 제작자 사무엘 골드윈에게 〈대탈주〉의 영화화를 제안했을 때 골드 윈은 이렇게 말했다고 한다. "젠장, 이게 무슨 탈출이야? 아무도 탈출을 못하잖아!" 76명이 탈출을 시도하여 50명이 사망하고 3명만 성공하는 이야기에 대한 과장된 반응이었다. 주인공 맥퀸도 다시 잡혀 온다. 그러니까 〈대탈주〉는 기나긴 대장정의 탈출 준비와 과정 중의 작은 실패 그리고 대단원의 탈출 시도와 대다수의 실패, 라는 구조로 되어 있다. 저들은 과연 탈출할 수 있을 것인가. 소년 봉준호는 내내 애가 탔을 것이다. 공인된 영화사는 〈대탈주〉를 액션 영화로 기록해두고 있지만, 봉준호에게는 서스펜스의 감각으로 각인되어 있다. 그렇다면, 로맨스의 느낌은 무엇 때문에 받게 된 것일까. 억지로 추론해볼 수도 있겠지만, 그러지 않는 편이 좋겠다. 이것 또한 봉준호의 철저히 사적인 감각 영역 안에서 일어난 특이한 사건일 것이다.

〈서바이벌 게임〉 (존 부어맨, 1972)

"1970년대 최고 걸작 중 하나다. 어렸을 때 우연히 TV에서 보고 좋은 의미에서의 외상을 겪었던 정말 무시무시한 작품이다. 텔레비전에서 방영된 것이다 보니 (주인공 중 한 명인) 네드 비티에게 벌어지는 끔찍한 일은 검열되어 삭제된 상태였지만, 그럼에도 불구하고 너무 무서웠다. 압도적인 연출력이 발현된 존 부어맨의 걸작이다." 〈서바이벌 게임〉(원제는 〈딜리버런스(Deliverance)〉)에 대한 봉준호의 감상이다.

댐 공사로 수몰 예정인 산간벽지의 마을. 약간 어색한 친구 관계인 네 명의 도시 중산층 남자들이 이곳을 찾는다. 협곡과 급류를 형성하고 있는 이 지역이 사라지기 전에 강을 따라 상류에서 하류까지 며칠 동안 카누 여행을 즐기겠다는 것이다. 일부 지역민들에게 이들은 일종의 무례한 불청객이다. 일행은 여행을 시작한 지 얼마 지나지 않아 이곳에 사는 토박이 남자들과 얽히게 되고, 한 명이 그들에게 성폭행을 당한다. 처음부터 불길한 분위기로 시작되었던 영화는 이제 터질 것 같은 긴장의 국면을 지속하며 말 그대로 악몽과도 같은 생존 게임을 벌인다. 봉준호의 저 감상은 결코 호들갑이 아니다.

봉준호와 비교적 가까운 세대이며 봉준호만큼이나 성장기 영화 체험에 대해 특별한 기억을 지니고 있는 시네필 출신 감독 쿠엔틴 타란티노는 그가 좋아하는 1970년대 영화들 10여 편을 회고하는 『시네마 스페큘레이션(Cinema Speculation)』을 출간했는데, 〈서바이벌 게임〉도 그중 한 편으로 포함되어 있다. 흥미롭게도 타란티노 역시 〈서바이벌 게임〉을 '좋은 의미에서의 외상'으로 진술한다. 어린 시절 어머니의 손을 잡고 그녀의 데이트 현장에 동행하게 되었고, 동시 상영 극장에서 〈와일드 번치〉(1969)와 〈서바이벌 게임〉을 우연히 같은 자리에서 보게 되었는데, 그것만큼 강력하고 논란이 될 만한 경험은 없었다는 것이다. 타란티노는 자신이 그날 극장에서 본 금기의 이미지들을 또래 친구들에게 퍼뜨릴까봐 친구 부모들이 그와 놀지 못하도록 했었다는 일화를 자랑 삼아 하고 있다.

한국과 미국의 두 영화 소년에게 잊지 못할 외상을 남긴 부어맨에게는 역시나 강력한 지지자들이 많았다. 마틴 스콜세지와 프랜시스 포드 코폴라는 각자의 방식으로 존경을 바쳤다. 프랑스의 저명한 평론가 미셸 시망은 "1968년에 그의 두번째 장편 〈포인트 블랭크〉(1967)를 발견한 것이 나의 시네필 인생에서 가장 특별한 충격"이었다며, "강렬한 에너지, 자연에의 감각, 그리고 라울 월시 또는 킹 비더와도 견줄 만한 액션뿐만 아니라 영적이고도 도덕적인 탐구로 가득한 그의 후속작들이 나로 하여금 1980년대 중반에 나온 책을 쓰게 만들었다"며 자신의 부어맨 저서 집필에 관한 동기를 회고한다.(『필름 월드(Film World)』) 〈서바이벌 게임〉은 시망이 말하는 그 후속작들 중 한 편이며, 부어맨에게 가장 대중적인 성

<서바이벌 게임>. 빌모스 지그몬드의 뛰어난 촬영술도 이 영화의 서스펜스에 큰 기여를 한다. 봉준호는 "질식될 것만 같은 체험"이었다고 말한다.

공을 안겨다 준 작품 중 한 편이기도 하다. 시망에 화답하듯 부어맨은 제임스 디키가 쓴 동명의 원작 소설을 읽고 떠올렸던 생각을 자신의 뛰어난 자서전 『교외 소년의 모험(*Adventures of Suburban Boy*)』에서 언급하고 있다. "그 주제는 나의 주제와 일치했다. 자연과 인간의 관계, 잃어버린 조화를 회복하려는 시도, 파괴를 일삼는 인류에 대한 대지의 분노."

봉준호는 2020년 뉴욕 필름 앳 링컨 센터에서 열린 특별전 프로그램의 일환으로 자신이 사랑하는 작품 7편의 상영을 추천하게 되는데, 〈서바이벌 게임〉도 포함되어 있다(참고로, 나머지 작품은 존 카펜터의 〈괴물〉, 구로사와 기요시의 〈큐어〉, 이마무라 쇼헤이의 〈붉은 살의〉, 김기영의 〈이어도〉, 앙리 조르주 클루조의 〈공포의 보수〉, 존 프랑켄하이머의 〈세컨즈〉다).

〈카프리콘 원〉(피터 하이암스, 1977)

화성 유인 탐사선에 몸을 실은 세 명의 우주 비행사들은 발사 직전 강제 하차당한다. 우주선에 기계적 결함이 발견되었지만 막대한 시간과 비용이 투입된 이 프로젝트를 수포로 돌릴 순 없으니 이제부터 실제 화성에 도착한 것처럼 꾸며야 한다고 상부의 협박과 지시를 받는다. TV에는 역사적인 우주 개척 성공사가 가짜로 송출되고, 비행사들은 모처의 세트장에서 연기를 하는 신세가 된다. 한 기자가 이를 눈치채고 집요하게 취재한다. 비행사들은 정부가 이 거대 사기극을 종료하기 위해 자신들을 곧 제거할 것임을 직감하고 목숨을 건 탈출을 감행한다.

〈카프리콘 원〉은 개봉 당시 악평과 호평의 뒤범벅 세례를 받았던 것 같다. "비싸고 스타일상으로도 파산한 서스펜스 멜로드라마"라는 평가도, "놀랄 만큼 훌륭한 스릴러"라는 평가도 있었다. 하지만 지금에 이르러 이 작품을 하나의 텍스트로서 진지하게 대접하는 경우란 거의 없다.

자신의 작품을 설명하기 위해 가끔씩 이 작품의 특정 장면을 떠올리는 봉준호를 제외하면.

　다음과 같은 역사적 고찰의 참조물로 동원되는 경우는 찾아볼 수 있다. 미국의 영화평론가 짐 호버만은 1960년대 미국 역사와 미디어 문화를 살피는 가운데, 1969년 닉슨 2기가 출범한 그해 우드스탁 페스티벌과 함께 가장 큰 이벤트였던 아폴로 우주선 달 착륙 쇼를 이른바 '제국주의적 발상에 따른 과대망상적 정복과 역사 만들기' 과정의 일환으로 파악한다. 특히 TV 중계를 매개로 우리 모두가 거기 함께 참여해 있다는 식의, 일종의 '참여형 이벤트이자 공상과학 축제'가 되었다는 것이다. 때문에 그 반작용으로 "그 모든 탐험이란 유니버설 스튜디오 세트장에서도 쉽게 할 수 있었을 만한 것"이라는 반체제적 냉소주의에 직면해야만 했고, 그런 생각들이 몇 년 뒤 닉슨의 부패한 몰락 이후 부각된 '은폐와 음모라는 포스트 워터게이트 개념'과 묶이면서 〈카프리콘 원〉에서 정점에 이르렀다는 것이다.(『드림 라이프(*The Dream Life: movies, media, and the mythology of the sixties*)』)

　달 착륙은 가짜다. 지금도 제기되곤 하는 그 음모론이 〈카프리콘 원〉의 중심 소재임을 봉준호도 모르지 않지만, 이 영화에 대한 그의 관심사는 완전히 다른 곳에 있다. 유년에 이 작품을 접하고 봉준호가 매혹된 지점은 영화의 후반부에 난데없이 등장한 경비행기 조종사(개성파 배우 텔리 사바라스가 연기한다)가 주인공을 도와 일거에 문제를 해결해주는 장면이다. 소년 봉준호는 이 갑작스러운 인물의 출현과 역할에 뭔가 시원함과 통쾌함을 느꼈다. 그리고 같은 방식의 해결법이 수십 년을 지나 그의 영화 〈괴물〉에 등장한다. 박남일(박해일)을 도와 괴물을 물리치는 데 결정적인 역할을 하는 노숙인(윤제문)의 난데없는 출현과 공헌을 우린 기억한다.

　봉준호가 직접 언급하진 않았지만 우린 봉준호와 〈카프리콘 원〉 사이에 놓인 영감의 흔적을 두 가지 더 추론해본다. 첫째는, 〈괴물〉에서 가족들이 뿔뿔이 흩어져 각자 분투하는 시퀀스와 관계가 있다. 봉준호의 회상에 따르면 당시 상당수 스태프들이 이 시퀀스가 자칫 지루해질 것이라 염려했다. 숏과 신을 쪼개서 빠르게 교차 편집하며 템포를 높여야 하는 것 아니냐는 의견이었다. 봉준호는 그렇게 하지 않았다. "배두나 이야기 쭉, 박해일 쭉, 송강호 쭉, 그다음에 셋이 다시 모이는 좀 이상한 구조"로 봉준호는 만들었다. 그게 영화적으로 자신을 더 흥분시킨다는 것이다.

　〈카프리콘 원〉에서 감옥 같은 세트장을 도망쳐 나온 세 우주 비행사는 이대로 뭉쳐 다니면 위험하다고 판단한다. 사막 한가운데에 선 그들은 이제부터 세 갈래 길로 각자 갈라져서 가기로 결정한다. 이후로 그들 각각의 탈출기는 도심에서 분투하는 취재기자 신과 교차되는 것을 제외하면, 탈출극 그 자체로는 '쭉쭉' 통으로 전개된다. 한 명이 먼저 실패한다. 그다음 사람이 실패한다. 그다음은 성공한다.

　둘째는, 비가시성을 강화하는 어떤 유체에 관한 것이다(봉준호 영화의 유체에 관련한 또 다른 의견은 이 책의 부록에 실린 하마구치 류스케의 강연을 참조하면 좋겠다). 정부 쪽에서 보낸 두 대의 헬기가 사바라스가 몰고 있는 경비행기를 추격 중이다. 도저히 따돌려지지 않자 최후의 수단이 동원된다. 쫓아오는 헬기를 향해 후방으로 백색 성분의 농약 스프레이를 분사한다. 헬기 조종사들은 시야가 흐려져 조종감을 잃고, 헬기는 절벽에 차례로 곤두박질친다.

　그런 종류의 유체는 봉준호의 영화에서 기체의 형태로 자주 등장한

<카프리콘 원>. 사기극이 벌어지는 세트장(위), 영화의 종반부에 갑자기 등장하여 문제를 해결하는 개성파 배우 텔리 사바라스(비행기 뒷좌석). 봉준호는 이 인물에게 영감을 얻어 <괴물> 노숙인의 캐릭터를 떠올렸다.

다. 우선은 소독차의 그 하얀 연기를 즉시 떠올릴 수 있다(봉준호가 유소년기를 보내던 1970, 80년대에 동네를 누비던 소독차의 연기는 아이들의 일상을 순식간에 환상의 상태로 뒤바꿔놓곤 했다. 동네가 하얗게 덮여 아무것도 보이지 않았다. 아이들은 소독차를 뒤따라 달리며 작은 일탈을 만끽했다. 한편 청년 봉준호는 최루탄 가스와 함께 청년기를 보냈다. 그건 시대의 악몽이었다).

〈플란다스의 개〉에서는 하얀색 소독 연기가 화면을 가득 채워 모든 시야가 흐려질 때 강아지 순자가 실종된다. 하지만 이 기체가 반드시 어떤 사건에만 복무하지는 않는다. 〈기생충〉의 초반부에는 무언가의 불길한 전조처럼 지하방의 가족을 소독 연기가 잠시 휩쓸고 지나간다. 자신의 몸을 소독하겠다며 연기 나는 소독차 뒤를 따라 달리는 박강두나 에이전트 옐로우의 가공할 분사의 순간을 〈괴물〉에서 목도할 때 그건 사건이기보다 감정적인 충격으로 다가온다.

중요한 것은 사건이건 전조이건 감정이건, 그 기체가 무정형으로 순식간에 그리고 그득하게 번지며 화면을 장악하고 시야를 흐릿하게 만들 때의 그 시각적이면서도 물질적인 불안의 활동이다. 봉준호 영화에서의 이 기체는 서스펜스의 물질화다. 그러므로 〈설국열차〉의 사우나실 격투신은 데이비드 크로넨버그의 〈이스턴 프라미스〉(2007) 사우나실에 대한 오마주가 될 수 없다. 〈이스턴 프라미스〉와 〈설국열차〉의 무술감독이 동일인이라고 해도, 전자는 맨살의 격투가 핵심이고, 후자는 시야를 흐릿하게 만들어 불안을 가중시키는 수증기가 핵심이다.

〈마라톤 맨〉(존 슐레진저, 1976)

"윌리엄 골드먼이 쓴 〈마라톤 맨〉은 11살 때 봤는데, 손바닥이 땀으로 흥건했다. 초등학교 시절 나는 많은 영화적 외상을 겪었다." 2019년 영국아카데미(BAFTA)가 주최한 시나리오 작가 마스터 클래스에서 봉준호는 이렇게 말했다(봉준호는 자신이 연출한 모든 작품의 각본가이기도 하다). 역시나 봉준호의 뚜렷한 취향을 엿볼 수 있는 지점인데, 골드먼이 사실 시나리오 작가로 급부상한 것은 〈마라톤 맨〉보다 몇 년 앞서 만들어져 그에게 아카데미 각본상 수상을 안겨준 서부극 〈내일을 향해 쏴라〉

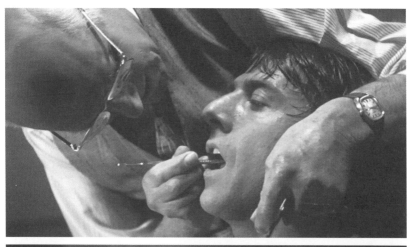

<마라톤 맨>. 나치 살인마의 섬뜩한 고문, 한밤의 추격전 그리고 기하학적 공간에서의 대단원.

였다. 봉준호는 그 작품 대신 〈마라톤 맨〉을 머리에 떠올린다. 한편, 〈마라톤 맨〉이 국내 개봉 당시 꽤 흥행하기는 했지만 감독 존 슐레진저의 출세작은 그보다 조금 앞서 만들어져 실력 좋은 뉴 할리우드 시네마의 하나로 인정받았던 〈미드나잇 카우보이〉(1969)다. 〈마라톤 맨〉은 골드먼이나 슐레진저의 공인된 최고작이 아니라 봉준호만의 편견의 애호작이다.

유약하고 소심한 성격의 역사학과 전공 학생 베이브(더스틴 호프만)가 유일하게 즐기는 것은 마라톤이다. 평범한 석유회사의 임원으로 알았던 형(로이 샤이더)이 비밀 기관의 요원이었음이 밝혀지고 형의 사망과 함께 베이브는 암흑의 일당들에게 공격당하기 시작한다. 결국 한밤에 납치된 베이브는 일명 '은발의 천사'로 불렸던 과거의 나치 전범 살인마(로렌스 올리비에)에게 붙들려 모진 고문을 당하다 겨우 탈출하게 된다.

만약 훌륭한 각본의 기준이 정교하게 구성된 이야기라고 한다면 〈마라톤 맨〉은 거기에 부합하지 않는 것 같다. 이야기는 다소 엉성해 보일 정도다. 형이 갑자기 암살당했고, 동생은 공격받는다, 범인은 나치 전범이고, 갑자기 생긴 여자 친구는 수상하다, 정도가 전부다. 하지만 영화 전체가 음산한 분위기를 끌어안은 채 밀도 높은 서스펜스를 유지하는 것은 사실이다. 봉준호가 매혹될 만한 장면들도 많다. 심야의 뉴욕 한복판에서 반미치광이처럼 도망쳐 달리는 베이브와 그를 뒤쫓는 악당들의 추격전은 기괴하면서도 살벌하다. 라스트 신도 압권이다. 실제로 존재하는 뉴욕의 대형 상수도 처리장인 듯 보이지만 실은 파라마운트 스튜디오에 지어놓은 세트장에서 마지막 역전의 결투가 벌어진다. 거대하지만 밀폐된 공간의 사방에 수직의 물살들이 흐르고 그 가운데에는 공들여 디자인된 나선형의 계단이 놓여 있는 등, 각종 현란한 기하학적 설계로 관객을 압도한다.

〈엘리게이터〉(루이스 티그, 1980)

당대 미국의 대중적 영화평론가로 명성이 높았던 로저 에버트는 루이스 티그의 〈엘리게이터〉에 별 넷 만점 중 한 개를 주고는, "이 영화 역시도 거대하고 무서운 뭔가로 커갈지 어떨지 보려면 영화를 변기에 넣고 물을 내려보는 게 어떻겠느냐"고 조롱한다. 영화에서 야생에서 데려온 새끼 악어가 변기에 버려져 도시 하수구로 흘러 들어가 제약회사의 생체실험 약물에 찌든 사체들을 먹고 나서 거대한 돌연변이 식인 괴물이 된 것에 빗대어 그렇게 힐난하고 있다. 하지만 그런 지독한 악평만 있었던 것은 아니다. "이 영화의 서스펜스는 영화가 활용하는 클리세들에 대한 애정 어린 인식과 위트만큼이나 진짜"(빈센트 캔비)라는 당대의 신속한 호평도 있었을 뿐 아니라, 장르 영화 연구에 뛰어난 안목을 지닌 영화평론가 로빈 우드는 "〈엘리게이터〉와 〈피의 해변〉 같은 몇 안 되는 비주류 작품들만이 70년대 전통의 희미한 흔적을 보여주고 있을 뿐"(『베트남에서 레이건까지』, 이순진 옮김, 시각과언어)이라며 70년대 할리우드 공포 영화의 어떤 생생하고 불온한 활기를 80년대에 잇고 있는 드문 예로 이 작품을 평가하고 있다. 발전된 지금의 기술 수준으로 보자면 엉성해 보이는 특수효과들이 있기는 하지만 대개는 장면마다 집중력이 높은 편이어서 즐길 만한 오락물에 가깝다. 한편으론 1980년대 중후반 이후 미국 독립영화의 중요한 인물 중 하나로 부상하게 될 존 세일즈가 각본을 맡았다는 점도 흥미롭다.

〈엘리게이터〉와 관련해서는 봉준호의 인터뷰 한 대목을 듣는 것이 가장 좋겠다. 2008년 즈음 했던 말이다. "얼마 전에 고장 난 노트북을 고쳐 하드 디스크를 보니, '울스터'라는 시나리오를 써놓은 게 있더라. 울산과 몬스터를 합쳐 만든 단어였다. 울산이 현대중공업의 도시 아닌가?

<엘리게이터>. 도시 하수구에서 자란 돌연변이 악어 이야기는 봉준호의 기억에 오래 남았다.

현대중공업에서 몰래 버린 공장 폐수로 인해 괴물이 나온다는 이야기였다. 아마 영화아카데미 다니던 시절에 쓴 이야기일 거다. 한국적인 배경에 이상하게 적용시킨 괴물 이야기를 하고 싶었던 것 같다. 네시를 한강에 데려온다고 명확하게 생각했던 것은 〈플란다스의 개〉를 하고 있을 때였던 것 같다. 맥팔란드 사건(주한 미군이 발암 물질인 약물을 한강에 무단 방류한 사건)을 시민단체에서 폭로한 게 2000년 여름이었다. 그 기사를 보면서 내가 괴수 영화를 하면 이게 오프닝이다, 라고 생각했었다. 실제 사건인데 대단히 장르적 사건 아닌가? 어렸을 적 봤던 〈엘리게이터〉 보

면 하수구에 뭔가를 버리거나 하면 거기서 괴수가 나오지 않았던가? 그러면서 자연스럽게 미국이 들어오게 된 건데, 괴물 이야기도 사실은 일본의 괴수 장르가 있긴 하지만, 미국적인 장르 아닌가? 미국적인 장르를 하면서 미국을 풍자하는 영화를 찍으면 재밌겠다 싶었다."(『BONG Joon-ho』, 정지연 지음, 영화진흥위원회)

〈괴물〉(존 카펜터, 1982)

존 카펜터의 〈괴물(The Thing)〉은 크리스찬 니비의 〈괴물(The Thing from Another World)〉(1951)의 리메이크작이다. 영화평론가 매니 파버는 니비의 〈괴물〉 개봉 당시의 리뷰에서 "〈괴물〉은 묵직한 과학 이야기에 순수한 모험 이야기를 알뜰살뜰하게 결합시켜 보통의 오락물보다 나아진 매끈한 아이템"(『파버 온 필름(Farber on Film)』)이라고 일단 긍정의 평가를 내린다. 하지만 이 영화에 호감을 표하는 대부분의 의견은 감독 니비가 아니라 프로듀서로 이름이 올라 있는 할리우드 장르 영화의 만능 실력자 하워드 혹스에 초점이 맞춰져 있다(니비는 혹스 영화의 편집기사 출신이다). "영화를 본 사람이라면 누구라도 이것이 본질적으로 혹스의 영화라는 사실을 의심할 여지가 없다. 그 구조의 완벽함과 주제와의 밀접한 관련성뿐만 아니라 연출의 전반적인 스타일 자체가 명백히 혹스의 개성을 나타낸다."(로빈 우드, 『하워드 혹스(Howard Hawks)』) 심지어 앤드류 새리스는 감독 니비의 전체 경력을 설명하는 지면에 이렇게 딱 한 문장만 적는다. "〈괴물〉은 한눈에도 이해되는 프로듀서 하워드 혹스의 흔적들과 크레딧에는 없는 오슨 웰스의 기이한 흔적들로 인하여 니비의 별 볼 일 없는 경력에서 불가해한 사건으로 남아 있다."(『아메리칸 시네마』)

카펜터도 혹스와 이 영화를 좋아했다. 카펜터의 이름을 본격적으로

크리스찬 니비의 1951년 작 <괴물>.

알리는 계기가 된 공포 영화 〈할로윈〉(1978)의 한 대목에서는 TV 화면에
서 니비의 〈괴물〉이 방영되는 장면이 등장한다. 하지만 카펜터의 〈괴물〉
은 개봉 당시 혹평 세례를 받았다. 카펜터는 그 비난의 수준이 거의 "미
친" 정도였다고 회고한다. 니비조차 그를 비난했다. 카펜터는 〈괴물〉의
실패가 자신의 경력 중 가장 힘겨웠다고 고백한다. 그의 창작자로서의
가치가 완전히 복권되기까지는 시간이 걸렸다.

　　미국 전통의 영화지 『필름 코멘트』의 대표적인 필자이자 해박하고
예민한 평론가였고 최근에는 〈다이앤〉(2018)이라는 섬세한 영화의 감독
으로 주목받게 된 켄트 존스는 1998년 카펜터의 복권을 전폭적으로 부
르짖는 옹호의 글을 작성하며 그가 했던 다음과 같은 말을 머리말로 놓
는다. "프랑스에서, 나는 오떼르(작가주의 정책에 기반하여 영화감독에게

존중을 바치는 최상의 표현으로서의 '작가')다. 독일에서는, 필름 메이커다. 영국에서는, 공포 영화 감독이고. 미국에서는, 부랑자다." 유럽에 비하여 자국인 미국에서 자신이 얼마나 평가 절하당하고 있는지를 드러내는 말이다. 존스는 카펜터를 "먼지 쌓인 오래된 보물"로 묘사하며 "〈괴물〉은 카펜터 영화 중에서도 최고작 중 한 편이고, 1980년대 초 돌연변이 시체 소재의 영화들 사이에서 손쉽게 우승자가 될 법하다"(『물리적 증거(Physical Evidence)』)고 정리한다. 십 년마다 한 번씩 조사하는 영국 영화지 『사이트 앤 사운드』의 2022년 세계 영화사 올 타임 베스트 설문에서 카펜터의 〈괴물〉은 후퍼의 〈텍사스 전기톱 학살〉(1974), 베르너 헤어조크의 〈아귀레 신의 분노〉(1972), 베르나르도 베르톨루치의 〈순응자〉(1970)와 동률을 이루며 118위에 선정됐다.

카펜터의 〈괴물〉의 내용은 사실 간단하다. 남극에 위치한 미국 탐사대원들의 기지로 어느 날 개 한 마리가 찾아든다. 인근 노르웨이 탐사 대원들 기지에서 도망친 개다. 가공할 외계 생명체가 개를 숙주로 삼아 그 안에 숨어 있다. 대원들은 하나둘씩 괴생명체의 숙주가 되어 생명과 존재를 잃어간다. 누가 감염된 자이고 누가 여전히 인간인지 식별이 어려워지자 대원들은 서로를 의심하고 공격하게 된다. 니비의 〈괴물〉에서 외계의 괴생명체는 거대 외양을 지닌 전통적인 몬스터의 형상으로 출현한다. 그때의 괴물은 철저히 외부의 존재다. 카펜터의 〈괴물〉은 니비의 영화 방식을 따르지 않는 대신 존 W. 캠벨의 원작 소설의 세계관을 더 많이 반영한다. 인물들은 누가 괴물인지 모르는 식별 불가능한 공포에 시달리고 그것이 심리적 서스펜스를 가중시킨다. 이때의 괴물은 철저히 내부의 존재다.

영화평론가 조나단 로젠봄이 취재차 〈괴물〉의 촬영 현장을 방문했

존 카펜터의 <괴물>. 봉준호는 이 영화를 "SF의 걸작"이라고 칭한다.

을 때, 카펜터는 로젠봄에게 니비 영화와의 차별점을 말한다. "우리는 다른 측면을 강조한다. 한 집단이 이 문제에 직면했을 때, 즉 그들 중 한

명 또는 그 이상, 혹은 모두가 '그것'에 의해 점령당할 수 있다는 문제에 직면했을 때, 우리는 이 문제가 그들 사이에 얼마만큼의 패러노이아를 유발하는지에 집중한다. 정체성 상실에 관한 것 말이다."(『영화적 조우 (*Cinematic Encounters*)』)

　카펜터 영화에 대한 봉준호의 매혹은 소년기 AFKN 시청자 시절까지 거슬러 올라간다. 봉준호는 그 시기에 TV에서 보았던 카펜터의 또 다른 SF 영화 〈다크 스타〉(1974) 역시 또렷하게 기억한다. 카펜터의 〈괴물〉에 대해서는 이렇게 평가한다. "〈괴물〉은 SF의 걸작이다. 스위스의 어느 영화제에서 이 영화를 대형 스크린으로 처음 볼 기회가 있었다. 내가 '카르트 블랑쉬(Carte Blanche)'로 추천했었다. 정말 압도적이었다." 자신의 영화 〈괴물〉의 할리우드 리메이크가 진행된다면 누가 감독을 맡았으면 좋겠느냐는 질문에 봉준호는 카펜터를 꼽았다. 영화사 최고의 SF 영화를 묻는 『타임아웃』의 설문에도 이 영화를 포함시킨 바 있다(참고로, 봉준호가 이 명단에 기재한 나머지 작품은, 알파벳 순서로 스탠리 큐브릭의 〈2001 스페이스 오딧세이〉, 리들리 스콧의 〈에이리언〉, 돈 시겔의 〈신체 강탈자의 침입〉, 스티븐 스필버그의 〈미지와의 조우〉, 미야자키 하야오의 〈미래소년 코난〉, 조지 밀러의 〈매드 맥스 2: 로드 워리어〉, 존 카펜터의 〈화성인 지구 정복〉, 조지 루카스의 〈THX-1138〉, 스티븐 스필버그의 〈우주전쟁〉이다).

〈지옥의 7인〉(테드 코체프, 1983)

　〈지옥의 7인〉을 떠올리며 봉준호는 자신을 이렇게 표현한다. "이 영화에서 영향받은 전 세계 유일한 감독일지 모른다." 어쩌면 그럴 수도 있다. 테드 코체프의 〈지옥의 7인〉은, 조금 과장하자면, 아무도 기억하지 않는 작품이다. 감독 코체프만 놓고 보자면 그는 영화 장인으로 얼마간 정평이 나 있었다. 1970년대와 80년대를 거치며 베를린 영화제에서 황금곰상을 수상하거나 칸 영화제 경쟁 부문에 초청받기도 했다. 〈지옥의 7인〉이 미국에서 개봉되었을 때 "일급 재능으로 만들어진 두 시간짜리 클리셰"(로저 에버트)라는 평이 나온 이유도, 감독과 출연 배우(진 핵크만)는 수준급이지만 작품은 나쁘다는 인식이 깔려 있었기 때문이다. 사실 코체프는 국내의 관객과도 인연이 없지 않다. 1983년 국내 개봉하여 관객 동원에 크게 성공했고 이후에 비디오 시장에서도 선풍적인 인기를 끌어 당대 액션 오락물의 대표격으로 통했던 〈람보〉의 감독이다. 〈지옥의 7인〉은 〈람보〉와 유사한 액션물로 통했지만 그보다 더 '저급한' 수준으로 인식되었고 대중에게서 완전히 잊혔다. 그런 〈지옥의 7인〉이 봉준호 영화에 영향을 미쳤다.

　　〈지옥의 7인〉과 봉준호의 뜻밖의 관계를 되도록 그의 언어를 사용하여 요약 정리하자면 다음과 같다. "비평적으로 전혀 인정받지 못한 이 싸구려 영화"를 그는 중학교 3학년 때 극장에서 혼자 보았다. "진 핵크만이 2차대전 때 역전의 용사 출신인데 이 사람 아들이 베트남전에 갔다가 실종이 됐다. 그래서 왕년의 역전의 용사들을 구성해서 자기 아들을 찾으러 베트남에 다시 가는 영화다. 그런데 가보니 아들은 없고 아들의 친구만 있는 거다. 결국 아들 친구만 구해 오면서 헬기에서 막 운다. 어린 마음에 그게 굉장히 감동적이었다. 자기 아들은 구하지 못했지만 다른 사람을 구하는 거. 헬리콥터를 타고 오면서 그 친구에게 많은 걸 물어봤을 것 아닌가. 자기 아들의 마지막 날들에 대해서. 그런 걸 중학교 때 버스 타고 집에 오면서 상상해보니까 감동적인 거다. 그들이 구하러 가기 몇 년 전에 이미 아들은 죽은 거다. 가서야 그걸 알게 된 거고. 어린 마음에 그 구조가 굉장히 인상적이었다. 그 스토리가 이상하게 떠올랐

<지옥의 7인>. 자기 아들을 구하러 갔다가 다른 사람의 아들을 구해 오는 이야기. 이 뜻밖의
영화의 뜻밖의 상황이 봉준호 <괴물>의 결정적인 장면에 영감을 제공한다.

다. (……) 하여튼 엉뚱하게도 〈지옥의 7인〉이라는, 영화사에는 기재도
잘 안 되는 영화 한 편이 내게 불려 나왔고 그게 마침 영화의 주제나 모
티브와 절묘하게 맞아떨어졌고, 그래서 현서는 죽지만 꼬마는 송강호 품
에 들어간다. 약자들끼리 서로 보호하는 주제라는 게 어렴풋이 머릿속에
있었다."(『씨네21』 800호) 〈지옥의 7인〉의 이 장면이 봉준호의 〈괴물〉의
그 장면에 영향을 미쳤으리라고는 아무도 짐작하지 못했다.

[이상의 작품들 외에도, 존 프랑켄하이머의 〈세컨즈〉(1966), 니콜라스 뢰

그의 〈지구에 떨어진 사나이〉(1976), 조셉 로지의 〈저주받은 아이들〉(1963) 등을 추가로 언급할 수 있겠으나, 이 장에서는 봉준호의 '소년기의 특정적 경험, 70~80년대의 할리우드 스튜디오 장르 장인들, 그리고 어떤 의외성과 예외성'이라는 측면을 전제로 살펴본 것이므로, 이 작품들은 제외하기로 하자.]

2장
봉준호의 만신전
베스트 영화 10

누구에게나 자기만의 신전에 등재한 베스트 영화 목록이 있다. 그 목록은 계속 변한다. 새로운 영화와 쉽게 사랑에 빠지는 영화광이라면 내일 당장 변할 수도 있다. 여기 10편의 영화들은 〈미키 17〉 개봉을 앞둔 시점, 그리고 첫 애니메이션 〈The Valley〉(가제)의 후반작업을 마무리하고 있는 시점인 2025년 2월 현재 봉준호의 목록이다. 그중엔 〈하녀〉〈복수는 나의 것〉〈싸이코〉 등 그의 베스트 목록에 오래 머물러온 작품도 있고 〈조디악〉 같은 비교적 최근작들도 있다.

〈하녀〉(김기영, 1960)

동식(김진규)은 공장에서 여성 노동자들에게 음악을 가르친다. 그의 아내(주증녀)는 가계에 도움이 되기 위해 온종일 재봉 일을 한다. 부부에게는 딸과 아들, 그리고 갓 이사 온 양옥집이 있다. 어느 날 어두운 표정의 하녀가 들어온다. 그리고 돌이킬 수 없는 일이 벌어진다.

김기영은 1990년대 한국의 젊은 감독들과 영화광들이 발견한 새로운 영웅이다. 시대를 앞선 독립적 제작 방식, 온갖 일화를 거느린 기인의 면모, 기이한 죽음은 김기영을 미지의 기운으로 감싼다. 무엇보다 신비로운 건 21세기의 관점에서도 급진적인 김기영의 정신세계와 그것을

실현한 형식이다. 장르의 실험성, 표현주의적인 미장센, 실내극의 정교한 구조, 초현실적인 상상력, 괴이한 성적 묘사, 도발적인 여성, 무능력하고 유아적인 남성, 엉뚱한 발상과 유머, 거침없는 염세주의 등등.

김기영의 대표작 〈하녀〉는 데뷔작 〈주검의 상자〉(1955) 이래, 주로 사실주의적인 영화를 만들던 그의 필모그래피에서 분기점을 이룬 작품이다. 통제 불가능한 동물적 생존본능의 하녀, 사회적 지위와 안정을 위해 비인간이 되어가는 중산층 여인, 어느 쪽도 감당할 수 없어 무기력하게 퇴행하는 남자의 이야기.

봉준호는 박찬욱, 류승완 등과 함께 줄곧 김기영을 향한 경외심을 표현해왔다. 고등학교 시절 〈화녀〉(1971) 비디오테이프로 김기영의 세계에 입문한 순간부터 오늘날까지, 김기영은 봉준호에게 여전한 영감의 원천이다. 특히 〈하녀〉가 〈기생충〉(2019)에게 준 영향은 자명해 보인다. 그는 이 영화를 "하층계급 여자가 괴물이 돼서 중산층에 턱걸이하려는 남자를 유혹하는 이야기"로 요약한다.

〈기생충〉과 마찬가지로 〈하녀〉의 계단은 계급 상승 의지와 추락의 파국을 동시에 내장한 장소다. "한정된 공간에서 어울리지 않는 인간들이 서로에게 계속 침투한다. 인물들이 방을 들락날락하고 계단을 오르내리며 침입하고 엿본다. 일층과 이층으로 분리된 상태에서 이들이 상대에게 침범하는 방식이 이 영화의 강력한 긴장감과 서스펜스를 낳는다. 계단은 영화의 또 다른 주인공이다."

봉준호가 주목하는 건 김기영이 공간을 구획하고 이용하며 서사를 대담하게 전개해가는 방식이다. "〈하녀〉는 여러 문들로 구조화된 세계다. 문을 여닫음으로써 공간을 연결하거나 단절한다. 이 영화에서 미닫이문은 장면을 원활하게 전환할 수 있게 만든다. 내게 이 영화의 인장은 경제적이면서도 집중력 있는 트래킹숏이다. 카메라가 계단을 오르거나 계단으로 향할 때나 이층의 방들을 수평으로 이동할 때, 내러티브도 새로운 국면으로 진전된다. 이 영화에서 인물들의 상황은 문장으로 치자면 접속사를 생략하듯이 하나의 국면에서 다른 국면으로 갑작스럽게 전환한다. 사태는 점진적인 단계를 거치지 않고 순간순간 비약해서 확장되는데, 그게 김기영 서사에 특유의 파괴력을 낳는다."(〈하녀〉 DVD 코멘터리)

아내와 하녀의 괴물성이 각기 다른 초상으로 화면에 불길하게 새겨지는 과정도 봉준호를 소름 돋게 한다. 김기영이 〈하녀〉 연작으로 선보인 〈화녀〉와 〈화녀 82〉(1982)나, 〈충녀〉(1972)와 〈육식동물〉(1985) 등에서 이러한 기조는 황당무계한 양상으로 강화된다.

〈복수는 나의 것〉(이마무라 쇼헤이, 1979)

이와오(오가타 켄)는 일본 전역을 돌아다니며 살인을 일삼는다. 신분을 위장하고 여자들과 관계를 맺으며 살해와 도피를 이어간다. 아내 가즈코(바이쇼 미츠코)와 이와오의 아버지 시즈오(미쿠니 렌타로) 사이에는 묘한 욕망이 흐른다. 경찰에 체포되어 사형선고를 받은 이와오는 아버지와의 마지막 면회에서 말한다. "죽어도 당신과 난 남남이야. 당신도 날

용서하지 못하겠지만, 나도 당신을 용서 못해. 어차피 죽일 거면 당신을 죽였어야 했어."

1960년대 일본 영화계의 뉴웨이브는 전통적인 가치관과 시스템에 반기를 들며 폭력, 섹스, 정치를 논쟁적으로 앞세워 전후 사회의 그림자를 파고든다. 새 물결의 선봉이었던 오시마 나기사가 정치와 형식 실험에 몰두했다면, 또 다른 맹장 이마무라 쇼헤이는 벌거벗은 욕망에 집착했다. 이마무라의 영화는 주변부 인생의 야수적이고 원초적 면모와 문명이 억누르는 인간의 본능, 충동, 욕망을 클로즈업한다.

범죄와 섹스는 쇼헤이의 주요 화두다. "나는 일본인들 개인의 허리 아래쪽에 관심이 있다. 일본 사회의 허리 아래가 개인의 허리 아래와 충돌하는 문제에 관심이 많다"고 그는 밝히기도 했다. 인간과 사회에 대한 날 선 의식의 기저에는 무엇보다도 인류의 질기고 저돌적인 생명력에 대한 쇼헤이의 적극적인 긍정이 자리한다.

실화가 바탕인 〈복수는 나의 것〉은 주로 다큐멘터리 작업에 몰두하던 1970년대의 쇼헤이가 극영화로 다시 돌아온 작품이다. 영화는 이와오가 체포된 시점에서 시작해 그의 과거 행각을 따라간다. 무엇이 그를 극악한 괴물로 만들었을까. 영화는 이와오의 내면보다는 행적을 차갑게 응시하며 이 살인마의 기원을 손쉽게 설명하지 않는다. 이와오의 사악함을 부각하면서도 다른 인물들을 단순히 희생자나 선인으로 그리지 않으며, 이들의 은밀하고 추악한 본성도 들춘다.

봉준호는 자신의 영화 세계에 가장 자극을 주는 감독으로 김기영과 함께 이마무라 쇼헤이를 손꼽아왔다. 특히 〈복수는 나의 것〉은 봉준호가 〈살인의 추억〉(2003)을 만들며 가장 큰 영감을 받은 영화다. "〈살인의 추억〉이 연쇄살인 사건을 통해 80년대 한국 사회의 모순을 보여준다면, 〈복수는 나의 것〉에서는 실제 사건이 일어난 1960년대 일본 사회의 모습이 그대로 나타난다."

그는 이마무라 영화에서 관찰과 기록을 중시하는 다큐멘터리적 지향성과 표현적이고 초자연적인 양상이 양립하는 방식에 주목한다. "사실적인 터치와 조형적인 비주얼이 이토록 무리 없이 조응할 수 있다니 놀라울 뿐이다." 봉준호는 이러한 형식이 "당시 일본 사회의 히스테리를 정체를 알 수 없는 에너지"로 폭발시켜 인간의 조건과 본질을 꿰뚫는다고 감탄한다.

봉준호는 〈괴물〉(2006)에 대한 수많은 평 중, "이마무라 쇼헤이가 만든 괴수 영화 같다"는 어느 일본 제작자의 말을 가장 영예로운 감상으로 기억한다. 봉준호가 일본에서 만든 〈도쿄!〉(2008)의 제작실장은 이마무라의 〈나라야마 부시코〉(1999) 제작부였는데, 봉준호의 팬심을 알아차리고 이마무라가 직접 쓴 붓글씨를 선물했다. 봉준호는 이를 벽에 걸어두고 힘을 얻는다. "광기의 여행을 떠나자!"

〈싸이코〉(알프레드 히치콕, 1960)

마리온(재닛 리)은 빚이 많은 애인과 결혼하기 위해 회사 공금을 빼돌려 도주해 도로변 어느 낡은 모텔에 이른다. 운영자 노먼 베이츠(앤서니 퍼킨스)는 마리온을 친절하게 맞이하고, 모텔 뒤편의 저택에서 노모와 살고 있다고 알려준다. 마리온은 자신의 행동에 죄책감을 느끼며 샤워를 하던 중, 불시에 나타난 누군가에게 끔찍하게 살해된다. 그의 애인과 언니, 그리고 사립탐정이 마리온의 행방을 찾아 모텔에 오고 노먼과 관련된 충격적인 진실이 밝혀진다.

〈싸이코〉의 원작인 로버트 블록의 소설 『싸이코』(1959)에서 노먼 베이츠의 실제 모델은 1957년 검거된 연쇄살인범 에드 게인이다. 그는 여성들을 죽인 뒤, 피부를 벗겨내 가면을 만들어 쓰는 엽기적인 행각으로 당대 악명을 떨친 인물이다. 알프레드 히치콕은 소설을 영화화하며 노먼 베이츠의 정체를 여자 옷을 입고 어머니와 동일시하는 아들로 설정했다. 그는 이 반전이 관객에게 미리 알려지지 않도록 촬영 현장을 철저히 단속하는 데 힘썼다.

봉준호는 여덟 살 때, 큰누나와 함께 〈싸이코〉를 처음 보던 날을 생생히 기억한다. "의자가 돌아가면 해골이 된 엄마가 나온다. 그러니까 엄마가 이미 죽었고 그동안 아들이 엄마를 연기했다는 사실을 모른 채, 반전을 맞닥뜨린 거다. 충격이 정말 컸다. 이야기가 전개되는 방식도 놀라웠다. 처음에는 돈을 횡령하는 이야기처럼 가다가, 갑자기 모텔에 도착하더니 샤워실에서 살인이 일어나고, 마지막에는 모자의 비밀이 밝혀진다. 모든 게 심장에 박혔다. 마지막에 음악이 흐르는 가운데, 늪에 빠진 차를 서서히 당기는 밧줄이 카메라 가까이 보이며 영화가 무자비하게 끝나버릴 때는 넋을 잃었다."

소년 봉준호는 관객의 심리를 쥐락펴락하는 히치콕의 서스펜스 전략과 시각적 화법에 매료되어 그 장면들을 만든 창작자에게 호기심을 품게 된다. "이 영화를 보며 카메라 뒤, 감독이라는 존재에 대해 처음으로 생각해보게 됐다."

반세기가 흘러 〈기생충〉으로 세계적인 감독이 되어서도 그는 여전히 〈싸이코〉가 주는 영감을 말한다. "〈기생충〉의 부잣집처럼 〈싸이코〉의 저택에도 비밀스러운 지하실과 이층이 있다. 탐정으로 분한 마틴 발삼이 계단을 올라가고 아직 정체가 알려지지 않은 범인이 그에게 다가오는 모습이 부감으로 담긴 후, 그가 칼에 찔려 계단에서 추락하는 순간이 신기한 움직임으로 펼쳐진다. 그런 장면들이 좋은 의미에서 내게 트라우마로 각인된 것 같다. 〈기생충〉을 만들며 이 저택의 구조와 〈싸이코〉에 나온 버나드 허만 풍의 음악을 섞어보고 싶다는 욕망이 들었다."

샤워실 살인을 비롯해 〈싸이코〉의 장면 설계는 지금까지도 수많은 감독에게 스릴러 교본으로 참조된다. 영화는 리처드 프랭클린 등에 의해 시리즈로 4편까지 제작됐고, 구스 반 산트는 1998년, 아예 원작과 똑같은 리메이크작을 찍었다.

〈공포의 보수〉(앙리 조르주 클루조, 1952)

볼리비아의 한 도시에 세계 각지에서 실업자들이 몰려든다. 이곳 역시 희망의 땅은 아니다. 일자리는 부족하고 가난한 사람들은 비루한 현실에서 벗어날 기회를 찾아 헤맨다. 때마침 미국 석유회사가 유전에서

발생한 화재를 진압하기 위해 운전사를 모집한다. 회사가 내건 대가는 4천 달러다. 문제는 운전사가 마을에서 오백 킬로미터 떨어진 유전까지 트럭으로 니트로글리세린을 운반해야 한다는 것이다. 네 남자가 선발되어 목숨을 건 여정을 시작한다.

조르주 아르노의 동명 소설을 바탕으로 한 〈공포의 보수〉는 크게 두 부분으로 나뉜다. 전반부는 실업자들의 암울한 시간을 출구 없이 반복되는 풍경으로 그린다. 후반부는 그 풍경을 뚫고 나온 두 대의 트럭이 폭발물과 함께 '돈'을 향해 직진하는 과정을 따라간다. 이 영화가 당대 사회적 현실에 대한 사실적인 묘사와 장르물의 긴장감 넘치는 묘미를 모두 갖췄다고 평가받는 이유다. 소년 봉준호는 여기서 훗날 자신이 창조할 세계의 초석을 맛본 것일까.

그는 어린 시절 〈공포의 보수〉가 육체에 각인한 강렬함을 잊지 못한다. "초등학생 때, 텔레비전으로 보는 내내 내 숨통을 조인 영화다. 일 초도 놓칠 수 없어서 오줌도 참으면서 봤다. 막장 인생들이 탈출하려는 현실을 밀도 있게 묘사한 전반부 분위기에도 빠져들었다. 무엇보다 자칫하면 뻥 터져버릴 액체를 싣고 가야 하는 후반부 설정이 손에 땀을 쥐게 했다."

제자리에서 위태롭게 헛도는 트럭 바퀴, 언덕 너머로 보이는 앞선

차의 불길한 연기, 서서히 존재를 삼켜버리는 시커먼 늪, 화면을 집어삼킬 듯한 유전의 화염. 클루조는 트럭이 움직이고 멈추는 순간을 담력 있게 조율하는 솜씨만으로도 관람자의 심장을 쥐고 흔드는 데 성공한다. 가까스로 이어진 일촉즉발의 행로는 그러나 무섭도록 공허한 파국의 결말에 이른다.

이 영화에서 봉준호는 이후에도 그가 본능적으로 이끌릴 정념을 마주하게 된다. "처음부터 끝까지 조마조마한 채, 식은땀을 흘리며 봤다. 불안과 공포의 서스펜스가 너무도 매혹적이었다." '프랑스의 히치콕', '비관적인 히치콕'이라 불린 클루조의 〈공포의 보수〉가 〈싸이코〉와 함께 봉준호의 어린 날을 압도했다는 사실은 우연이 아닐 것이다.

전설적인 배우이자 가수인 이브 몽탕이 주인공 마리오로 출연했다. 촬영은 남프랑스 생질에 남미 분위기를 만들어 진행됐다. 영화는 예정된 제작 기간과 비용을 초과하며 우여곡절 끝에 완성되었지만, 이 작품으로 1950년대 앙리 조르주 클루조의 전성기가 열렸다. 1953년 베를린 영화제는 〈공포의 보수〉에 황금곰상을, 칸 영화제는 황금종려상을 수여했다. 이십여 년 후, 〈엑소시스트〉(1973)의 감독 윌리엄 프리드킨이 이 영화를 〈소서러〉(1977)로 리메이크했다.

〈큐어〉(구로사와 기요시, 1997)

도쿄에서 연쇄 엽기 살인 사건이 일어난다. 피해자들은 하나같이 가슴에 엑스자가 새겨진 채 발견되고 용의자들은 자신의 행각이나 의도를 전혀 기억하지 못한다. 이를 이상하게 여긴 형사 타카베(야쿠쇼 코지)가 사건의 비밀을 좇는다. 그는 용의자들 모두 살인 직전에 마미야(하기와라 마사토)라는 사람을 만났다는 사실을 알게 된다. 타카베는 마미야를 심문

하지만, 마이야는 도리어 "당신은 누구냐"라는 물음을 반복할 뿐이다.

〈큐어〉는 구로사와 기요시를 일본 호러 영화의 대표 주자로 세계에 알린 작품이다. 〈큐어〉가 응시하는 사회심리적 심연과 일상의 공포는 이후 〈회로〉(2001), 〈절규〉(2006)로 이어져 기요시의 '공포 삼부작'으로 묶이기도 한다. 봉준호는 기요시의 오랜 팬으로 잘 알려져 있다. 특히 〈큐어〉는 그가 〈살인의 추억〉을 준비하던 시기에 참고한 영화 중 하나다.

〈살인의 추억〉은 연쇄살인 사건을 다루지만, 〈큐어〉와 달리 살인범의 정체를 끝내 밝히지 않는다. 당시로서는 미결된 실화였던 '화성 연쇄살인 사건'을 그리며 범인을 상상 속에서 대면하는 과정은 봉준호에게도 쉽지 않은 일이었다. 그는 그런 상황에서 관람한 〈큐어〉가 "한 번 틀면 멈추지 못할 작품"이었다고 기억한다.

"영화 초중반에 이미 살인범 마미야가 나오고 그의 이상한 말과 행동과 뉘앙스가 펼쳐진다. 취조 장면에서는 경찰 간부들이 오히려 마미야에게 말려든다. 이 장면을 이루는 질문과 대답, 대사나 템포가 절묘하다. 일본 사회와 시스템 자체가 살인마 하나에 완전히 조롱당하는 느낌이었다. 그걸 보면서 화성 연쇄살인 사건의 범인도 저런 공간에서는 저런 식으로 행동하지 않을까 떠올려봤다."

'점잖은' 일본 사회 이면에 바글바글 들끓는 히스테리. 봉준호에게 구로사와 기요시는 동시대, 그 인상을 가장 날카롭게 형상화하는 감독이다. 그는 〈큐어〉의 강렬함이 "면도날로 베는 듯한 선명함과 예리함", "정적인 화면에 흐르는 두려움과 불안감"에서 기인한다고 느낀다. 특히 기요시가 클로즈업을 남발하지 않고 풀숏과 롱숏의 느슨한 거리감만으로 "심장이 터질 듯한 공포감"과 "관자놀이에 나사가 박히는 것 같은 무시무시한 긴장감"을 빚어내는 방식은 봉준호에게 여전히 경이로운 탐구의 대상이다.

〈큐어〉의 모호한 엔딩도 봉준호가 매혹된 요소다. "기요시의 영화는 불균질하다. 놀라운 집중력을 발휘해 하나의 스타일로 찍어가다가 갑자기 후반부에 이질적인 톤으로 이상한 선택을 해버린다. 〈도쿄 소나타〉(2009)의 후반에 야쿠쇼 코지가 등장하는 장면에서도 마찬가지 인상이 든다. 〈큐어〉도 끝에서 갑자기 뭔가 무책임해지는 느낌이 드는데, 영화의 전체적인 일관성에 집착하는 이들은 싫어할 수도 있겠지만, 나는 그런 면이 재밌다."

기요시 또한 평소 봉준호의 작품 세계에 호감을 표해왔다. 그는 봉준호가 동시대 감독 중 "이것과 저것을 연결하는" 카메라 움직임을 가장 잘 다루는 감독이며, 〈괴물〉을 "21세기 오락 영화를 대표"하는 작품이라고 평한다.

〈조디악〉(데이비드 핀처, 2007)

1969년, 샌프란시스코 신문사 세 곳에 편지가 도착한다. 발신인 '조디악'은 자신의 범죄 행각을 적시하며 편지에 동봉한 암호문을 공개하지 않으면 살인을 이어가겠다고 경고한다. 암호 해독을 위해 온갖 전문가가

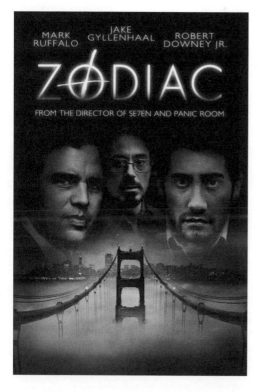

동원되지만, 실마리는 쉽게 풀리지 않고 추가 살인은 계속 일어난다. 사건에 매달리는 형사, 기자, 삽화가의 심신은 자신들보다 한 발 앞선 조디악의 수법에 점차 무너져간다.

여전히 신원이 밝혀지지 않은 희대의 연쇄살인마. 19세기 영국에 '잭 더 리퍼'가 있다면, 20세기 미국에는 '조디악'이 있다. 데이비드 핀처는 『샌프란시스코 크로니클』의 삽화가 로버트 그레이스미스의 논픽션 『조디악』(1986)을 바탕으로 유사한 소재를 다룬 영화들과는 다른 접근을 시도한다. 사건의 순간은 극적으로 재현하지 않고, 범인의 존재감에 신화적인 분위기를 부여하지도 않는다. 대신, 사건을 추적하는 인물들의 심리적 동요를 중심에 둔다. 그들의 집착, 광기, 피로, 좌절이 어느새 사건보다 무겁게 영화를 잠식한다.

이 영화가 〈살인의 추억〉과 함께 거론되는 이유이기도 하다. 〈살인의 추억〉보다 4년 늦게 개봉한 〈조디악〉은 봉준호에게 큰 충격을 안겼다. "〈살인의 추억〉은 어떻게든 감정을 고양해보려고 아등바등 애를 쓴다. 그런데 〈조디악〉은 가랑비가 옷에 천천히 스며들 듯, 어떤 흥분도 없이 공포감과 무력감을 자아낸다. 핀처는 이 영화에서 느린 템포와 사실적인 무드를 능란하게 통제하며 나아간다. 고요하게 서스펜스의 감각을 창조하는 것이다. 편집, 숏의 설계, 사운드 등 모든 면에서 완벽한 리듬의 영화다. 흔하게 경험할 수 있는 영화적 체험은 아니다. 이 영화를 보려면 충분히 휴식한 몸 상태로 핸드폰도 끄고 푹 젖어서 봐야 한다. 영화 사상 가장 위대한 작품이라고 생각한다."

특히 핀처가 결말에서 장악한 영화의 페이스에 봉준호는 놀라움과 부러움을 감추지 못한다. "마지막에 제이크 질렌할이 상점에 들어가 그 남자가 일하는 모습을 보고만 나온다. 그의 행위 자체는 너무도 심심하다. 그런데 이 영화를 두 시간 넘게 따라온 입장에서, 주인공이 조용히 범인을 대면한 후, 그냥 뒤돌아 나올 때, 그의 뒷모습에서 바위 같은 묵직함이 느껴진다. 〈살인의 추억〉을 다시 찍는다고 해도 난 그렇게 하지는 못할 것 같다. 〈세븐〉(1995)도 물론 멋진 영화지만, 〈조디악〉과 비교하면 유치원 어린이가 찍은 영화처럼 보일 지경이다. 감독이 12년 동안 무슨 일을 겪었기에 이런 거장의 리듬과 호흡을 갖게 됐을까."

〈조디악〉에 출연한 이들 중, 봉준호에게 유독 깊은 인상을 남긴 이는 형사로 분한 마크 러팔로다. 그는 봉준호의 〈미키 17〉에 캐스팅되어 토니 콜렛과 정치인 부부로 나온다.

〈성난 황소〉(마틴 스콜세지, 1980)

1941년, 복서 제이크 라모타(로버트 드니로)와 그의 동생이자 매니저 조이(조 페시)는 챔피언의 꿈을 이루기 위해 함께 훈련한다. 우여곡절 끝에 제이크는 챔피언이 되지만, 영광은 오래가지 않는다. 그의 의처증이 아내와 동생은 물론, 주변 사람들과의 관계를 무너뜨린다. 그는 시합에서도 패배를 거듭한다. 결국 그는 은퇴한 후, 링이 아닌 밤무대에 스탠드업 코미디언으로 오른다.

〈성난 황소〉는 권투 선수 제이크 라모타의 굴곡진 전기를 바탕으로 하지만, 영화 속 제이크는 마틴 스콜세지의 내적 초상으로 보이기도 한다. 이민자로 성장한 스콜세지의 오랜 분노, 결핍, 불안, 우울, 자기혐오 등이 이 인물에 응축되어 로버트 드니로의 연기로 폭발한다. 드니로가 혼신을 다해 살려낸 제이크는 개봉 당시, '영화사상 가장 유쾌하지 않은 캐릭터'라는 평을 받았다. 그러나 〈성난 황소〉는 누구도 동조할 수 없는 폭력적인 남자와 피폐한 흑백의 세계로 관객을 압도하며 스콜세지의 대표작이자, 1980년대 할리우드를 대표하는 걸작에 이른다.

봉준호가 〈성난 황소〉를 처음 마주한 건 대학교 영화 동아리 '노란문'에서 자료를 담당하면서다. 그는 황학동 등지에 영화 비디오테이프를 찾으러 다니곤 했는데, 그 시기에 발견한 보물이 '분노의 주먹'이라는 제목으로 출시된 〈성난 황소〉다. 이 영화의 권투 시퀀스는 당시 그와 동아리 회원들의 혼을 쏙 빼놓았다.

지금의 봉준호가 곱씹는 장면은 따로 있다. "복싱 장면의 현란한 편집과 아름다운 흑백 촬영은 여전히 대단한데, 이상하게도 마음이 가는 대목은 제이크가 은퇴한 뒤의 장면들이다. 주인공은 최악의 인간형에 가깝지 않은가. 사람 의심하고 폭력적이고 모순적이고. 그런 인간이 늙고 살찌고 나서, 개과천선까지는 아니라도 조금 변한다. 동생에게 미안하다 며 머리에 뽀뽀하려고 하고, 감옥에 가서는 벽을 치며 울기도 하고."

제이크의 삶이 쓸쓸하게 추락하는 과정을 담아낸 이 영화의 방식이 봉준호의 마음을 건드린다. "이 부분의 편집 템포나 장면 배열은 요란하 지 않게 차근차근 딱딱 나열된다. 권투 장면들보다 훨씬 정적이다. 예를 들어 〈좋은 친구들〉(1990) 후반부를 보면, 헬리콥터는 날아가고 주인공 이 여자 집에 가서 마약 하다가 그걸 변기에 버리는 장면이 있다. 그 편 집의 화려함은 분명 우리를 황홀경에 빠지게 만든다. 스콜세지 영화의 그런 면도 물론 좋다. 그런데 〈성난 황소〉에서 계속 생각나는 건, 드니로 가 살찐 이후의 장면들인 것 같다. 여기서 스콜세지와 편집감독 셀마 슈 메이커는 최고의 합을 이뤄낸다. 모든 요소를 벽돌 하나씩 던지듯 펼쳐 내다가 분장실 거울 앞에서 그냥 끝내버리는 쓸쓸한 엔딩도 감동적이다. 내게 이 영화는 한 남자의 내적 갈등과 복잡성에 관한 가장 정직한 초상 으로 남아 있다."

〈매드 맥스 2: 로드 워리어〉(조지 밀러, 1981)

〈매드 맥스 1〉(1980)에서 모든 걸 잃고, 개 한 마리와 남겨진 한 남 자, 맥스(멜 깁슨)의 방랑이 다시 시작된다. 독재자와 폭주족이 활개 치 는 황량한 땅에서 한정된 자원, 무엇보다 유전을 둘러싸고 약탈과 전쟁, 약속과 배신, 탈출과 질주, 그리고 희생이 이어진다. 맥스는 또다시 살아 남아 이 세계를 구할 수 있을까.

〈매드 맥스 1〉의 세계적인 성공을 기반으로 〈매드 맥스 2: 로드 워리 어〉는 규모를 키워 본격적으로 SF와 B급 액션이 혼합된 포스트 아포칼

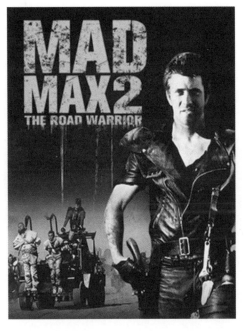

립스 장르(세계 멸망 이후를 주제로 삼은 픽션)의 기반을 닦는다. 2편의 세계관은 1편보다 폭력적이고 어두워졌으며, 싸움 장면이나 차량 추격전은 훨씬 맹렬해졌다.

80년대 초반 보수적인 한국 사회의 분위기는 〈매드 맥스 2: 로드 워리어〉의 과격한 장면들을 용인하지 못했다. 이 영화는 극장에서 개봉하지 못했고, 1989년에야 비디오로 출시됐다. 1990년대 초에는 몇몇 장면이 삭제된 채 텔레비전에서도 방영됐다. 〈매드 맥스 1〉에 대한 봉준호의 기억은 초등학교 때로 거슬러 올라간다. 그는 당시 아이들 사이에서 이 영화가 "검정 오토바이 사나이"로 불렸다고 회고한다. 그도 친구 집에서 불법 복제된 비디오테이프로 영화 일부를 봤으나, 큰 재미를 느끼지는 못했다.

봉준호가 〈매드 맥스 2: 로드 워리어〉를 제대로 마주한 건 '노란문'에서다. 처음에는 비디오테이프로, 이후에는 블루레이로, 최근에는 4K로, 점차 상향화된 관람 환경에서 자체적으로 그만의 관람 역사를 이어 오고 있다. 이 작품을 지금껏 극장 스크린으로 감상하지 못한 사실을 그는 못내 아쉬워한다.

〈매드 맥스〉 시리즈 중 유독 2편에서 봉준호가 감탄하는 건, 거침없는 태도다. "이 영화만의 무시무시하고 야만적인 분위기가 있다. 어딘지 천박하기도 한데, 그걸 당당하게 표현하는 자세라고 할까. 조지 밀러를 실제로 보면 의대 본과 수업하러 온 교수처럼, 온화하고 신사적인 인상이다. 대체 이런 영화를 어떻게 찍는 건지 신기할 따름이다. 이 영화에 하관이 툭 튀어나온 야생 소년이 나오는데, 그 아이가 부메랑을 던지는 장면이 있다. 그 부메랑을 선글라스 낀 악당 어른이 잡으려다 손가락이 날아간다. 그런데 같은 편 사람들이 그 광경을 보며 좋다고 낄낄댄다. 내가 이 장면을 좋아한다고 말하긴 어렵지만, 아, 저럴 수도 있는 거구나, 좀 놀랐던 것 같다. 차 액션 장면도 최고였다. CG도 없이 아역배우를 트럭 위에 올려서 찍는데, 요즘 같으면 상상도 할 수 없는 일이다. 모든 순간이 광란, 광기다."

무엇보다도, 관람자의 육체를 자극하는 영화의 원초적 면모, "쇠 냄새가 나는 듯한, 속이 메슥메슥한 느낌"을 봉준호는 거듭 상기한다. "저녁노을이 지는 풍경 속, 이상한 음악이 나오면서 악단 대장이 차 위에서 메가폰을 들고 연설하는 장면이 있다. 필름으로 촬영해서 풍경의 입자가 지글지글하게 맺히는데, 그 이미지들이 여러 겹으로 겹쳐질 때, 속이 마구 울렁거린다. 결코 상쾌한 기분은 아니다. 그런데 이상하게도 그런 느낌이 이 영화를 자꾸 다시 보고 싶게 만드는 것 같다. 〈매드 맥스: 분노의 도로〉(2015)나 〈퓨리오사: 매드 맥스 사가〉(2024)도 매우 좋지만, 이 영화들의 디지털한 매끄러움보다는 역시 〈매드 맥스 2: 로드 워리어〉의 거친 느낌에 더 끌린다."

〈죠스〉(스티븐 스필버그, 1975)

한여름 작은 바닷가 마을, 애미티의 해수욕장에서 여자의 시체가 발견된다. 경찰서장 브로디(로이 샤이더)는 그가 식인 상어에게 공격당했다고 판단하며 해안을 폐쇄한다. 그러나 시장은 마을의 주요 수입원인 해수욕장 개장을 감행하는데, 결국 두번째 희생자가 발생한다. 시장이 상어 포획자에게 현상금을 약속하자, 온갖 사람들이 모여든다. 그중 해양학자 후퍼(리차드 드레이퓨즈)와 퀸트 선장(로버트 쇼), 그리고 서장 브로디가 바다로 나선다.

당시 할리우드 영화사상 최고 수익을 벌어들이며 '블록버스터'라는 용어를 낳은 기념비적 작품 〈죠스〉. 스티븐 스필버그는 이 영화로 고작 이십대 중반에 할리우드를 대표하는 스타 감독으로 급부상한다. 피터 벤칠리의 동명 소설을 각색한 〈죠스〉는 명징한 갈등 구도와 추격전의 쾌감을 전면화한 오락물로 기획됐다. 문제는 상어를 재현하는 일이었다. 예측할 수 없는 해상 촬영과 막대한 돈이 투입된 세트장 운용 모두 난항의 연속이었다. 특별히 제작한 기계 상어는 잦은 고장을 일으키며 물에 가라앉기 일쑤였다.

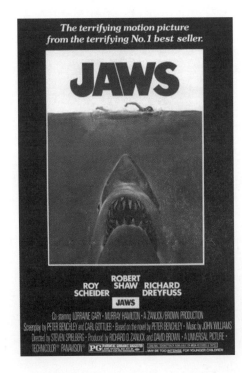

스필버그는 이러한 난관 앞에서, 상어를 직접 보여주는 대신 그 존재를 상상하고 체감하게 하는 설계를 고심할 수밖에 없었다. "상어가 보이지 않는 상황"이 빚어낸 진짜 공포가 영화의 목표가 된 셈이다. 결과적으로 이 방식은 〈죠스〉의 서스펜스를 창의적으로 극대화하는 효과를 발휘한다.

이는 봉준호가 〈괴물〉의 '괴물' 장면을 구상하며 유사한 난관에 부딪힐 때마다 떠올린 전략이기도 하다. "기계 상어가 기능을 하지 못해서 스필버그는 상어의 시점숏을 고안했다. 바닷속에서 카메라가 상어의 시점으로 비키니 입은 여자에게 다가가면 존 윌리엄스의 오리지널 스코어가 흐른다. 〈죠스〉를 대표하는 명장면의 긴장감은 현실적인 어려움을 돌파하는 과정에서 나온 것이다." 〈괴물〉에서 괴물의 전체 형상을 드러내지 않고도 습격의 긴박감을 고조시키는 경제적인 장면들은 그렇게 탄생한다.

〈죠스〉는 〈괴물〉의 플롯에도 영향을 미쳤다. "상어의 등장으로 해변 마을 공동체의 질서가 엉키기 시작한다. 해수욕장의 상업적 욕심이 더해져 재앙이 이상하게 꼬이면서 사회적으로 확장되지 않나. 그 느낌을 참조하려고 했다."

봉준호가 스필버그의 영화 중 〈죠스〉에 가장 사적인 애정을 표하는 데에는 캐릭터들에게서 엿본 스필버그의 무의식에 연민을 느꼈기 때문인지도 모른다. "스필버그는 마초 캐릭터에 대한 복수심이 있는 것 같다. 〈파벨만스〉(2023)에서도 미식축구부 주장 같은 남자들에 대한 콤플렉스가 보이지 않나. 〈죠스〉에서도 스필버그는 자신을 맷 후퍼 역에 동일시했을 것이다. 말 많고 깐족대지만, 과학적인 지식이 해박하고 결국 살아 돌아오는 최후의 승리자. 반면 퀸트 선장의 경우, 실컷 허세 부리게 하고는 마지막에 잔인하게 죽여버린다. 말하자면 범생이의 영화적인 복수라고 할까. 이 영화를 보면 스필버그의 그런 마음도 느껴진다."

〈비정성시〉 (허우샤오시엔, 1989)

1945년 8월, 대만은 반세기 만에 일본의 통치에서 벗어나지만, 중국에서 건너온 국민당군에 의해 사회적 갈등이 끊이지 않는다. 임아록(이천록)에게는 장성한 아들 네 명이 있는데, 대만의 굴곡진 역사는 이들의

삶에 고스란히 새겨진다. 첫째는 상하이 조직과 엮여 결국 살해되고, 둘째는 일본군에 끌려가 소식이 두절되며, 셋째는 고문에 시달려 정신이 온전치 못하고, 넷째는 반정부 활동에 가담한다.

〈비정성시〉는 일본이 제2차 세계대전에서 항복을 선언한 시점부터 중국공산당에 패한 국민당이 대만에 정부를 수립한 1949년까지, 대만의 한 가족에게 불어닥친 비극을 다룬다. 허우샤오시엔이 중국 광둥성에서 태어난 1947년은 대만 역사에서 '2·28 사건'이 일어난 해로 기록된다. 국민당 관리가 밀수 담배를 팔던 노파를 무자비하게 폭행한 일은 대만 본성인들의 대대적인 저항을 촉발했고, 그 과정에서 수많은 사람이 국민당 정부의 폭력적 진압에 무차별적으로 학살됐다. 〈비정성시〉의 모든 장면에는 이 사건의 짙은 상흔이 드리워져 있다.

허우샤오시엔이 가족들과 대만으로 이주한 시기는 그로부터 일 년 뒤다. 중국 출신으로 국민당 통치 아래 대만에서 자란 허우샤오시엔의 이력은 〈펑쿠이에서 온 소년〉(1984), 〈동동의 여름방학〉(1984), 〈동년왕사〉(1985) 등과 같은 성장 영화의 기반이며, 〈비정성시〉에 이르러 대만 격변기에 대한 성찰로 이어진다. 이 영화에서 허우샤오시엔은 '그런 역사를 살아야만 하는 개인의 삶은 무엇인가'라는 물음을 되묻는다. 영화 말미, 무거운 자문 끝에 허우샤오시엔이 도달한 곳은 집안이 풍비박산 난 상황에서도 남은 가족들이 어제와 같이 둘러앉아 밥을 먹는 풍경이다.

〈비정성시〉가 고수하는 형식, 특히 카메라를 한자리에 두고 인물과 공간을 바라보는 롱테이크 촬영 방식은 이 영화의 고유한 스타일이자, 태도로 평가된다. "실제 삶을 카메라 앞에서 흘러가게 내버려둬야 한다. 카메라가 삶에 대한 감성을 재생산하도록." 허우샤오시엔은 그 시선으로 역사의 격랑에도 쉽게 사라지지 않는 '역사를 응시하는 자'의 차분한 호흡을 지켜낸다.

봉준호는 1990년대 초반, 한창 영화를 공부하듯 보던 시절, '대만 뉴웨이브'를 대표하는 〈비정성시〉에서 다른 유럽 작가영화에서와는 다른 친밀감을 느꼈다. "어릴 때 장르 영화가 안긴 흥분과는 좀 결이 달랐지만, 정서적으로 나와 잘 맞았다. 허세 없이 연출과 이야기를 품고 가는 힘도 인상적이었다. 양조위의 슬픈 눈망울이 클로즈업 없이 롱숏으로만 잡히는데도 빨려들었던 것 같다. 이 영화에는 아시아 현대사에 대한 감동 같은 게 있다. 우리와 역사적 배경이나 분위기가 비슷해서인지 한국에서도 저런 영화가 나오면 좋을 텐데, 누가 좀 안 만들어주나, 그런 생각을 하기도 했다."

봉준호의 감흥처럼, 〈비정성시〉는 "아시아의 특수한 전통을 발판 삼아 서양과는 또 다른 영화를 만들어야 한다"는 허우샤오시엔의 믿음과 철학이 정직하게 구현된 걸작이다. 허우샤오시엔은 이 영화로 1989년 베니스 국제영화제에서 황금사자상을 수상했다.

봉준호의 또 다른 베스트 목록

2022년 목록(『사이트 앤 사운드』 올타임 베스트 설문)

〈싸이코〉(알프레드 히치콕, 1960)

〈하녀〉(김기영, 1960)

〈로코와 그의 형제들〉(루키노 비스콘티, 1960)

〈복수는 나의 것〉(이마무라 쇼헤이, 1979)

〈성난 황소〉(마틴 스콜세지, 1980)

〈비정성시〉(허우샤오시엔, 1989)

〈큐어〉(구로사와 기요시, 1997)

〈조디악〉(데이비드 핀처, 2007)

〈매드 맥스: 분노의 도로〉(조지 밀러, 2015)

〈행복한 라짜로〉(알리체 로르와커, 2018)

2012년 목록(『사이트 앤 사운드』 올타임 베스트 설문)

〈비정성시〉(허우샤오시엔, 1989)

〈큐어〉(구로사와 기요시, 1997)

〈파고〉(코엔 형제, 1996)

〈하녀〉(김기영, 1960)

〈싸이코〉(알프레드 히치콕, 1960)

〈성난 황소〉(마틴 스콜세지, 1980)

〈악의 손길〉(오슨 웰스, 1958)

〈복수는 나의 것〉(이마무라 쇼헤이, 1979)

〈공포의 보수〉(앙리 조르주 클루조, 1952)

〈조디악〉(데이비드 핀처, 2007)

1996년 목록(『키노』 올타임 베스트 설문)

〈동년왕사〉(허우샤오시엔, 1985)

〈비정성시〉(허우샤오시엔, 1989)

〈고령가 소년 살인 사건〉(에드워드 양, 1991)

〈성난 황소〉(마틴 스콜세지, 1980)

〈비열한 거리〉(마틴 스콜세지, 1973)

〈안개 속의 풍경〉(테오 앙겔로풀로스, 1988)

〈우묵배미의 사랑〉(장선우, 1990)

〈미래소년 코난〉(미야자키 하야오, 1978)

〈증오〉(마티유 카소비츠, 1995)

"허우샤오시엔은 일단 정서적으로 잘 맞는 것 같고 다른 유럽 아트 영화들보다 잘난 척하는 것 같지도 않으며, 연출이나 이야기를 넉넉하게 끌고 가는 힘 때문에 두 편을 올려놓았다. 마틴 스콜세지 작품은 모두 좋은데 다 써버리면 다른 영화들을 못 뽑아서 가장 스콜세지답다고 생각되는 두 개만 적었다.

〈우묵배미의 사랑〉은 개인적으로 한국 영화의 최고 걸작이라고 생각한다. 보통 멜로드라마가 실제 삶을 의도적으로 배제시키는 데 반해 이 영화는 리얼한 사람 사는 얘기가 뒤범벅되어 있다는 점에서, 그리고 가장 장선우 감독다운 영화라는 점에서 그렇다.

타르코프스키나 그 외의 추상적인 영화들은 참 잘 만들었다는 생각은 들지만 그렇게 감동을 받지는 않는데, 〈안개 속의 풍경〉은 트럭 운전사가 강간하는 장면을 롱테이크로 처리한 것과 특히 라스트 신에서 선열한 감동을 받았다.

최근에 본 영화 중 〈증오〉는 이십대 감독이 만들었다는 데서 간담이 서늘해졌다.

〈미래소년 코난〉은 1982년 KBS에서 첫 방영이 됐다는 것까지 기억하며 그 이후로도 TV에서 재방송될 때마다 보고 지금은 아예 비디오테이프를 다 구매해놓고 틈틈이 본다. 〈미래소년 코난〉은 나의 청소년기를 지배한 가장 중요한 만화이자, 영화 테크닉을 참 많이 배운 영화다. 어릴 때부터 만화나 그림을 좋아해 대학 때는 만화로 아르바이트까지 했고, 언젠가는 한번 순수한 개인 작업으로 장편 애니메이션을 만들어보고 싶다.

주변에 널려 있는 신변잡기와 같은 이야기들을 많이 디테일하게 다뤄보고 싶고, 그래서 그런 개인적인 이야기들을 쫓아가다 보면 정치적이거나 사회적인 이야기가 자연스럽게 드러나는 영화를 만들고 싶다."

블루레이로 갖고 싶은 영화들

(2013년 12월, 영화사의 걸작들을 DVD와 블루레이로 발매해온 크라이테리언의 컬렉션 중에서 소장 희망 목록을 묻는 질문에 대한 답변. 봉준호는 "나처럼 만족을 모르는 수집가에겐 10편만 뽑으라는 건 고문이다"라고 덧붙였다.)

〈400번의 구타〉(프랑수아 트뤼포, 1959)

"영화사상 가장 아름다운 데뷔작. 블루레이에 실린 풍성한 스페셜 피처들이 너무 궁금하다. 그 하나하나를 탐사하고 싶다."

〈화니와 알렉산더〉(극장판, 잉마르 베리만, 1982)

"영화사에서 가장 아름다운 엔딩의 영화. 또한 역사상 가장 아름다운 DVD 박스 세트. 나는 이 박스 세트의 디자이너가 누군지 너무도 궁금하다."

〈나라야마 부시코〉(기노시타 게이스케, 1958)

"이 영화를 이마무라 쇼헤이의 〈나라야마 부시코〉, 김기영의 〈고려장〉과 비교해보고 싶다. 또한 기노시타 게이스케의 대담한 색채를 블루레이를 통해 마음껏 감상해보고 싶다."

〈다가올 세상〉(윌리엄 카메론 멘지스, 1936)

"젊은 시절 H. G. 웰스의 원작 SF소설을 읽었을 때처럼 이 영화를 보고 흥분하게 될지가 너무 궁금하다."

〈롤라 몽테〉(막스 오퓔스, 1955)

"이것이 막스 오퓔스다!"

〈내쉬빌〉(로버트 알트만, 1975)

"알트만 자신의 〈숏 컷〉(1993), 폴 토마스 앤더슨의 〈매그놀리아〉(1999) 같은 수많은 '태피스트리 영화'가 있다. 하지만 나는 〈내쉬빌〉이 그중 최고라고 믿는다."

〈인생은 향기로워〉(마이크 리, 1990)

"마이크 리의 배우들은 늘 놀라울 정도로 활기차고 생동감 넘친다."

〈지구에 떨어진 사나이〉(니콜라스 뢰그, 1976)

"니콜라스 뢰그의 영화는 신선하지 않거나 젊지 않은 적이 없었다."

〈맥스군 사랑에 빠지다〉(웨스 앤더슨, 1998)

"웨스 앤더슨의 영화는 사랑스럽고 즐거운 낯섦의 세계다."

〈존 말코비치 되기〉(스파이크 존즈, 1999)

"몇 년 전 스파이크 존즈를 만나 짧게 얘기를 나눌 기회가 있었다. 그 만남은 내게 그의 머릿속으로 들어가 정신 구석구석을 탐사해보고픈

충동을 남겼다."

2010년대 영화 베스트(『씨네21』 2021년 설문)
〈소셜 네트워크〉(데이비드 핀처, 2010)
〈행복한 라짜로〉(알리체 로르와커, 2018)
〈호수의 이방인〉(알랭 기로디, 2013)
〈매드 맥스: 분노의 도로〉(조지 밀러, 2015)
〈아사코〉(하마구치 류스케, 2018)
〈산하고인〉(지아장커, 2015)
〈북촌방향〉(홍상수, 2011)
〈아이리시맨〉(마틴 스콜세지, 2019)
〈남매의 여름밤〉(윤단비, 2019)
〈군다〉(빅토르 코사코프스키, 2020)

3장
봉준호의 이 한 장면
베스트 신 10

"저는 어떤 신이나 시퀀스처럼, 어떤 한 부분을 다시 보는 걸 좋아하는 것 같아요. 전체를 보는 것보다. 그게 꼭 시간이 없어서라기보다는 어느 영화의 어떤 시퀀스를 다시 보고 싶을 때가 있잖아요. 너무 그립거나 아니면 영화적인 흥분을 다시 느끼고 싶을 때. 너무 매혹적인 너무 잘 찍은 신을요. 감독이 전체 영화에서 망하더라도 그래도 저런 신 하나 남기고 죽으면 그 인생 별로 후회는 없을 것 같다는 그런 거 있잖아요. 여기 언급하는 영화들은 물론 전체적으로도 훌륭하지만, 다시 보고 싶은 신들이 있는 것 같아요. 옛날 음반, CD나 LP에서 어느 한 곡만 딱 듣고 꺼버리듯이."(봉준호)

〈파고〉(조엘 코엔·에단 코엔, 1996)

1987년, 노스다코타 파고에서 자동차 세일즈맨으로 일하는 제리(윌리엄 H. 메이시)는 장인에게 아내의 몸값을 받아낼 계획을 세운다. 그가 고용한 잡범 두 명이 그 임무를 맡아 아내를 납치한다. 그러나 그들의 어리석음이 예기치 않은 상황을 발생시켜 무고한 사람들이 살해되고, 마을 경찰서장 마지(프랜시스 맥도먼드)가 만삭의 몸으로 날카로운 촉을 발휘해 사건의 실체에 다가간다.

1997년 아카데미 영화제 각본상 수상작인 〈파고〉는 무능력하고 소심한 한 남자의 자작극이 어느새 통제할 수 없는 사태로 불어나는 이야기다. 조엘 코엔과 에단 코엔은 스릴러, 느와르, 블랙코미디 등이 뒤범벅된 능청스러운 화법과 리듬으로 서사를 확장해간다. 영화가 주목하는 건 사건의 치밀한 인과론이 아니라, 사건을 엉뚱한 방향으로 이끄는 인간의 무지와 허술함이다. 어딘지 나사가 빠진 듯한 인물들과 부조리한 상황으로 코엔 형제는 특유의 유머와 냉소를 툭툭 내뱉는다. 〈파고〉는 고요한 설원과 분쇄기에 갈리는 시신의 다리가 잔혹하면서도 우스꽝스럽게 공존하는 세계다. 봉준호는 "순진하면서도 비열한 인간들, 선과 악에 대한 감각이 사라져버린 사람들"을 이보다 뛰어나게 묘사한 작품은 없다고 평가한다.

그가 꼽은 한 장면은 마지의 고교 동창생 마이크 야나기타가 마지에게 치근덕대는 대목이다. "코엔 형제는 시나리오 귀신이지 않나. 도입부에 심지어 '미네소타에서 실제로 벌어졌던 일입니다'라고 거짓말까지 하면서 사건의 개연성을 내세우는 체한다. 그런데 서사에 전혀 필요하지 않은 인물이 갑자기 등장해서는 이상한 소리만 하다가 금세 퇴장하는 거다. 나중에 다른 인물들이 야나기타에게 정신적인 문제가 있다고 말하는 장면이 나오기도 한다. 주인공의 바보 같은 자작극으로 모두가 파멸하는 이야기에서 야나기타는 범죄 사건과 아무런 관련도 없는 캐릭터인 셈이다. 이 잉여의 장면이 무심하고 태연한 카메라 위치와 프레임으로, 어찌나 적나라하고 웃기게 캐릭터의 폐부까지 다 후벼 파는지!"

봉준호는 이 장면을 "불순물"이라는 말로 요약한다. "신기하게도, 영화를 다시 봐도 그가 나오는 장면이 꼭 있어야 한다는 걸 느낀다. 노스다코타의 파고라는 곳과 거기 사는 사람들의 속성이 마이크 야나기타 장면에 다 들어가 있다. 영화 전체적인 분위기에 이 인물이 지대한 공헌을

<파고>. 마지에게 치근덕대는 이상한 동창생 야나기타. 영화에 필수적인 불순물.

한 것이다. 영화를 만들 때, 나도 늘 이런 장면을 추구한다. 서사상으로는 이상한 불순물로 보이지만, 실은 그 세계의 핵심 같은 순간 말이다."

조엘 코엔의 아내이자, 마지로 분한 프랜시스 맥도먼드, 멍청한 전과자를 맡은 스티브 부세미의 연기가 일품이다. 마이크 야나기타 역으로 봉준호에게 깊게 각인된 배우 스티브 박은 일본계 미국인으로 나오지만, 실제는 재미교포 한인 2세다. 봉준호는 〈설국열차〉(2013)에 이어 〈미키17〉에서도 그를 캐스팅했다.

〈양들의 침묵〉(조나단 드미, 1991)

피부가 도려진 여성들이 살해된 채 발견되는 사건이 일어난다. FBI 수습 요원 스털링(조디 포스터)은 이 사건을 추적하는 임무를 맡고, 단서를 찾기 위해 정신과 의사 한니발 렉터(앤서니 홉킨스) 박사를 찾아가야 한다. 문제는 렉터가 환자들을 살해한 후, 인육을 먹은 범죄로 수감 중이라는 사실이다. 신참 스털링과 사이코패스 렉터의 첫 만남이 팽팽한 긴장 속에 이루어진다.

1992년 〈양들의 침묵〉은 아카데미 시상식에서 주요 부문인 남우주연상, 여우주연상, 감독상, 작품상, 각본상 모두를 수상하며 그해 할리우드의 왕좌를 차지했다. 봉준호도 이 영화를 감독 조나단 드미와 각본가 테드 텔리, 촬영감독 타크 후지모토, 그리고 배우 조디 포스터와 앤서니 홉킨스의 역량이 정점에서 만난 작품으로 평한다. "조나단 드미의 압도적인 연출력을 보는 재미가 있다. 숏 하나하나가 그렇게까지 자신감 넘치는 영화를 접하기는 쉽지 않다. 드미 특유의 클로즈업도 강렬하다. 당대 최고의 배우들이 대단한 연기로 그 숏을 메워나간다. 타크 후지모토의 촬영도 인상적이다. 과시적이지 않고 건조하고 절제된 촬영인데, 조디 포스터와 앤서니 홉킨스의 얼굴과 눈빛을 기가 막히게 살려낸다."

봉준호는 특히 스털링과 렉터 박사가 대면하는 장면들에 사로잡힌다. "그들이 만나는 총 네 번의 장면에서 배우들의 연기, 대사의 전개, 연출력 모두 대단하다. 마지막에 렉터가 철창에 갇혀 있다가 경찰들을 참혹하게 살해하고 놀라운 방법으로 탈출하는데, 그가 구급차에서 피투성이 가면을 벗어 정체를 드러내면, 그 순간의 엄청난 에너지가 전화 장면으로 넘어간다. 스털링의 룸메이트가 그 전화를 받다가 수화기를 떨군 채 기숙사 방으로 뛰어갈 때, 돌진하는 트래킹숏에서 장면이 끝난다. 압도적인 시퀀스다."

그가 무엇보다 주목하는 건 스털링의 행로다. "스털링이 렉터의 공간에 가기 위해서는 여러 단계를 거쳐야 한다. 문 뒤로 철창이 여러 번 닫히는데, 마치 그가 돌아오지 못할 곳으로 진입해버린 듯한 느낌이 든다. 영화에서 스털링은 남자들만 존재하는 곳이나, 남자들도 가지 않는 곳으로 계속 혼자 들어간다. FBI 훈련장에서 그는 남자들만 가득한 엘리베이터에 타고, 시체 부검 장면에서도 나머지 경찰들은 모두 남자다. 클라이맥스 교차 편집에서도 스털링이 살인마를 일대일로 마주할 때, 남자요원들은 엉뚱한 빈집만 뒤지고 있다. 초중반에는 그가 홀로 어두운 창고에 들어가는 장면도 나온다. 남자들은 동행하지 않고 손전등 하나만 건넬 뿐이다. 스털링이 셔터도 제대로 열리지 않은 그곳을 낑낑대며 들어가 시신의 잘린 목을 발견하는 것이다."

봉준호는 스털링이 남성 중심적인 세계를 헤쳐나가는 설정의 압박감을 이 영화의 핵심으로 인식한다. "〈양들의 침묵〉에서 우리를 압박하는 것은 그저 표면적으로 제시된 연쇄살인 사건만은 아닌 것 같다. 여성요원 홀로 대면해야 하는 상황의 반복이 영화 전체를 관통하며 우리의

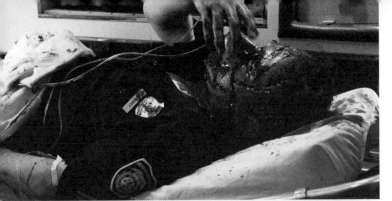

<양들의 침묵>. 렉터 박사가 정체를 드러낸 순간과 그 충격을 전달하는 수화기 장면.

잠재의식을 짓누르는 것이다."

〈붉은 살의〉(이마무라 쇼헤이, 1964)

의지할 곳 하나 없는 사다코(하루카와 마스미)는 '식모'로 일하다 그 집 아들과 결혼하고 시어머니의 홀대 속에 그의 아이를 돌본다. 그러나 남편에게는 오래된 연인이 있고, 누구에게도 대접받지 못하는 사다코의 일상은 이어진다. 설상가상, 그는 어느 날 집에 침입한 도둑에게 강간당하는데, 이후에도 그는 사다코를 자꾸 찾아와 집착하고, 그에 대한 사다코의 감정도 점차 모호해진다.

〈붉은 살의〉는 가부장제에서 핍박받는 하층계급 여성의 수난기에 그치지 않는다. 이마무라 쇼헤이가 벼랑 끝에 선 여성에게서 보는 건, 체념과 좌절이 아니다. 무의식적으로 솟아나는 뻔뻔한 생의 의지와 욕망이다. 쇼헤이는 사다코가 죽어야겠다고 독백할 때마다 그를 다소 우스꽝스럽게 삶 쪽으로 떠민다. 사다코는 배고파서, 혹은 아들을 한 번 더 보려고 죽음을 미룬다. 집 안에 가스를 켠 채 목을 맨 장면에서는 밧줄이 그의 몸무게를 이기지 못하고 끊어져버리는 우스운 상황도 펼쳐진다.

한 인간의 고통과 죽음충동보다 생의 천연덕스러운 힘이 더 세다는 것일까. 봉준호가 2011년 '시네마테크의 친구들 영화제'에서 〈붉은 살의〉를 선택하며 언급한 장면들도 그 맥락에 있다. "강간당한 사다코가 자살을 결심하고 기찻길 앞에 선다. 그런데 달려오는 기차에 뛰어들지 않고 갑자기 이상한 체조를 하는 것처럼 팔을 휘저으며 몸을 움직이는데, 이 장면은 고속으로 촬영되어 천천히 흐른다. 의미를 알기 어려운 행동이지만, 정말 묘하게 마술 같은 장면으로 느껴진다."

그는 〈붉은 살의〉에서 쇼헤이 세계를 지탱하는 여성상의 정점을 본

<붉은 살의>. 기찻길 앞, 사다코의 기이한 동작을 고속으로 찍은 장면.

다. "쇼헤이 감독은 여자들의 강력함을 묘사하길 좋아하는 것 같다. 놀라운 장면의 중심에는 언제나 여자 캐릭터가 있다. 동서양 영화사를 통

틀어도 사다코보다 굳센 여성은 없을 것이다. 어느 인터뷰에서 쇼헤이는 사다코 역에 하루카와 마스미를 캐스팅한 계기로 '덩치가 커서'라는 이유를 들기도 했다. 제작자들이 유명 배우가 아니라 만류했지만, 강행했다는 것이다. 그렇게 전례 없는 캐릭터가 탄생했다."

영화의 결말에 대한 봉준호의 인상에서도 이 여성상에 대한 그의 존중을 읽을 수 있다. "이 결말에는 어린 사다코가 누에를 허벅지에 올려두던 앞선 장면에서 그 욕망을 제지하며 벌을 주는 사람이 없다. 이제 사다코 곁에는 그가 키우는 수많은 누에가 보인다. 사다코는 그를 맴돌던 저주를 돌파하며 결국 살아남은 것이다. 쇼헤이는 마지막 장면을 스톱모션으로 마무리한다. 마치 이 여성은 영화가 끝나도 자기 욕망을 잘 운용하며 튼튼하게 삶을 지속해갈 것처럼 말이다."

봉준호는 이 영화의 여성들에게서 김기영의 〈하녀〉 속 인물들의 행동 패턴을 떠올리기도 한다. 그는 〈붉은 살의〉에서 가장 무시무시한 순간으로 쳇바퀴를 도는 '쥐' 장면을 꼽는데, 쥐와 쥐약은 〈하녀〉의 주요 모티브이기도 하다. 그는 "가장 좋아하는 두 감독이 뒤섞인 느낌"에 즐거움을 감추지 않는다.

〈내 책상 위의 천사〉(제인 캠피온, 1990)

뉴질랜드 시골 마을에 사는 소녀 자넷은 평범해 보이지 않는다. 빨간 곱슬머리, 또래들보다 통통한 몸, 그리고 남다른 문학적 감수성. 종종 외톨이처럼 보이지만, 그에게는 친밀한 자매들이 있다. 성인이 되어 대학에 입학한 후에는 아이들을 가르치는 일을 병행하지만, 대인기피증은 점점 더 심해진다. 급기야 정신병원에 수용되기에 이른다. 고통의 시간을 지나 그는 마침내 자신의 이야기를 글로 써 내려간다.

장르광인 봉준호가 교양주의적 거장 제인 캠피온의 영화에 빠진 건 뜻밖이다. 하지만 주인공의 심리적 동요가 물결치는 장면들에 봉준호는 완전히 매혹되었다. "나는 자넷의 아픈 상태가 너무 잘 이해된다. 이를테면, 장학사 앞에서 아이들과 수업해야 하는 장면에서, 자넷은 말도 할 수 없고 머리도 멈춰버린 것처럼 굳어버린다. 그러다가 교실 밖으로 뛰쳐나가 학교 뒤 숲을 정처 없이 걸으며 막 운다. 그 슬픔이 정말 잘 담긴 장면인데, 이런 대목을 마주하면 여러 가지 감정에 휩싸이게 된다."

비슷한 이유로 지울 수 없는 다른 장면도 있다. "주인공이 정신병원에서 거의 고문에 가까운 충격요법으로 고통의 시간을 보내다 처음으로 숲속, 한 소설가의 집에서 마음의 안정을 찾는다. 조그만 방 한 칸을 얻어서 정말 편하게 글만 쓴다. 그곳에서 가족들이 주는 스트레스에서도 벗어난다. 주인공에게 도움을 주는 할아버지 소설가 캐릭터도 재미있다. 삐쩍 마른 노인인데, 머리에 땀수건 하나 두르고 글을 쓰거나, 홀딱 벗고 선캡 같은 걸 쓰고 일광욕을 하기도 한다. 자넷이 어딘지 괴짜 같고 다정한 그와 함께 있는 장면들은 다 좋다."

주인공이 마침내 평온에 이르는 결말의 작은 활기도 봉준호가 이 영화에서 사랑하는 장면이다. "주택 옆에 작은 캠핑카를 마련해서 거기서 글을 쓴다. 그런데 뭔가 글이 잘 풀렸는지, 너무 좋아하며 바깥으로 나와 이상한 트위스트 춤 같은 동작으로 기쁨을 표현한다. 나도 시나리오가 잘 써지면, 춤을 추는 건 아니지만, 말로 표현할 수 없는 기분에 사로잡히는데, 그런 순간들이 떠오른다."

주인공의 내면만이 아니라, 기이한 장면 설계도 봉준호의 호기심을 자극한다. "자넷의 언니가 물에 빠져 죽는 사건이 초반에 일어난다. 그런데 죽기 전, 불길한 징조가 나타나는 장면이 있다. 자매들이 찍은 사진

<내 책상 위의 천사>. 사진 속 자신의 뿌연 형상을 들여다보다 말없이 뒤로 빠지는 자넷의 언니. 불길한 죽음의 징조.

에서 그 언니만 뿌옇게 보이는 거다. 그가 한 손에 담배를 들고 사진을 보다가 말없이 뒤로 쓱 빠질 때, 과한 표정과 동작 없이도 섬뜩한 느낌이 강하게 밀려온다. 이러한 연기 연출은 대체 어떻게 한 건지 모르겠다. 찰나인데 굉장히 사실적이고 묘한 뉘앙스가 살아 있다."

봉준호는 2021년 심사위원장을 맡아 방문한 베니스 영화제에서 〈파워 오브 도그〉(2021)로 참석한 제인 캠피온에게 이 장면의 비밀을 묻지 못한 걸 아쉬워한다.

그는 "내게 촬영이 너무 아름다웠던 영화를 5개에서 10개 꼽으라면 〈내 책상 위의 천사〉가 꼭 들어갈 것 같다"고 덧붙인다.

〈행복한 라짜로〉(알리체 로르와커, 2018)

1980년대 이탈리아의 시골 마을 인비올라타는 평화로워 보이지만, 외부와 완전히 단절된 채, 굳건한 위계질서로 지속되는 곳이다. 농부들은 지주인 후작 부인에 종속된 소작농이지만, 그들도 단 한 사람 라짜로(아드리아노 타르디올로)만큼은 마음대로 부린다. 그런 라짜로가 절벽에서 떨어졌다 깨어난 날, 세상은 완전히 변해 있다.

동시대 이탈리아를 대표하는 감독 알리체 로르와커는 현실과 신화, 세속과 종교, 도시와 시골, 사실주의와 초현실주의 등이 순환하고 융합하는 세계를 그려왔다. 그의 세계가 종종 마술적 사실주의로 칭해지는 이유이기도 하다. 〈행복한 라짜로〉에서 로르와커는 죽은 지 나흘 만에 생환한 성서 속 예시자 나사로를 불러온다. 라짜로는 이탈리아의 현대판 성인이다. 요컨대 그는 착취의 연쇄로 작동되는 세계에서 최하층에 존재하나, 선하고 순수하게 그 위치를 떠안는다. 1부 끝에 죽은 그는 2부 시작과 함께 다시 살아난다. 시골 봉건제와 도시 자본주의 사이에 생략된 시간의 흐름은 그의 육신에 영향을 미치지 못한다. 그런 기적에도 불구하고 도시 하층민이 된 그의 처지는 예전과 다를 바 없다.

봉준호는 2011년 칸 영화제 황금카메라상 심사위원장으로 알리체 로르와커의 데뷔작 〈천상의 육체〉(2011)를 보며 일찌감치 재능을 확신한 이래, 줄곧 그의 작품 세계에 호감을 표해왔다. 로르와커를 '영화의 미래를 이끌어갈 스무 명의 감독' 중 한 사람으로 꼽기도 했다. 그런가 하면, 사석에서 만난 로르와커에 대해, 양봉가 집안에서 자란 그의 자연주의적인 삶과 영화의 톤이 일치하는 인상이었다고 말하기도 했다.

로르와커의 세번째 장편인 〈행복한 라짜로〉는 봉준호를 거듭 눈물 짓게 하는 영화다. 그가 사로잡힌 장면은 후반부, 라짜로 일행이 음악에 이끌려 성당에 들어갔다가 쫓겨나는 대목이다. 그때 음악이 갑자기 끊기고, 한 수녀가 외친다. "음악이 떠나가고 있어요." 성당을 떠난 음악은 놀랍게도 길에서 고장 난 차를 밀던 라짜로와 일행 주변에서 울려 퍼진다. 봉준호는 보이지 않는 천사의 행렬이 비천한 존재를 둘러싸는 듯한 이 순간을 잊지 못한다.

"라짜로만큼 불쌍한 인물이 또 있을까. 〈길〉(페데리코 펠리니, 1954)의 젤소미나처럼 고난 속 캐릭터들이 영화사에는 수없이 존재한다. 물론, 라스 폰 트리에의 〈어둠 속의 댄서〉(2000)의 주인공 같은 경우는 영화가 그 인물에게 너무 가학적이라 오히려 싫다. 어릴 때, 텔레비전에서 본 앤서니 퀸의 〈25시〉(1967) 같은 영화도 떠오른다. 역사 속에서 고통받는 초라하고 왜소하고 힘없는 사람의 이야기. 구원받을 자격이 없는 사람은 세상에 없을 텐데, 막상 그렇게 되기는 쉽지 않다. 〈행복한 라짜로〉는 도입부부터 너무 슬프다. 다들 라짜로만 부르지 않나. 그는 약자도 착취하는 약자다. 성당의 찬송가가 그런 존재를 따라가면서 감싸 안는

<행복한 라짜로>. 성당을 떠나 자신을 따라온 음악에 둘러싸여 눈물 흘리는 라짜로.

것이다. 그 순간의 울림을 어떻게 설명해야 할지 모르겠다. 이 감독은 어떻게 그런 장면을 그릴 생각을 할 수 있었을까. 라짜로의 눈빛은 어디서도 본 적 없는 것이다."

〈미지와의 조우〉(스티븐 스필버그, 1977)

로이(리차드 드레이퓨즈)는 어느 날 우연히 목격한 UFO의 정체에 궁금증을 품는다. 그 감정은 집착으로 변해 그의 일상은 마비되고, 가족들도 떠나버린다. 로이가 UFO에 대한 탐색을 멈추지 못하는 동안, 질리안(멜린다 딜론)은 이상한 섬광에 이끌려 사라진 아들을 찾고 있다. 한편, 라콩브(프랑수아 트뤼포) 박사는 사막 중심에 자리한 비밀스러운 타워에서 과학자들을 데리고 외계인과 교신할 음악 코드를 개발 중이다.

〈미지와의 조우〉는 스티븐 스필버그가 세번째 장편 〈죠스〉(1975)로 영화사상 최고의 흥행을 기록한 후 만든 영화다. 외계 생명체를 소재로 삼지만, 흔히 예상하는 인간과 외계인의 갈등은 이 영화의 관심사가 아니다. 〈미지와의 조우〉는 충돌이 아닌 만남의 영화다. 두 종족이 컴퓨터 음악으로 소통하는 장엄한 클라이맥스가 보여주듯, 서로를 쫓던 인간과 외계인은 평화롭게 조우한다. 혼란은 외부의 존재가 아니라, 이들의 접촉을 막으려는 정부가 일으킨다.

외계인을 향한 인류의 열망이 탐욕이나 적대 대신 환대로 귀결되는 건, 이 영화의 바탕에 낯선 존재에 대해 호기심을 참지 못하는 아이의 마음이 자리하기 때문이다. 스필버그가 라콩브 박사 역에 프랑스 누벨바그를 대표하는 감독 프랑수아 트뤼포를 캐스팅한 이유이기도 할 것이다. 스필버그는 어린이의 영혼을 지닌 사람, "너그럽고 열의 있으며 기이하고 비논리적인 것을 완전히 수용할 수 있는 사람"(『트뤼포: 시네필의 영원

<미지와의 조우>. 외계인을 탐구하는 라콩브 박사 역의 프랑수아 트뤼포. 어린이를 닮은 어른.

한 초상』, 앙투안 드 베크·세르주 투비아나 지음, 한상준 옮김, 을유문화사)으로 트뤼포를 떠올렸다.

봉준호가 〈미지와의 조우〉를 사랑하는 까닭도 이와 관련된다. "스필버그가 트뤼포를 박사 역에 캐스팅한 건 정말 탁월한 선택이이었다. 트뤼포에게서 풍기는 특유의 순진무구함이 있다. 어른인데 아이 같은 느낌이라고 할까. 그런 인상이 이 캐릭터와 딱 맞았다. 이 영화에서 그가 나오는 장면들은 모두 재밌다." 봉준호는 아이들이 중심인 〈이티〉(1982)보다 어린이를 닮은 어른이 나오는 〈미지와의 조우〉를 더 좋아한다.

신비로운 사운드, 어둠에 새겨진 빛의 운동, 느린 리듬 등 이 영화의 우아한 기교가 관람자에게 안기는 감흥은 공포감보다는 경이감에 가깝다. 일반적인 작업 순서와 달리, 스필버그는 존 윌리엄스의 음악이 이미 나온 상태에서 그에 맞춰 영화를 편집했다. 두 창작자는 이처럼 색다른 작업 방식이 〈미지와의 조우〉 고유의 시적인 분위기를 낳았다고 여긴다.

특히 할리우드 특수효과의 선구자 더글러스 트럼블이 우주선 모형과 모션 컨트롤 기법(컴퓨터로 카메라 움직임을 통제해서 한 장면에 들어갈 여러 대상을 개별적으로 촬영한 후, 합성하는 방식) 등으로 시도한 혁신적인 장면들은 UFO 장르의 새로운 지평을 열었다고 평가된다. 트럼블이 〈미지와의 조우〉를 작업하기 위해 당시 〈스타워즈〉(1977)를 준비하던 조지 루카스의 제안을 거절한 사실은 잘 알려져 있다.

봉준호는 트럼블이 영화에 남긴 성과 중 구름 장면을 유독 인상적으로 기억한다. "영화 속 드라마틱한 구름 효과의 비밀에 대해 들은 적 있다. 탱크에 소금물 반, 맑은 물 반을 채우고 물감 같은 걸 넣으면, 그게 맑은 물로 퍼지다가 소금물 위에서 평평해지는데, 그것이 우리가 본 장면이라는 거다. 이런 효과만이 아니라, 트럼블이 다양한 방식으로 감행한 70년대식 아날로그 특수효과는 정말 근사하다."

〈야수는 죽어야 한다〉(클로드 샤브롤, 1969)

샤를(미셸 뒤쇼수아)의 어린 아들이 뺑소니 차에 치여 죽는다. 경찰 수사에 진전이 없자, 샤를은 직접 살인범을 찾아 나서고 차 주인이 여배우 엘렌(카롤린 셀리에)이라는 사실을 알아낸다. 그는 신분을 숨기고 엘렌에게 접근해 아들을 죽인 범인이 그의 형부 폴(장 얀)임을 확신하게 된다. 샤를은 엘렌의 연인으로 위장해 폴의 저택에 방문하고 폭압적인 가장 폴의 실체를 대면한다.

〈야수는 죽어야 한다〉는 클로드 샤브롤의 두번째 전성기를 알리는 1960년대 후반에 제작된 영화다. 이 시기, 샤브롤의 세계는 중상류층 가정의 안온한 풍경이 감춘 강박, 폭력, 불안, 죄의식, 위선 등을 스릴러의 형식으로 풀어낸다. 범죄 자체보다 중요한 것은 이를 둘러싼 심리적 서스펜스다. 요컨대, 〈야수는 죽어야 한다〉에서 아들을 살해한 범인의 정체는 일찌감치 밝혀진다. 영화의 긴장감은 샤를이 폴을 맴돌며 처벌할 순간을 노리는 과정, 폴에 대한 복수심이 다른 인물들에게도 잠재한다는 사실을 영화가 은밀히 상기하는 방식에서 발생한다. 샤브롤이 그러한 설계로 보존하는 건 결정적 순간의 모호함이다. 결말에서 폴은 죽은 채 발견되지만, 샤브롤은 사건의 명확한 실체를 밝히지 않는다.

봉준호는 〈기생충〉으로 칸 영화제에서 황금종려상을 수상한 뒤, 프랑스 스릴러의 두 거장 앙리 조르주 클루조와 클로드 샤브롤에게 감사를 표했다. 그가 〈야수는 죽어야 한다〉를 처음 본 시기는 대학생이 되어 1950년대 말과 1960년대 프랑스 영화계를 지배한 누벨바그 운동을 공부하면서다. 봉준호는 누벨바그를 대표하는 장 뤽 고다르의 실험적인 형식

<야수는 죽어야 한다>. 주인공의 죽은 아들을 연상시키는 가해자의 아들.

은 체질적으로 즐기지 못했으나 샤브롤의 범죄 영화만큼은 매우 좋아했다고 고백한다. 샤브롤이 알프레드 히치콕의 추종자였다는 사실을 떠올리면 그리 이상한 일은 아니다.

봉준호의 무의식에 저장된 <야수는 죽어야 한다>는 먼 훗날 그의 작품 세계에서 희미하게 깨어난다. "아들을 잃은 아버지가 중상류층 가해자의 집에 기묘한 방법으로 침투해서 함께 지낸다. 이 집에도 죽은 아들을 연상시키는 남자아이가 있다. 영화가 사악하게 흐르면 그 애에게 해코지할 수도 있을 텐데, 이 영화의 후반부는 다른 차원으로 발전한다. 〈마더〉나 〈기생충〉 시나리오를 쓰는 동안 따로 의식한 적은 없는데, 돌이켜보면 〈야수는 죽어야 한다〉와 두 영화 사이에 어렴풋이 연결고리가 보이기도 한다." 이 영화만이 아니라, 두 여성이 상류층 집에 들어가 그 가족을 처단하는 샤브롤의 후기작 〈의식〉(1995)도 〈기생충〉과 함께 종종 언급되는 영화다.

샤브롤 특유의 거친 스타일도 봉준호를 매료시킨 요소다. "그는 기묘한 서사를 건조하면서도 군더더기 없이 찍는다. 촬영을 굳이 예쁘게 하려고 애쓰지 않는다고 할까. 투박한 조명도 많다. 당대의 다른 탐미적인 감독에 비한다면, 그냥 후진 조명기 가져다가 정면에서 막 때린 것 같은데, 희한하게도 그게 묘하게 매력적이다. 예산이 모자라서였는지, 시간이 부족해서였는지 모르겠지만, 그런 대범함이 오히려 쾌감을 준다."

〈피아니스트를 쏴라〉 (프랑수아 트뤼포, 1960)

한때 명성을 날렸던 피아니스트 에두아르 사루아얀(샤를 아즈나부르)은 아내가 자살한 후, 싸구려 댄스홀에서 샤를리에라는 이름으로 피아노를 연주한다. 그의 형이 악당들을 피해 바에 들이닥치면서 샤를리에는 이상한 사건에 말려들고 그들의 어린 동생도 갱단에 납치된다. 바에서 일하며 샤를리에를 흠모해온 레나(마리 뒤부아)가 샤를리에와 함께 그의 형제들이 은신한 고향 집으로 향한다.

〈피아니스트를 쏴라〉는 프랑수아 트뤼포가 데이비드 구디스의 소설 『다운 데어』(1956)를 각색한 영화다. 트뤼포는 "'동화'를 누아르 식"으로 전개한 이 소설에서 "갱들이 일상생활을 이야기하고, 악당들은 사랑을 논하며, 연인들은 살인자가 된다"(『트뤼포: 시네필의 영원한 초상』)는 점에 빠져들었다. 무엇보다 그는 소심하지만 열성적인 연애주의자 주인공에게 자신을 투영했다.

봉준호는 클로드 샤브롤의 작품들 외에는 누벨바그에 크게 애정을 표현한 적이 없으나, 프랑수아 트뤼포의 〈400번의 구타와〉와 함께 〈피아니스트를 쏴라〉만큼은 각별하게 여긴다. "이 영화에는 여러 장르가 섞여 있다. 한 장르에서 다른 장르로 전환될 때, 별다른 과정 없이 휙 넘어간다. 그 변화에 천천히 적응할 시간을 주지도 않고 가차 없이 움직인다. 그런 방식이 무척 통쾌하고 흥미롭다."

인과율에서 자유로운 서사와 편집, 장 뤽 고다르의 〈네 멋대로 해라〉(1960)로 누벨바그의 기수가 된 라울 쿠타르의 거침없는 촬영, 끊임없이 변하는 무드, 재기 넘치는 B급 영화의 감수성. 이런 면모가 〈피아니스트를 쏴라〉를 누아르, 멜로드라마, 코미디가 자유롭게 뒤섞인 진정한 '누벨바그'의 장르로 탄생시킨다. 이 세계를 이루는 음악성 혹은 음악적 리듬도 빼놓을 수 없는 요소다.

봉준호는 요즘도 우울할 때면 〈피아니스트를 쏴라〉의 한 장면을 돌려보곤 한다. "한 남자가 갑자기 다급하게 피아노 옆으로 오더니, 바로 노래를 시작한다. '산딸기'인가, 그런 가사가 반복되는 웃기는 노래다. 어떻게 보면 약간 한심한 멜로디로 들리기도 하는데, 이 남자가 희한한 표정으로 한 자리에서 몸을 들썩이며 그 곡을 끝날 듯 안 끝날 듯 계속 부르다가 갑자기 확 중단하고는 화면에서 빠져나간다."

봉준호를 유쾌하게 만든 장면의 주인공은 트뤼포가 어느 카바레에서 발견한 보석, 보비 라푸앵트다. 당시 보비는 빠른 전개로 언어유희가 돋보이는 곡들을 이어 불렀는데, 트뤼포는 그의 노래에서 〈피아니스트

<피아니스트를 쏴라>. 갑자기 등장해 우스꽝스러운 몸짓과 진지한 얼굴로 노래한 후 화면에서 사라져버리는 가수.

를 쏴라〉와의 친연성을 단번에 느꼈다. 그는 망설임 없이 보비 라푸앵트를 캐스팅했고 곡 중 하나인 '아바니와 프랑부아즈'를 카메라 앞에서 통째로 부르게 했다. 봉준호가 언급한 장면에서 보비는 단 한 차례도 웃지 않는 얼굴로, 마치 한정된 시간에 임무를 수행하는 사람처럼 본능적으로 리듬을 탄 후 사라진다. 그의 심각한 눈빛과 진지한 태도, 우스꽝스러운 몸짓과 경쾌한 음색은 기묘하게 조응한다. 이 장면이 일으킨 흥취가 바로 〈피아니스트를 쏴라〉라는 세계의 속성과 같다고 말해도 될 것이다.

〈1900년〉(베르나르도 베르톨루치, 1976)

20세기 초 이탈리아의 농촌에서 지주의 자손과 소작농의 아들은 우정을 나눈다. 그러나 청년이 되면서 계급의 차이는 둘을 다른 운명으로 이끈다. 알프레도(로버트 드니로)는 부모의 부를 누리며 쾌락을 좇지만,

올모(제라르 드파르듀)는 공산주의자로 파시스트와 지배계층에 저항하며 혁명을 꿈꾼다. 부모 세대로부터 이어진 착취와 피착취의 구도, 소작농과 노동자에 가해진 억압의 사슬은 단절될 수 있을까.

〈1900년〉은 1차 세계대전 직전부터 2차 세계대전 종식까지, 이탈리아의 근현대사를 포괄하는 영화다. 베르나르도 베르톨루치는 어느 시골마을을 배경으로 45년에 이르는 굴곡진 세월을 망라하며 무려 다섯 시간이 넘는 대작을 완성했다. 역사적 문제의식을 앞세운 〈1900년〉은 4년 전, 논쟁적인 성의 화두로 베르톨루치의 이름을 세계에 각인시킨 〈파리에서의 마지막 탱고〉(1972)와 표면적으로는 다른 계열의 영화처럼 보인다. 하지만 〈1900년〉도 정치와 세속, 투쟁과 쾌락을 교차시키며 지배와 피지배층의 역사를 펼쳐간다는 점에서 베르톨루치의 세계관을 여전히 계승한다.

베르톨루치는 이탈리아인으로서의 자의식과 영화적 야망을 이 영화에 쏟아부었으나, 결과는 그의 기대에 미치지 못했다. 배급사는 긴 상영시간에 난색을 표명했고, 영화는 한 시간 정도가 잘린 채 개봉되었다. 평단의 반응도 엇갈렸다. 이탈리아 역사를 다루면서 로버트 드니로, 제라르 드파르듀 등 외국 유명 배우를 주연으로 캐스팅한 선택은 비판의 대상이 되기도 했다. 영화의 장광설과 산만함도 지적됐다.

오늘날 〈1900년〉은 베르톨루치의 대표작으로 일컬어지지 않는다. 그 사실을 인식하면서도 봉준호는 이 영화에 대한 사적인 호감을 감추지 않는다. "영화 전체는 너무 길기도 하고, 편집 버전도 여러 개가 있어서 어떤 걸 감독이 원했던 판본으로 봐야 할지 애매하다. 그런데 나는 이 영화가 좋다. 도입부 오프닝도 잊기 어렵다. 그 오프닝이 수미쌍관 식으로 후반부, 파시스트로부터 해방되는 상황에 다시 등장한다. 파시스트 악마

<1900년>. 농민들이 이룩한 해방의 순간, 파시스트의 굴욕적인 최후.

로 분한 도널드 서덜랜드와 얼굴이 무섭게 생긴 그의 아내가 짐도 제대로 못 챙기고 도망을 간다. 농부들이 삼지창을 들고 부부를 우르르 뒤쫓는데, 곧게 선 사이프러스 나무들이 쫙 늘어선 들판에 바람이 불고 엔니오 모리코네의 음악이 흐르기 시작한다. 기이하고 아름답고 압도적인 시퀀스다. 모리코네가 수많은 영화 음악을 만들었지만, 이 작품의 선율이 제일 좋다."

봉준호가 이 장면에서 느낀 통쾌함 이면에는 쓸쓸함도 배어 있다. "농부들이 파시스트들을 붙잡아 삼지창으로 등을 막 찌른다. 파시스트 부부의 마지막 모습은 우스꽝스럽기 그지없다. 베르톨루치는 이 시퀀스에서 야심을 자제하지 않고, 허세에 가까울 정도로 과하게 나아간다. '내 기량을 다 보여주마'라고 작정한 듯이. 그런데 그 태도가 어색하지 않다. 영화마다, 국가마다, 해방의 순간을 그리는 방식이 있을 것이다. 〈1900년〉에서 도망가는 파시스트와 쫓아가는 농부들의 장면은 실제 삶이나 역사에서 경험하기 어려운 정치적이고 역사적인 환희의 모멘트가 아닌가. 그런 순간을 다시 보고 싶을 때가 종종 생긴다."

〈밝은 미래〉(구로사와 기요시, 2003)

이십대 초반인 유지(오다기리 조)와 그보다 세 살 많은 마모루(아사노 타다노부)는 같은 세탁 공장에서 임시직으로 일하다 친해진다. 유지는 마모루의 집에 놀러 갔다가 그가 키우는 해파리가 겉모습은 신비로워도 사람 목숨을 빼앗을 독을 품고 있다는 사실을 알게 된다. 웬일인지 마모루는 유지에게 해파리를 넘기고, 얼마지 않아 공장 사장을 살해한 후, 감옥에 들어간다.

〈밝은 미래〉는 일본 스릴러 영화의 거장 구로사와 기요시의 필모그래피에서 다소 예외적인 청춘물이다. 호러의 기운이 덜하다고 해도, 기요시 세계의 불온함이 사라진 건 아니다. 두 청춘은 반짝반짝 빛나는 표면에 독을 감춘 해파리처럼 폭력적이고 무심한 세상을 향해 촉수를 잔뜩 세운 채 살아간다. 해파리의 빛은 기요시가 바라보는 청춘의 속성이기도 할 테지만, 그는 그 아름다움에 도사린 방어적이면서도 공격적인 힘을 상기한다. 마모루는 유지가 해파리에 홀려 손을 뻗자, "만지지 마"라고 경고한다. 아름다움은 결코 순응적이지 않다.

기요시의 세계에서 접촉이 사랑과 연대가 아닌, 폭력과 죽음으로 향한다는 사실은 낯설지 않다. 아름다움과의 접촉을 두려워하지 않는 기성세대의 무감함과 폭력성은 〈밝은 미래〉의 청춘들이 용납할 수 없는 속성이다. 봉준호의 마음을 빼앗은 장면도 이와 관련된다.

"〈밝은 미래〉를 기요시의 최고작으로 여기는 사람은 거의 없을 거다. 그런데 나는 이상하게도 이 영화의 한 장면을 자주 보게 된다. 공장 사장이 한국의 '개저씨'에 버금갈 만한 그런 세대로 나오는데, 정말 보고 있으면 짜증을 참을 수 없다. 직원들에게 함부로 사적인 심부름도 시키고, 모든 행태가 최악이다. 그런데 마모루 집에 이 사장이 와서 어항 속 해파리를 만지려고 한다. 이 장면에서 해파리의 치명성을 아는 유지가 옆에서 말리려고 하자, 마모루가 싸늘한 눈빛으로 그 행동을 탁 제지해 버린다. 간결한 장면인데, 이 순간에 발생하는 강력한 에너지가 정말 멋있다. 마모루 역을 맡은 아사노 타다노부도 근사하다."

여기서 봉준호가 읽어낸 건, 사장에 대한 마모루의 단순한 증오만은 아니다. 이 장면에는 스릴러의 극적인 액션이 없다. 대신, 기성세대의 무례함과 뻔뻔함을 독으로 마비시키려는 세련된 시선과 태도가 배어난다. 봉준호는 기요시의 장면 설계와 아사노 타다노부의 연기에서 이 대목을

<밝은 미래>. 독을 감춘 해파리에 손을 뻗는 사장과 이를 제지하지 않는 청년들.

지배하는 예민한 뉘앙스를 읽는다. 그러나 정작 기요시는 이 장면의 바람을 좌절시킨다. 사장은 해파리에 쏘이지 않고, 얼마 뒤 마모루는 그를 직접 죽인 후, 감옥에서 목숨을 끊는다. 봉준호를 사로잡은 장면은 그러므로, 세상과 불화한 청춘이 이루지 못한, 서늘한 꿈결 같은 순간일 것이다.

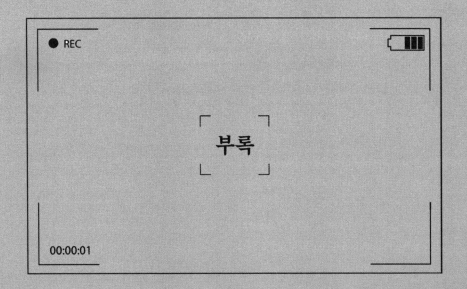

부록

* 이 책의 목적은 머리말에서 밝힌 바와 같이 봉준호에게 영감을 제공한 다양한 영역들을 탐색해보는 것이다. 하지만 하나 정도는 거꾸로 봉준호의 영화에서 받은 영감에 대한 이야기가 들어가도 좋겠다고 생각했다. 그런 이유로, 봉준호 영화 세계에 관한 일본의 영화감독 하마구치 류스케의 진지하면서도 흥미로운 강연록을 부록으로 싣는다. 2019년 부산국제영화제 특별기획프로그램 '한국영화사 100년, 위대한 정전 10선' 중 〈살인의 추억〉에 관한 하마구치 류스케의 강연이다. 2019년 10월 6일 영화제 기간 중 진행되었고, 모더레이터는 박인호, 통역은 이환미가 맡았다.

하마구치 류스케가 봉준호에게 배운 것

"뇌수를 강타당한 듯 충격이었다. 나의 개인적인 영화사는 봉준호 감독의 〈기생충〉(2019)으로 완전히 새롭게 바뀌었다. 동시대 영화를 보고 그런 감각에 휩싸이리라고는 솔직히 전혀 예상 못했기에 상영이 끝난 뒤 스스로의 체험을 믿을 수 없어 현기증마저 느꼈다. 보고 나서도 내내 이 영화를 거듭거듭 생각한다. 모든 점에서 내 작업과는 비교할 수 없는 작품이지만, 그래도 나의 영화 만들기를 근본부터 재검토하도록 강력히 떠밀고 있다.

© 부산국제영화제 제공

아마도 물 때문이리라. '낮은 곳으로 흐른다'는 지극히 단순한 성질을 띠는 이 물질이, 영화 속에서 꼼꼼히 배치된 '상하관계'를 사회적 메타포와는 차원이 다른 '사건'의 직접적인 비전으로 뒤바꿔버렸다. 또한 나는 물에 떠내려간 그 끝에서 마주했다. 노골적인 폭력을. 거기서 폭력은 특정한 누군가의 전유물이 아니라 물과 마찬가지로 사람들 사이를 두루 훑으며 스며드는 무언가였다. 이 부분은 내게 직접적으로 두 영화를 상기시켰다. 에드워드 양의 〈고령가 소년 살인 사건〉(1991), 그리고 로베르 브레송의 〈돈〉(1983). 이 영화를 만들어낸 한국 영화계 자체에 아낌없는 찬사를 보내고 싶다. 한편에는 홍상수를, 그리고 다른 한편에는 봉준호를 품은 현재의 한국 영화는 진정한 '황금시대'를 맞이한 듯하다."(『필로』9호)

*

저는 〈기생충〉을 보고 너무나 충격을 받았습니다. 개인적으로 지금까지 제가 해왔던 영화 만들기를 반성하는 계기가 되었습니다. 그런 인상을 바탕으로 〈기생충〉에 대한 짧은 소감(위의 글)을 쓴 적이 있는데요, 아마 이 글이 계기가 되어 저를 여기 불러주신 게 아닌가 생각합니다. 그렇다고 이 자리에서 〈기생충〉에 대해 말씀드리려는 것은 아닙니다. 저는 〈기생충〉이 정말 위대한 작품이라고 생각합니다. 다만 아직 〈기생충〉을 못 보신 분들을 위해서 이 작품에 대해 말씀드리는 것은 피하는 것이 좋겠습니다. 오늘은 〈살인의 추억〉(2003)에 집중해서 말씀드려보고자 합니다.

〈살인의 추억〉은 〈기생충〉과 통하는 부분이 있다고 생각합니다. 제가 〈살인의 추억〉과 〈기생충〉의 공통점이라 생각했던 부분은 결말부의 '애매함'입니다. 그 애매함이라는 것은 서사를 펼치다가 실패해서 생긴 어떤 탁한 애매함과는 다른 의미입니다. 그것은 전적으로 감독의 의도입니다. 그러니까, 명료하게 구축된 애매함입니다. 그 점에서 〈기생충〉을 보신 분들은, 제가 〈살인의 추억〉에 대해서 말하더라도, 한편으론 〈기생충〉에 대해서 또한 말하고 있다는 사실을 느끼시게 될 겁니다.

오늘은 봉준호 영화 세계의 세 가지 특징을 말씀드려보겠습니다.

첫번째는 '낙차'입니다. 시각적으로 너무나 명료하게 설정된, 공간에서의 어떤 높낮이 차이 말입니다. 한 공간에서의 높낮이 차이로 인하여 낙하 운동을 확인할 수 있는 몇 가지 동영상 클립을 준비해보았습니다.(사진 ❶❷❸)

지금 보신 영상에는 전부 공통적으로 발차기가 나옵니다. 프로레슬링의 이단 옆차기 기술 같은 것이 나오는 장면인데요. 높이 차이가 있는 이 공간에서 이런 발차기가 나오면 당연히 높은 쪽에 있는 사람에게서 위치 에너지가 발생합니다. 위치상 높은 곳에 있는 사람이 중력 에너지에 의해서 발로 차면 그게 바로 폭력으로 연결되는 거지요. 바로 그 낙차를 지닌 공간 자체가 폭력을 낳기 쉬운 공간이기도 하고요.

그런 대표적인 공간이 봉준호 영화에서는 지하 공간이라고 할 수 있을 겁니다. 이것은 봉준호 감독의 데뷔작인 〈플란다스의 개〉(2000)의 아파트 지하에서도 볼 수 있고, 또 〈괴물〉(2006)에서 괴물이 살고 있는 도시 하수구 공간에서도 볼 수 있습니다. 〈살인의 추억〉에서의 지하 공간이란, 지금 여러분들이 보신 취조실이고요.

특히 세번째 영상에서 조용구 형사가 용의자 박현규를 발로 차고 난 이후 전등이 꺼지는 것을 기억해주시면 좋겠는데요. 전등이 꺼지고 난 다음 지하실은 완전히 어두워집니다. 빛이 사라져버리기 때문에 완전한 어둠에 잠기게 되지요. 이런 어둠 자체가 영화 속의 또 다른 지하 공간과 연결되는데요, 다른 영상을 하나 더 보여드리겠습니다.(사진 ❹)

논길 옆에 있는 이 배수로를 지하라고 부를 수 있을지는 잘 모르겠

❶ <살인의 추억>. 형사 박두만이 백광호를 취조하던 중, 형사 조용구가 지하 취조실로 내려오며 백광호를 발로 차는 장면.

❷ <살인의 추억>. 형사 박두만이 형사 서태윤을 향해 논두렁 위에서 아래로 날아 차기 하는 장면.

❸ <살인의 추억>. 형사들이 모여 용의자 박현규를 취조하던 중, 조용구가 탁자를 넘어 박현규를 날아 차기 하는 장면.

❹ <살인의 추억>. 영화 초반부 박두만 형사가 사건 현장인 배수로 안을 들여다보는 장면.

습니다만, 일단은 빛이 들어오지 않는 또 하나의 공간이라는 의미에서 지하로 보았으면 좋겠습니다. 취조실과 배수로의 시각적 유사성은 형사와 범인의 존재론적 유사성과 닮아 있다고 할 수 있겠습니다. 형사와 범인, 두 인물은 모두 어둠에 의해서 폭력에 휘말리는 존재들이라는 점에서 그렇게 볼 수 있겠습니다.

두번째 주제를, '침입'이라고 부르고 싶습니다.

봉준호 영화의 인물들은 경계를 자유자재로 넘나드는 존재들입니다. 〈괴물〉의 괴물 같은 경우는 수중생물이 육지로 올라와서 벌어지는 일입니다. 〈설국열차〉의 경우에는 꼬리 칸에서 맨 앞칸까지 계속해서 침입해 들어가는 이야기입니다. 미스터리 장르에서 형사라는 직업을 가진 캐릭터는 반복적으로 어딘가 침입하게 되는 존재인데요, 때로는 폭력적인 형태로 침입해 들어가기도 합니다. 〈살인의 추억〉에서라면, 이 형사들의 의외의 침입이 두드러지는 장면을 보도록 하겠습니다.(사진 ❺)

이 클립을 보고 관객들이 많이 웃으셨는데요, 말하자면 형사들이 이곳에 와 있다는, 이와 같은 공간적인 침입에 다들 놀란 것이고, 그래서 놀라움에 대한 반응으로 웃음을 동반하게 되었을 겁니다. 그런 갑작스러운 침입이 있었기 때문에 그런 웃음이 일어났다고 생각합니다. 봉준호 영화에서의 이것을 경계를 넘어선다는 의미에서 월경이라고 할 수 있겠습니다. 그런 월경으로서의 침입은 반복적으로 등장합니다. 이 장면에서처럼, 반드시 시각적인 측면에서의 침입이 아닐지라도 말입니다. 형사들이 지금 이 식당에서 다들 식사를 하고 있을 때, 이들이 종전과는 다른 태도로 갑작스럽게 백광호를 챙겨주는 행위를 할 것이라고는 누구도 상상 못하고 있지 않았습니까. 그래서 놀라움이 일어나지요.

이런 점들은 봉준호 영화에서 의도적으로 초반부에 배치되어 있는, 인물 단순화 작업과 관련이 있습니다. 〈살인의 추억〉에서는 세 명의 형사 캐릭터를 단순화시켜서 등장시키고 있지요. 그리고 또한 시골 형사와 도시 형사의 대립이 있고요. 영화 속 대사로도 나오는데요, 시골 형사는 기본적으로 몸을 써서 두 발로 움직이며 수사를 합니다. 결과적으로 어떻게든 사건이 해결되기만 하면 좋다는 식의 현실주의자입니다. 그에 반해 서울에서 온 형사는 전문적인 프로파일링을 지향하고 영어도 이해할 수 있고 어떤 지식 계층 같은 느낌이 납니다. 이 인물의 경우에는 공문의 날조 같은 것은 거부하는 이상주의자의 면모도 지니고 있습니다.

일단 어떤 복잡한 세계를 의도적으로 단순화하고자 인물을 포함하여 어떤 정의들을 세워놓기는 하지만, 결론부와 연결해서 보자면 또 다른 효과를 불러일으키게 될 것입니다. 이런 점은 다시 말씀드리는 것으

❺ <살인의 추억>. 범인으로 몰려 형사들에게 구타당했던 백광호. 형사들이 그의 아버지가 운영하는 식당을 찾아와 고기를 사먹으며 미안하다는 뜻을 표시하기 위해 백광호에게 신발을 선물하는 장면.

로 하고요, 일단은 침입과 월경에 관한 시각적 디테일을 하나 더 보도록 하겠습니다.

유체, 즉 기체나 액체 등을 통해 시각적으로 드러나고 있는 봉준호 영화의 월경에 관한 부분입니다. 고체와는 다르게 이런 유체, 즉 액체나 기체는 쉽게 경계선을 넘어서게 되지 않습니까. 그러한 부분이 극명하게 드러난 부분은 물론 〈기생충〉이지만, 오늘은 〈괴물〉의 클립을 준비해보았습니다.(사진 ❻)

괴물을 공격하기 위해서 살포한 가스가 사람들까지 공격하고 있습니다. 물론 〈살인의 추억〉에서는 이러한 유체가 바로 비입니다. 이 비를 정말 여러 가지 효과적인 장치로 쓰고 있습니다. 우선, 범죄가 일어나는 날은 '비가 내린다'는 것으로 연결시키고 있지요. 그런데 〈살인의 추억〉

❻ <괴물>. 영화의 후반부, 괴물을 죽이기 위해 에이전트 옐로우 가스가 분사되어 현장에 가득 퍼지는 장면.

에서 이 비라는 것은 방금 여러분들께서 보신 〈괴물〉 클립에서의 가스처럼 인체에 직접적으로 침입해 들어오는 역할을 하는 것은 아닙니다. 비를 통해 무엇인가 흘러가고 낙하하는 것들이 보이게 됩니다. 봉준호 감독은 이 비를 무엇인가와 직접적으로 연관 짓거나 하는 연출은 하지 않았습니다. 그런 부분이 아주 현명한 선택이었다고 저는 생각합니다.

여기서 한 가지, 〈기생충〉의 위대한 부분을 말씀드리지 않을 수가 없겠습니다. 〈기생충〉의 경우에는 이미 말씀드린 바 있는 침입, 월경, 유체, 이런 부분이 아주 뛰어나면서도 종합적인 시각성으로 극명하게 드러난 작품이라고 할 수 있습니다. 물(빗물)이라는 유체가 중력에 의해서 낙하 운동을 하고 그러면서 서로 구획 지어져 있던 공간에 침입을 하고 그로 인해 안정된 사회와 생활이 파괴되는 것입니다. 이것은 메타포의 구현이라는 차원과는 다른 것이라고 생각합니다. 이것은 메타포가 아닙니다. 우리가 그 침입의 순간을 본다는 것은, 관객의 입장에서 진실의 순간을 목격한다는 것이고, 그건 하나의 감각으로써 다가오는 직접적인 비전의 제시인 것입니다.

이제 연관하여 세번째이자, 마지막 주제를 말씀드리고자 합니다. 그 것은 '반전'입니다.

먼저, 상하관계의 반전이라는 부분이 가장 극명하게 드러난 영화 중 하나가 〈괴물〉이었던 것 같습니다. 지하 하수구에 있는 딸을 구하는 장면의 경우에는 하강 운동이 상승 운동으로 바뀌는 반전이 있게 됩니다. 이것은 〈옥자〉에서도 마찬가지입니다. 그렇다면, 〈살인의 추억〉에서 이런 상하의 관계가 반전되는 클립을 보시겠습니다.(사진 ❼)

영화의 전반부에서 백광호의 경우에는 용의자로서 땅을 파기도 하고 뭔가 하강과 관련된 존재였습니다. 그런데 이 장면에서 반전됩니다. 백광호가 전신주에 올라가면서 운동 방향이 반전 또는 역전되는 것입니다. 시각적인 부분으로만 그런 것이 아닙니다. 상황 그 자체가 역전됩니다. 형사들은 백광호에게 내려와달라고 부탁하게 됩니다. 그리고 백광호의 캐릭터도 용의자에서 살인 사건을 목격한 목격자로 반전되는 것입니다. 봉준호 영화에서 이런 반전, 역전은 이미 한 번 정의 내렸던 경계들을 무너뜨리고 파괴하는 순간입니다. 이미 말씀드렸던 낙하 운동이나 침입이 있는 경우에는 형사들이 폭력을 행하는 존재로서 드러났지만, 이러한 반전과 역전의 순간을 계기로 그들도 폭력을 당하는 존재로 바뀌게 됩니다.

봉준호 영화는 초반에 인물들을 의도적으로 단순화시킨다고 제가

❼ <살인의 추억>. 영화의 후반부, 백광호가 형사들에게서 달아나 전신주 위로 몸을 피하자, 박두만과 서태윤이 전신주 아래에 서서 백광호를 설득하며 살인 사건 피해자에 대해 묻는 장면.

말씀드렸는데요, 결말에 이르게 되면 인물들의 그 단순화가 모두 파괴되어버린다는 것을 아실 수 있을 겁니다. 조 형사의 경우에는 다리 절단 수술을 받고 이제는 아무도 걷어찰 수 없는 상황에 처하게 됩니다. 판단이 좋고 이성적인 서 형사의 경우에는 오히려 용의자 박현규를 범인으로 확정 짓고 사적으로 복수하려 합니다. 척 보면 범인을 알 수 있다던 박 형사는 용의자 박현규의 눈을 쳐다보면서도 자기는 이제 모르겠다고 말합니다. 처음에 설정된 캐릭터의 정체성들은 결말에서 전부 무너지는 것입니다. 따라서 봉준호 영화에서 의도적으로 구성된 단순화는, 마침내 마지막에 이르러 무너지고 흐트러지기 위해 만들어진 설정인 것입니다. 이러한 파괴를 통해 영화는 오히려 단순화라는 것 자체가 불가능하다는 점, 그리고 현실은 역시 복잡하다는 점을 잘 드러내고 있습니다.

이러한 부분들이 바로, 처음에 제가 〈기생충〉과 〈살인의 추억〉의 공통점이라고 말씀드렸던, 감독에 의해서 '명료하게 구축된 애매함'이라는 지점과 연관이 있습니다. 〈살인의 추억〉의 경우 미스터리 장르 영화인데도 불구하고 그 해결책이라는 것은 드러나지 않습니다. 미스터리의 진실, 그 진상이라는 것은 결코 밝혀지지 않는 것입니다. 오히려 해명의 불가능이야말로 세계의 진실이 아닌가 싶은 것입니다.

봉준호 감독의 경우는 미해결, 무엇인가 해결되지 않는다는 점에 집착하고 있는 것 같습니다. 아마도 제 생각에는 〈살인의 추억〉의 모티브가 된 실제 사건이 이미 해결된 사건이었다면 봉준호 감독은 흥미를 갖지 않았을 것 같습니다. 봉준호 영화는 대개, 이 사회 자체가 그러하듯이, 무엇인가 미해결인 채로 끝을 맞이하게 됩니다. 이 사회를 구해줄 만한 초인적인 영웅이 존재하지 않습니다. 대체로는 법의 테두리 안에서 해결을 하든지 사적인 복수를 하든지 그 둘 중 하나일 텐데, 〈살인의 추억〉은 박 형사가 자기도 모르겠다고 하며 형사를 그만두어버립니다. 공문까지 날조하고 고문까지 불사했던 어떤 형사가 해결할 수 없고 통제도 불가능한 어떤 미궁, 즉 스스로는 도저히 변화시킬 수 없는 세계와 마주하게 되는 것입니다. 그래서 이 영화는 그러한 패배감, 무력감, 말하자면 무엇인가 이 세계의 복잡함과 대면하게 되는 것, 세계를 바꿀 수 없다는 것, 그 부분을 그리고 있다고 봅니다.

그런데 저는 생각해보게 되었습니다. 영화가 이러한 무력감과 실패를 다루고 있는데도 불구하고 왜 나는 봉준호 영화를 보았을 때, 오히려 힘을 얻게 되는 것일까?

어쩌면 세계의 복잡한 폭력과 마주한 개인을 무력하다고 보는 것은 너무 단순화시킨 저의 생각일 수도 있겠습니다. 〈살인의 추억〉의 마지막 장면, 박두만 형사가 카메라를 쳐다보는 시선을 생각해주시기 바랍니다.

박 형사가 할 수 있는 것은 사실 아무것도 없습니다. 하지만 무언가를 계속 보는 것을 그는 멈추지 않습니다. 자신이 바꿀 수 없는, 이해할 수 없는 것에서 시선을 돌리지 않습니다. 여기서의 개인은 정말이지 미력한, 아주 작은 힘을 가진 존재 정도로 드러나지만, 그럼에도 그는 그 미력한 힘이라도 어떻게 쓸 것인지 그 책임에 관해서 묻는 것입니다. 개인이라는 것은 무력하고 무책임한 존재가 아닙니다. 제 생각에는 그러한 저희들의 미력함, 무기력함에도 각각 맞는 책임이 주어져 있다고 봅니다. 그런 무기력함에 맞서서 이 세계를 제대로 바라볼 필요가 있다고 봅니다. 그 세계와 맞서는 방법이란, 잊지 않는 것일 수도 있습니다. 계속 무언가 사유하는 것일 수도 있고요. 그리고 '본다'는 것일 수도 있습니다. 그리고 그 밖에 전혀 상관없는 또 다른 것을 우린 상상해볼 수도 있겠고요.

정리해보겠습니다

봉준호 영화는 간단히 이해하기에는 어려운, 세계의 어떤 애매함을 그리고 있다고 봅니다. 하지만 그런 부분을 마주하기 위해서 일단은 누구나 다 이해할 수 있도록 그 애매함이라는 것을 확실하게 드러내고 있습니다. 세계의 복잡함을 대면하는 인물들이 거기에 어떤 식으로 반응하는지를 봄으로써, 우리 관객들도 세계 자체를 대면하게 됩니다. 봉준호 감독은 '명료한 애매성'을 멋지게 구현해내는 대가라고 생각합니다. 특히나 〈기생충〉을 보고 난 후, 저는 알프레드 히치콕을 잇는 유일한 존재가 봉준호 감독이라고 생각했습니다. 봉준호 감독은 앞으로도 명료한 애매성의 작품을 계속 만들어갈 것이라 저는 확신합니다. 그리고 정말 재미있는 영화란 바로 그런 작품이라고 저는 개인적으로 생각합니다.

한 명의 팬으로서, 봉준호 감독에게 경의를 표하면서 이야기를 마치고자 합니다.

찾아보기

인명

봉준호 되기

—봉준호를 만든 교과서와 스승들

© 남다은 정한석

1판 1쇄 발행 | 2025년 3월 10일

지은이 | 남다은 정한석
펴낸이 | 정홍수
편집 | 김현숙 이명주
펴낸곳 | (주)도서출판 강
출판등록 | 2000년 8월 9일(제2000-185호)

주소 | 서울시 마포구 동교로17안길 21 (우 04002)
전화 | 02-325-9566
팩시밀리 | 02-325-8486
전자우편 | gangpub@hanmail.net

값 20,000원
ISBN 978-89-8218-361-4   03680